개정판

현대중국학입문

김 학 관 저

청목출판사

서 언

21세기를 가리켜 동방의 시대 혹은 중국의 세기라고 한다. 전 세계가 중국에 대한 이목을 집중하고 있는 가운데 중국에 대한 이해와 연구는 국제화 시대에 있어서 현대인에게 필수 불가결한 조건이 되었다.

1992년 8월 한중수교 이후로, 한국의 중국에 대한 관심과 교류는 전 분야에 걸쳐서 활발히 진행되어 왔다. 또한 지금은 현대 중국에 대한 보다 전문적인 연구와 이해가 절실히 요청되고 있는 시점에 서있다.

한국에서의 중국 연구는 그동안 중어중문학과 동양사학과 동양철학과 등의 관련 분야에서 많은 학문적 연구와 발전을 이루어 온 것이 사실이다.

최근에는 중국학과, 국제학과, 지역학과 등이 신설되면서 점점 더 연구와 관심이 깊어지고 있는 현실이다. 또한 정부와 교육부의 요청에 따라 중국 관련 학과와 여러 학자들이 중국에 대한 입문서들을 저술하기도 하였다.

새로운 세기를 맞이하는 중국의 학자들도 시대적 상황에 대처하기 위하여, 최근에는 외국학자들이 사용해 오던 중국학이란 종래의 용어와는 별도로 중국민족 스스로가 중국을 연구하는 중화학이란 학문적 명칭을 사용하면서, 중국민족 자체의 정체성과 방향성을 이론적으로 정립하고자 노력하고 있다.

중국학은 하나의 신학문으로서, 연구의 필요성과 가치가 날로 증대되고 있다. 현재 중국의 학술계 역시 새로운 학문으로서의 중화학에 대한 학문적 기초와 토대를 건축하고자 연구와 열의를 다하고 있는 실정이다.

이처럼 대내외적으로 현대 중국을 바로 알고 바로 소개하고자 하는 필요성이 증대하고 있는 시기에, 본서를 집필하게 된 데에는 몇 가지 동기가 있었다.

먼저는 기존에 출간된 중국 관련 서적들이 소개서와 이론서에 치우친 점이 있고, 현재 중국에 대한 실제적 안목과 이해를 주기에는 부족한 점이 있다는 것이다. 또한 중국학이 학문적 연구의 분야로 자리잡기에는 아직 미흡한 실정이다. 이는 현대 중국과 중국학에 대해 자료와 연구, 현지에서의 체득한 실제 중국학에 대한 이해와 안목 등이 부족했기 때문이라고 생각한다.

역사적으로 중국은 역사적으로 복합문화를 가지고 형성된 다민족국가라는 특성으로 인해, 민족학의 이론과 실제적 응용분야가 매우 발달되어 있다. 그래서 문화인류학을 민족학이란 전문용어로 바꾸어 사용하고 있다..

필자는 중국에서 민족학을 수학하면서, 현대 중국에 대한 안목을 정립하게 되었다. 그리고 중국의 민족학에 대한 전문 연구와 민족사와 민족정책 등에 대한 연구의 결과로 중국학 입문서 집필의 필요성을 갖게 되었다.

또한 최신 중국의 현황과 자료들을 소개함으로 일반인들에게도 실제적인 도움을 주고자 노력하였다. 한중수교 10년을 맞이하면서 그동안 중국에 온 많은 한국인들이 중국에 대한 이해가 부족한 결과로 시행착오와 실패들을 경험한 사례들을 접하면서, 본서의 집필을 통해 그들에게 작은 도움을 주고 싶었기 때문이다.

본 서의 몇 가지 특징을 소개하자면, 다음과 같다.

첫째, 중국학(중국에 대한 외국학자들의 연구) 혹은 중화학(중국에 대한 중국학자들의 연구)이라는 학문적 토대 위에서, 중국 전반에 대해 체계적인 연구를 진행하고자 한 것이다.

최근 중국 자체의 중국에 대한 학문적 연구와 노력의 결과로 나온 중화학 관련 서적과 자료들을 분석하고 평가하여, 시대적이고 전문적인 학문의 영역의 하나로서의 중국학의 학문적 토대를 세우고, 이러한 기초 위에서 중국에 대한 연구를 진행하고자 하였다.

둘째, 최신 중국(1999년-2007년)에 대한 연구와 소개를 핵심으로 하여, 신중국(1949년 중화인민공화국 건국 이후)의 과거와 현재를 조명하고 미래에 대한 전망을 제시하고자 한 것이다.

중국에 대한 입문서를 집필하자면, 중국의 역사와 철학, 광대한 국토와 다양한 민족, 그리고 그 사상과 문화가 말해 주듯이 그 범위와 내용이 실로 엄청나고 방대하다. 그래서 본서는 중국학의 한 부분으로서 중국에 대한 중요한 사항들을 약술하였고, 최근 중국에 대한 연구와 소개에 중점을 두고 집필하였다.

셋째, 한국인의 한 사람으로서, 중국에서 실제적으로 살면서 피부로 겪은 현장 경험과 안목을 바탕으로 집필한 것이다.

본서가 한국인의 시각에서 현대 중국을 연구하는 중국학의 관점에 서있지만, 현재 중국학자들이 중국인의 시각으로 중국을 대외적으로 소개하고자 하는 중화학에 대한 연구를 참고로 했다는 것이다. 이는 필자가 외부인의 시각과 내부인의 시각을 동시에 갖추고 중국을 소개하고자 했다는 것이다.

넷째, 본서의 연구 방법으로서는 두 가지 방법을 병행하고 있다. 횡적으로는 중국에 대한 제반 분야, 즉 중국학에 대한 소개, 중국민족, 중국 현대사, 정치 · 경제 · 교육, 전통사상, 사회와 문화, 당면과제, 한중관계 등을 다루고 있다.

중국학 연구의 종적인 방법으로는 각 분야에 대한 역사적 배경과 흐름을 토대로 기술하고자 하였으며, 무엇보다 중국의 현대사를 중심으로 그 흐름에 기초를 두고 전개하였다.

다섯째, 본서의 체계는 신학문으로서의 중국학에 대한 학문적 전문성과 특성을 제시하는 동시에, 중국학의 세부영역인 중국자연과 중국민족 그리고 그 산물인 중국문화라는 전체적인 체계아래서 서술하고자 시도하였다는 것이다.

본서의 최신자료들은 중국 국가통계국이 발간한 최근의 각종 통계연감과 외교통상부가 발표한 중국개황을 참조하였다. 또한 이러한 자료들을 기초로 전 분야에 대한 현재적 평가와 전망들을 소개하였다.

부록에서는 중국 행정구역별 현황과 중국정부가 발표한 '중국 국민경제와 사회발전 11-5 계획(2006년-2010년), 중국 세계무역기구(WTO) 가입과 시장개방 일정'과 중화인민공화국 물권법(2007년 10월 1일 시행) 등 관련자료들을 소개하여 실제적인 도움을 주고자 하였다.

우리나라에서도 중국학에 대한 교육이 전면적으로 실시될 예정이라고 한다. 중국학 관련교재가 미흡한 실정에서 본서가 입문서로서 의미있게 활용되기를 바라며, 보다 체계적인 연구와 자료의 제공 등을 통하여 더 깊이 있고 실제적으로 유익한 중국학으로 발전할 수 있기를 바란다.

저 자

차 례

제1장

중 국 학

제1절 중국학과 중화학

1. 중국학

중국학(sinology)이란 중국에 대해 거시적이며, 총체적인 동시에 국부적인 안목을 가지고, 역사적, 분석적, 비교적 방법으로 연구하는 종합성 학문이다. 또한 중국학은 한학(汉学)이라고도 부르는데, 이는 중국의 역사, 철학, 경제, 정치, 군사, 문화, 언어, 문자, 문학, 예술, 그리고 지리 등의 학과에 대한 연구를 총체적으로 일컫는 명칭이었다.

종래에 중국학(中国学)이란 용어는 대내외적으로 중국에 대한 학문적 연구를 종합하여 지칭하는 말이었다. 그러나 지금은 주로 중국을 제외한 세계의 여러 나라들이 밖에서 중국을 연구하는 학문을 지칭하는 용어로서 사용되고 있다.

현재 중국학자들은 중국인들 스스로의 중국에 대한 종합적인 연구를 중화학(中华学)이란 용어로 부르고 있다.

중화학이란 크게 3부분으로 나누어지는데, 그것들은 중국자연(中国自然), 중국민족(中国民族), 중국문화(中国文化)이다. 여기서 중국자연과 중국민족은 중화학을 이루는 중요한 2가지 구성요소이며, 중국문화는 중국자연과 중국민족의 상호작용의 결과로 형성된 것이라고 할 수 있다.

[중국학(중화학)의 연구대상]

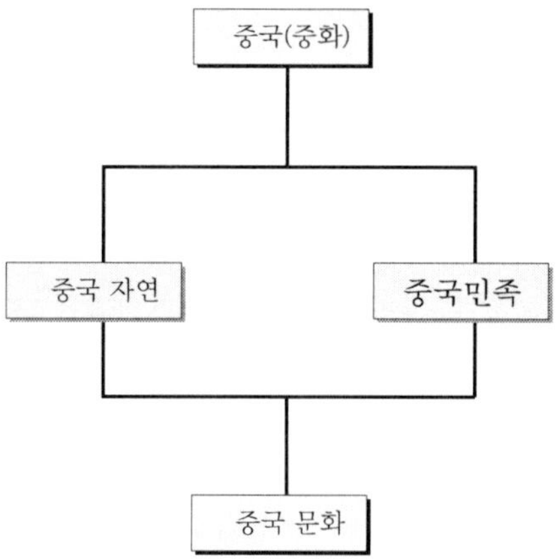

중국학의 연구대상은 위 도표에서 보듯이, 먼저 중국 혹은 중화에 대한 정의로부터 출발한다.

중국에서는 중화를 중국민족 전체를 가리키며, 이는 전 세계의 중국인들을 포함하는 용어라고 정의하고 있다. 즉 중국학 혹은 중화학이란 중화에 대한 개념적 정의와 아울러 중화의 구성요소, 중화의 의의, 중화에 대한 탐구 등 일체의 관련 사항들에 연구를 통칭하는 말이라고 할 수 있다.

그러므로 중국학 혹은 중국학의 연구의 대상은 바로 중국 혹은 중화에 대한 정의로부터 시작하여, 중국자연과 중국민족 그리고 중국문화를 포함하는 것이다.

2. 중화학

중화학이란 '중화(中华)'라는 특정한 연구대상을 가진 학문이다. 이는 중국의 위진남북조(魏晋南北朝) 시대에서 그 기원을 찾아볼 수 있는데, 일종의 천인합일(天人合一)의 관념에서 생겨난 개념으로 정의하고 있다.

중화란 원래 '중국(中国)'과 '화하(华夏)'라는 두 글자의 합성어라고 말하고 있는데, 그래서 중화의 '중(中)'자는 천(天 : 하늘)을 가리키며, '화(华)'자는 인(人 : 사람)을 가리키는 것이라고 말한다.

또한 중화란 말의 '중'자는 지리적 자연적 측면과 관련된 의미를 가지고 있다면, '화'자는 민족 혹은 사람과 관련된 의미를 가지고 있다고 한다.

그러므로 중화란 사람과 자연 및 역사와 현실의 관점에서 결합된 의미인 것이다. 즉 중화자연과 중화민족, 역사형태와 현재형태 등을 연구의 대상으로 하는 학문인 것이라고 할 수 있다.

중화란 말은 본래 지리적인 측면에서 황하유역(黄河流域) 일대를 가리키는 말이었다. 황하지역은 중국의 고대민족인 화하족(华夏族)이 일어난 지역인 동시에 한족(汉族)이 최초로 일어난 지방이다.

역사적으로 이곳은 중국대륙의 동서남북의 중심인 교통요충지인 동시에 유구한 역사를 바탕으로 문화가 매우 발달된 지방이었다. 그래서 이곳을 처음에는 중화(中华) 혹은 중원(中原)으로 부르다가 후에는 중국(中国)을 칭하는 말이 된 것이다.

청나라(清国) 시대의 중국학은 국학(国学, 중국의 제반학술)이란 명칭으로 시작되었으며, 후에는 '국고(国故)'나 '국수(国粹)'로 불려지기도 하였다. 근세에 이르러 중국학은 중국과 서양의 접촉으로 생겨난 신흥용어인 '서학(西学, 서양의 제반학술)'에 대한 상대적 표현으로 사용되어왔다.

중화학은 이러한 중국학에 대한 중국학자들의 학문적 명칭이다. 오늘날 중화학은 학자들이 전통적인 중화민족주의(中华民族主义)사상을 근거로 하는 중국에 대한 학문적 연구를 대외적으로 표현한 말이다.

중국학이 외국학자들이 중국을 연구하는 학문을 지칭하는 대외적인 명칭이라면, 중화학은 중국학자들이 그들의 민족의식을 가지고 중국을 연구하는 학문을 지칭하는 내부적 명칭이라고 할 수 있다. 즉 중국학의 주체가 외국인이라고 한다면, 중화학의 주체는 바로 중국인 자신이 것이다.

현재 중국에서는 중화학의 학문적 연구의 목표를 다음과 같이 말하고 있다.

◦ 중화학(중국학)의 주체인 중화인(중국인)이 중화(중국)를 바로 인식함에서 출발하여
◦ 중화(중국)에 대한 과학적 이론적 체계를 수립하고
◦ 그리고 중화(중국)에 대한 궁극적 발전을 목표로 한다.

그러므로 중화학은 중국인이 중국인으로서의 정체성을 갖게 하고, 중국에 대한 학문적 체계를 수립하고, 그 학문적 기능을 활용하여 중국의 발전을 도모함에 있다는 것이다.

중국학자들은 또한 중화학에 대하여 다음과 같은 다양한 기능을 가진다고 말한다.

- 평가와 선택기능: 중화학은 중국의 역사와 모든 영역에 대한 실재를 종합적으로 평가하여 중국의 문화유산과 정신 속에 있는 소중한 가치들을 발견하고 현실에 계승하고 발전시킬 수 있는 것들을 선택하는 기능을 수행한다.
- 교육촉진기능: 중화학은 중국에 대한 연구를 통하여 학문적 연구의 발전을 도모하는 동시에 역사적으로 중국자연, 중국민족, 중국문화에 대한 실제적인 평가를 통하여 중국학에 대한 교육의 자료들을 제공한다.

중국학 연구의 결과와 자료들은 중국학 관련 교과서와 교육자료들을 제작하는데 제공되며, 또한 국가가 전반적인 현대 교육의 방향을 제공하여 교육을 주도하고 개혁하는 역할을 수행한다.

- 단체결집기능 : 중화학은 학자들로 하여금 중국과 중국민족에 대한 연구와 관심을 불러일으키고, 또한 중국인들에게 올바른 자아인식을 고취하고 수립하는데 기여함은 물론 중국인들에게 중국학을 교육함으로서 중국인의 자부심과 공동체정신을 갖게 하여 단체를 결집하는 기능을 수행한다.
- 예측과 지도기능 : 중화학은 중국의 역사와 현재에 대한 종합적이고 구체적이며 과학적이고 이론적인 연구를 통하여, 중국의 실재를 평가하고 진단함으로 문제를 해결하고 미래의 방향을 제시하며 중국의 발전을 지도하는 기능을 수행한다.
- 정책결정기능 : 중화학 연구의 결과는 현재 국가가 새로운 정책을 계획하고 시행하는데 있어서 전문적이고 종합적이며 구체적인 이론적 자료와 실제적 방안을 제시함으로 정책입안을 지도하고 결정하는데 중요한 기능을 수행한다.

중화학은 위와 같은 다양한 기능을 수행하여 중화학 연구의 목적이 되는 현대 중국의 발전을 가져오게 하는 역할을 수행한다고 말한다.

결론적으로 중화학의 영역은 중화학의 학문적 명칭에 대한 이론적 역사적 연구로부터 시작하여, 중국의 지리와 역사·정치·경제·사회 문화 등 모든 분야를 포괄한다고 할 수 있다. 곧 중국 문화에 대한 종합적이고 전반적인 연구를 의미한다.

3. 중국학 연구

중국학 연구의 가능성은 중국 혹은 중화라는 특정한 연구대상, 특정한 이론적 근거, 특정한 연구의 시각과 안목을 갖출 때 가능한 것이다. 이제 중국학의 학문적 특징, 연구방법, 연구범주 등을 소개해 보도록 하겠다.

중국학의 학문체계를 살펴보면, 중국학은 크게 두 분야로 나눌 수 있다.

첫째는 중국학 이론체계다. 이는 중국학의 학과 성질과 중국학의 의미, 중국학의 연구대상과 연구범위, 중국학 연구방법론, 중국학의 특징, 기타 학문과의 관계 등의 체계를 이론적으로 연구하여 중국학의 학문적 기초를 세우는 분야이다.

둘째는 중국학의 구성체계로, 이는 중국학의 실제 연구분야들을 말한다. 여기에는 중화 혹은 중국에 대한 정의로부터 시작하여, 중국자연, 중국민족, 중국문화의 기원과 특징, 작용, 방향, 전망 등을 다루는 분야로서 중국학의 실제적 대상들을 심도있게 연구하는 분야라고 할 수 있다.

1) 중국학의 학문적 특징은 다음과 같다.

◦중국에 대한 반성적 고찰(反思)로 시작한다.

◦현재 중국에 대한 평가적 성질을 가진다.

◦이론성, 과학성의 특징을 가지고 있으며

◦본질과 규칙들에 대한 탐구와 발견과 게시를 그 임무로 한다.

2) 중국학의 연구는 다음과 같은 시각을 통하여 출발한다.

◦역사적 시각 : 중국에 대한 역사적 안목을 가지고 역사의 사물들(사회제도, 사상, 인물, 사건 등) 에 대한 역사적인 발전과 전개를 연구하고 고찰한다.

◦분석적 시각 : 중국학의 연구대상이 되는 객관적 사물들을 분해하여 각 부분과 속성, 단계, 본질과 비본질 요소, 필수적 요소와 우연적 요소 등에 대한 연구를 통해 객관적인 사물에 대한 정확한 이해와 인식을 가져다 준다.

◦비교적 시각 : 중국학에 연구에 있어서, 두 가지 혹은 두 가지 이상의 동일한 연구대상에 대하여는 비교를 통하여 상호 분별하고 서로의 가치와 의미를 발견하는 것이다.

◦총체적 시각 : 중국학에 있어서 연구대상에 대한 종합적 연구를 말하는데, 이는 사물에 대한 객관적인 인식, 전체적인 인식, 종합적 인식을 포함하는 연구의 시각이다.

◦전체와 구체적인 것에 대한 상호결합적 시각 : 중국학 연구에 있어서, 전체에 대한 연구는 구체적인 것들의 총화에 대한 연구이며 구체적인 사물에 대한 연구 또한 전체를 반영하고 있다고 보고 연구함으로 보다 깊이 있는 연구를 가능하게 해준다.

3) 중국학 연구의 방법은 다음과 같은 다양한 방법들이 사용된다.

◦ 계통론적 방법 : 이 방법은 연구의 대상에 대하여 계통을 따라 연구하는 방법으로서, 분석을 통하여 사물의 내외관련 부분들을 종합으로 연구함으로 연구의 대상을 정확히 파악하는 방법이다.

◦ 일반적인 것과 개별적인 것에 대한 상호연구 방법 : 이 방법은 전체적인 것과 구체적인 것을 상호 결합적으로 다루는 연구방법이다. 개별적인 것은 반드시 일반적이고 전체적인 것과 관계를 가지고 있으며, 일반적인 것들도 개별적인 사물 속에 반영되어 있음으로 상호 결합적 연구를 통해 깊이 있는 연구를 가능케 한다.

◦ 과학비교연구 방법 : 이 방법은 중국학 연구에 있어서 상용되는 연구방법으로서, 중국의 역사발전 과정 중의 일정한 시대와 단계들 상호비교하거나 중국과 외국, 중국민족과 기타 민족들과의 관계에 대한 과학적인 비교연구 방법이다.

◦ 주체론적 방법 : 이 방법은 중국학의 연구에 있어서, 그 연구의 주체를 달리함으로 보다 다양하고 전문적인 연구와 결과를 제공할 수 있다는 것이다. 즉 중국학의 전문학자가 그 주체가 될 수 있으며, 정부기관이나 역사학자 혹은 일반 중국인들, 외국인들 모두가 주체가 되어 각자의 관점에서 주관적으로 중국을 연구하는 방법이다.

◦ 종합적인 방법 : 이 방법은 중국학의 속성과 관련된 방법으로서, 중국학이 역사학 · 철학 · 민족학 · 사회학 · 정치학 · 경제학 · 교육학 등 제반학문을 포함하는 종합학문임으로 이러한 전문적인 학문의 도움과 결합을 통하여 중국학을 연구하는 방법을 말한다.

4) 현재 중국학자들이 말하는 중화학의 기본적 범주는 다음과 같이 분류하고 있다.

◦ 중화에 대한 역사적이고 현대적인 연구
◦ 중화의 총체적이고 국부적인 연구
◦ 중화민족과 중화자연
◦ 중화문화
◦ 중화정치
◦ 중화경제
◦ 중화의식형태 등을 범주로 정하고 있다.

필자도 이러한 중화학의 체계에 맞추어, 중국학, 중국민족(개요, 중국자연과 중국민족, 중국약사), 중국현대사, 중국정치, 중국경제, 중국사회, 중국교육, 중국전통사상, 중국문화, 당면과제, 한중관계 순으로 본서를 집필하였다.

중국학자들은 중화학의 등장에 대한 필연성에 대하여, 자민족 인식에 대한 세계적이고 역사적인 추세와 자민족에 대한 과학적이고 이성적인 이해와 지식을 함양시키기 위함이라고 말한다.

오늘날 현대 중국의 상황에 비추어 볼 때, 중화학은 최근 개혁개방을 가일층 추진하고 있는 중국이 세계를 향하여 그들의 중화민족주의 사상을 표명하기 위한 노력의 일환이며, 이러한 중국인의 중화민족주의 사상을 학문적인 영역에까지 발전시켜 적용한 것이라고 본다.

현재 중국학자들은 전통적인 중화민족주의 사상과 함께 그들의 지배적 이념인 사회주의 사상을 이론적 배경으로 하는 역사적이고 시대적인 새로운 학문의 영역으로서 중화학이란 명칭을 사용하고 있으며, 그들은 이를 신학문의 중요한 영역으로 여기고 학문적 연구를 전개하고 있다.

제2절 중국학과 민족학

1. 중국민족학

중국은 유구한 역사와 전통을 가진 국가이다. 또한 중국은 고대로부터 56여 개의 많은 민족으로 구성된 다민족국가이다. 현재 중국은 한족을 주류민족으로 하지만, 각자 고유한 문화와 다양한 전통을 지닌 55개의 소수민족이 함께 거주하는 민족공동체 국가를 이루고 있다.

중국은 이러한 역사적 지리적 배경으로 인해 일찍이 민족에 대한 이론적 학문적 연구가 발전되어 왔다. 중국 인류학계는 그 학문적 연구의 영역을 고고인류학, 체질인류학, 언어인류학, 문화인류학으로 나누고 있다.

현재 중국에서는 문화인류학을 중국의 다민족사회를 연구의 기초로 하는 중국 특색의 실제적이고 전문적인 학문의 한 영역으로서 민족학(ethnology)이란 용어로 부르고 있다. 이는 한국의 민속학과는 다른 분야의 학문영역이다.

중국민족학(中国民族学)은 20세기 초 서방 인류학에 영향을 받아 중국 고유의 문화적 배경아래서 학문적인 전문영역으로 발전하게 된 것이다. 즉 서방 인류학의 학문적 기초 위에 중국은 중국민족에 대한 종합적이고 구체적인 연구를 결합하여 중국민족학이라는 독특한 학문적 영역을 수립하여 왔다고 할 수 있다.

1949년 10월 현재의 중화인민공화국이 건국되면서, 중국의 민족학은 이론적 발전과 더불어 실질적으로 중국의 민족정책을 수립하여 민족을 관리하고 중국의 다양한 민족들을 교육하는 중요한 학문으로서 자리잡아 오게 되었다.

2. 중국학과 민족학

현재 중국학에 대한 연구는 민족학의 영역과 관련되어 다루어지고 있다. 이는 중국학의 전문분야인 중국민족학이 중국의 역사와 중국 문화전반에 대한 광대한 영역을 포함하는 학문이기 때문이다.

중국민족학의 영역을 정하는 것은 민족학의 용어를 정의하고 그 한계를 정하는 일이라고 할 수 있다. 여기서 민족학(ethnology)이란 단어는 종래 라틴어 'ethnos'(부족, 민족)이라는 말과 'logos'(학문, 과학)'이라는 말의 합성어이다. 이는 학술적으로 중국민족학이 바로 중국 민족에 대한 학문적 연구임을 알게 한다.

또한 민족학은 문화에 대한 연구를 주로 하는 학문영역이며, 현재 중국의 민족학술계는 "문화란 중국의 정치 · 경제 · 사회 · 교육 · 법률 · 사상 · 종교 · 예술 등과 모든 전통과 관습을 포함하는 종합적인 것"이라고 정의하고 있다.

중국민족학의 영역에는 다음과 같은 다양하고 전문적인 학문들이 있다. 민족학통론, 민족정책학, 민족관리학, 민족사, 민족교육학, 민족경제학, 민족사회학, 민족심리학, 민족학이론과 방법, 민족고문헌연구, 민족윤리학, 민족종교학, 민족예술, 민족언어 등이다.

위에서 열거한 것과 같이, 중국의 민족학은 일반학문의 모든 영역과 결합되어 학문적 영역을 구축한 종합 학문이다. 그러므로 중국민족과 관련된 모든 영역이 바로 중국민족학의 연구 영역이라고 할 수 있다.

중국민족학은 종합학문으로서 전문적이고 체계적인 학문적 발전을 이룬 것을 알 수 있다. 실제로 중국에는 세계에서도 유일한 민족학을 중점적으로 연구하는 전문적인 고등교육기관인 민족대학이 설치되어 있다.

현재 중국에는 중앙민족대학(中央民族大学)을 비롯한 13개의 민족대학교와 민족거주 지역에 101개 대학과정의 고등교육기관이 설치되어 있다. 그리고 북경(北京)대학과 하문(厦门)대학을 비롯하여, 주요 대학에 민족학과와 인류학 분야의 학과가 개설되어 있다.

중앙민족대학은 민족학 분야의 종합대학이자 국가중점 대학으로서 민족학을 중점학과로 하여 인류학, 언어학, 경제학, 철학과 문학 등의 종합학문을 가르치고 있다. 1999년의 경우 총 7,280여명이 재학하고 있었는데, 현재 본과과정 36개 학과, 석사과정 24개 분야, 박사과정 9개 분야가 설치되어 있으며, 현재 중앙민족대학은 인류학 분야의 최고 대학으로서 하버드대학, 시카고대학, 옥스퍼드대학과 같은 세계의 유수한 대학들과도 학문적 교류를 활발히 진행하고 있다.

중국학과 민족학은 동일한 건축물의 골격과 기반을 구성하는 상호 밀접한 관련을 가지고 있다. 현재 중국의 학술계 역시 신흥학문인 중국학의 건립에 있어서, 민족학의 연구의 경험과 결과들을 토대로 하여 중국학을 정립하고자 노력하고 있다.

중국학은 중국자연과 중국민족에 대한 연구를 시작으로 중국문화를 포함하는 광범위한 학문이라면, 중국민족학은 중국민족을 학문의 대상으로 하며 중국문화에 대한 전반적인 자료를 제공하는 중국학의 토대를 세우는 학문이라고 할 수 있다.

제3절 중국학과 지역연구

중국은 향후 동아시아뿐만 아니라 세계질서에서 국가적 위상과 역할이 더욱 증대될 것으로 예견되고 있다. 그러므로 우리의 중국에 대한 전반적이고 체계적인 이해와 분석을 위한 연구는 그 중요성과 당위성을 지니고 있다.

중국에 대한 연구는 한국과 한국인들의 발전과 생존과 직결된다고 볼 수 있다. 역사적으로 고찰해볼 때, 한국은 그 존재와 사명이 지정학적 위치로 인해서 전통적으로 주변 강대국들의 영향을 직접적으로 받아왔고, 앞으로도 그 같은 국제관계의 역학구도 속에서 자유로울 수 없는 환경에 놓여있기 때문이다.

한국은 역사적으로 중국학(汉学)연구의 축적된 지식과 풍부한 경험을 지니고 있다. 하지만 기존의 중국학 연구는 주로 어문학 및 철학 중심이었고, 현재까지도 그 같은 순수학문 지향적 연구 전통이 유지되어오고 있는 실정이다.

21세기에 들어서면서, 국제관계에서의 민족주의(nationalism)와 세계주의(globalism)간의 타협점으로서의 지역주의(regionalism)가 점차 그 위상과 역할을 증가함에 따라서 지역에 대한 연구의 중요성도 증대되어 가고 있다.

세계무역기구(WTO)가 출범한 이후 세계 각 국은 개방체제로 전환하여 세계화의 추세로 진행하고 있음과 동시에, 유럽연합(EU)과 북미자유무역지대(NAFTA), 아시아태평양경제협력각료회의(APEC) 등 지역간의 '블록화' 현상도 더욱 강화되고 있는 추세다.

오늘날 국제관계의 특이한 현상은 세계의 여러 나라가 개방체제로 전환되는 세계화로 진행됨과 동시에 지역 간의 블록화라는 지역주의가 더욱 강화되고 있는 이중적인 모순 상황이 전개되고 있다는 것이다.

이러한 국제관계의 흐름 속에서, 한국의 여러 중국 관련 전문가들은 21세기의 한중 양국 간의 현실적이고 구체적인 실질문제의 해결을 위해서는 중국학의 연구가 국익과 국가발전에 적극적이고 긍정적인 역할을 담당해야할 것이며, 또한 중국학은 지금까지의 이론적인 연구영역에서 벗어나 좀 더 실용적인 면을 중시하는 응용 학문으로서의 중국학(sinology)으로 거듭나야 한다고 주장하고 있다.

중국의 학자들도 중화학의 중요한 임무로서, 현대 중국 혹은 중화를 진흥시키고 발전시켜야 한다고 말한다.

중화학의 임무수행에 관하여, 중화학은 과학적이고 이성적인 탐구를 통하여 중국 혹은 중화의 역사적 본질과 발전의 법칙을 발견해야 하며, 나아가 중국 혹은 중화의 정체성과 발전법칙에 있어서 그러한 정체성과 발전법칙을 확립시키고 결정하는 작용을 수행해야 할 것을 주장하고 있다.

한국도 신흥학문인 중국학의 다양한 기능들을 바로 활용하여, 중국에 대한 이해로부터 세계학에 대한 이해에까지 연구의 발전이 있어야 할 것이다. 또한 그 결과로 세계사 속에서 한국과 한민족의 발전을 가져오게 하는 역할을 할 수 있어야 한다.

그러므로 한국의 현대의 중국학도 학문 상호간 연구를 지향하는 현재의 학문적 추세와 부합하는 동시에 지역연구의 활성화를 통해서 새로운 학문적 현실적 위상과 역할을 찾을 수 있도록 목표하고 전개되어야 할 것으로 본다.

결론적으로 중국 전체를 대상으로 분석한 포괄적이고 거시적 연구결과와 특정지역에 대한 심층적이고 미시적인 연구의 성과들은 급변하는 국제환경에 대응하는 국가 및 기업의 적응력과 효과적인 대응 방안을 마련할 수 있도록 전개되어야 할 것이다.

제2장

중 국 자 연

중국학은 중국자연과 중국민족에 기초를 두고 있다고 언급하였다. 그러므로 중국자연에 대한 연구는 중국학 연구의 중요한 구성부분이다. 중국자연에 대한 연구가 선행되지 않는다면 중국학은 성립될 수 없는 것이다.

학문적으로 중국자연이란 중국민족의 생존과 발전의 토대가 되는 환경을 의미한다. 구체적으로 중국자연은 중국의 영토, 영해, 영공 및 그 속에 함께 있는 내용들과 특성들 모두를 지칭하는 것이다.

그러므로 중국자연에 대한 연구는 중국자연에 대한 탐구에서부터 출발하여, 중국자연을 보호하고, 중국자연을 발전시키는데 까지를 포함하는 중요한 것이다.

제1절 개 요

중국의 공식명칭은 중화인민공화국(中华人民共和国 : People's Republic of China : PRC)이다. 그리고 중국의 건국일은 1949년 10월 1일이다. 중국에서는 공산당에 의해 중국이 새로이 건국되었다는 관점에서, 현재의 중국을 '신중국(新中国)'이라고도 부른다.

중국 국토의 총면적은 약 960만㎢이다. 여기에 중국의 영해 약 300만㎢를 포함하면 총 1260만㎢이다. 현재 중국의 영해는 12해리(1958. 9.4 선언, 1992.2.25 영해 및 접속수역법 제정공포)로 선포하고 있으며, 그 영해는 동남해를 중심으로 하여 5,000여 개의 부속 섬들로 구성되어 있다.

중국의 국제연합(UN) 가입일은 1971년 10월이며, 현재 유엔 안보리 상임이사국으로 되어 있다. 그리고 현재 중국의 행정구역은 22개성, 4개 직할시, 5개 자치구, 2개 특별행정구(홍콩은 97.7.1 영국으로부터 인수, 마카오는 99.12.20 포르투갈로부터 인수)로 구성되어 있으며, 중국은 대만을 23번째 성으로 간주하기도 한다.

제2절 중국의 국토

고고학자들은 중국대륙은 희말라야산의 조산운동의 산물이라고 말한다. 그래서 중국민족은 희말라야산의 조산운동 이후에는 서남고원지대로 이동하게 되었고, 다시 4방으로 흩어져 살게 되었고, 시간이 흐르면서 다시 중국의 전지역에 거주하게 되었다고 말한다.

중국 국토의 총면적은 약 960만㎢이다(한반도의 44배, 세계 3위). 남북의 길이는 5,500km(남사군도 23°N-흑룡강 53°N) 이며, 동서의 길이도 5,200km(파미르고원 73°E-우수리강 135°E) 이다. 국경선의 총길이는 20,280km 이며, 14개 국가와 육지로 접경하고 있다(한국, 러시아, 몽골, 우즈베키스탄, 키르키즈스탄, 카자흐스탄, 아프가니스탄, 파키스탄, 인도, 네팔, 부탄, 미얀마, 베트남, 라오스).

중국에는 동서를 가르는 두 개의 큰 강이 있는데, 하나는 황하강으로 5,464km이고, 다른 하나는 장강(양쯔강)으로 6,300km이다. 그리고 중국의 해양은 18,000km에 달하며, 5,000여 개의 섬이 있다.

현재 중국의 국토는 산지 33%, 고원 26%, 분지 19%, 평원 12%, 구릉 10%로 구성되어 있으며, 이것을 일반적으로는 4대 고원과 4대 분지, 3대 평원, 5대 구릉지로 형성되어 있다고 한다.

(1) 4대 고원(청장 고원, 내몽고 고원, 황토 고원, 운귀 고원)은 해발 1,000m 이상인 고원지대로 주로 임업과 목축업에 적합한 토양과 일조시간, 기온 등을 갖추고 있다.

(2) 4대분지(탑리목 분지, 준갈이 분지, 시달목 분지, 사천 분지)는 주로 사막, 오아시스, 호수, 내륙하천, 초원 등으로 구성되어 있어서 온화한 기후와 풍부한 광물자원으로 농업경제와 광업에 용이한 지역이다.

(3) 3대 평원(동북 평원, 화북 평원, 장강 중하류 평원)은 오랜 시간에 걸친 충적토양과 풍부한 강우량으로 비옥한 토양을 만들어 농업생산에 좋은 조건을 갖추고 있다.

중국은 국토의 66%가 산지와 구릉지로 형성되어 있으며, 그 중 산지의 65%는 해발 1,000m 이상의 고지에 자리잡고 있는 실정이다. 중국 서북부의 경우, 국토의 7%만이 농업용지로 사용되고 있으며, 최근에는 국토의 토양유실과 사막화 현상의 영향으로 점점 생산용지가 감소되고 있다. 한편 중국의 농산물은 동부의 농업 생산지구와 3대평원에서 전국의 90%의 농산물이 생산되고 있다.

현재 중국 정부는 세계적으로 문제가 되고 있는 사막화와 황사의 문제 그리고 식수난과 농업용지의 감소문제를 해결하기 위하여 전국적인 식수조림사업을 실시하고 있다.

제3절 중국의 자연자원

중국은 자연자원이 풍부한 나라이다. 광활한 토지와 넓은 해양을 토대로 산출되는 많은 자원 외에도 중국에는 각종 생물자원과 광물자원이 풍부하다.

생물자원이란 식물자원과 동물자원으로 구성되는데, 삼림, 목초식물, 야생동식물, 수산물이 여기에 속한다. 그리고 광물자원은 에너지광물, 금속광물, 비금속광물로 나누어진다.

식물은 3만여 종의 식물이 존재하는데, 그 중에 나무는 2,800여종이 있다고 한다. 동물자원은 육지파충류가 2,070여종, 수금이 420여종, 조류가 1183여종, 담수어가 500여종, 주된 해양어류가 1,500여종이있다고 한다.

대표적인 식물자원으로는 금전송, 대만삼, 향과수, 수삼, 은행, 은삼 등이 유명하며, 동물자원으로는 팬더곰, 따오기, 도룡뇽, 철갑상어, 영양 등이 유명하다. 해양자원으로는 새우와 게가 많이 산출된다고 한다.

광물자원은 현재 140여 종이 있는데, 132종은 세계상으로도 보유량이 많은 자원이라고 한다. 특히 중국의 텅스텐, 주석, 희토, 유철광, 티나늄, 아연, 바나듐 등의 매장량은 세계 최대의 수준이며, 석유, 석탄, 납 등도 세계적으로 풍부한 것으로 알려져 있다.

제4절 중국의 행정구역

중국정부는 중국의 행정구역을 성(省)급과 특별행정구(特別行政区), 주(州)급, 현(县)급, 그리고 향(乡)과 진(镇)으로 나누고 있다.

[중국의 행정구역]

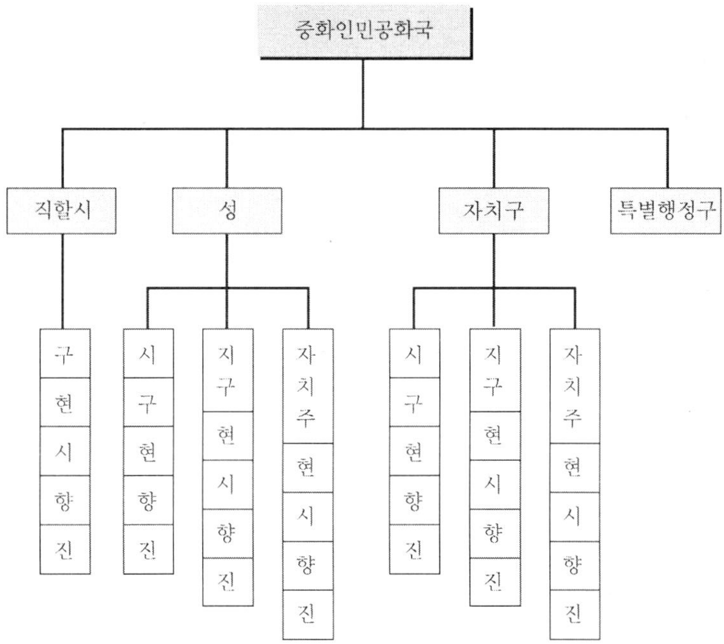

성급은 총 32로 나누는데, 여기에는 4개의 직할시(直辖市)와 5개의 자치구(自治区), 그리고 22개의 성(省)이 포함되어 있다. 여기서 성은 우리나라의 도에 해당하는 행정구역이다. 특별행정구로는 2개가 있으며, 대만을 23번째 성으로 간주하고 있다.

중국의 4개 직할시로는 북경시, 천진시, 상해시, 중경시가 있고, 5개 자치구에는 내몽고 자치구, 신강위구르 자치구, 서장 자치구, 광서장족 자치구, 영하회족 자치구가 있다.

중국은 2개의 특별행정구를 두고 있는데, 여기에는 홍콩(香港)특별행정구, 마카오(澳门)특별행정구가 있다.

주급은 성급보다 작은 행정구역으로서 총 337개가 있는데, 이는 113지구(地区), 30자치주(自治州), 8맹(盟), 185시(市)로 나눈다(2003년). 여기서 자치주, 맹, 시는 독립행정구로 구분하고 있지만, 지구는 독립행정구가 아니라 다만 현급 행정구들을 관할하도록 하고 있다.

현급으로는 총 2181개가 있는데, 이는 260시(市), 1748현(县), 114자치현(自治县), 51기(旗), 3자치기(自治旗), 3특구(特区), 1공업구(工业区), 1임구(林区)로 나눈다(2003년). 여기서 현이라 우리나라의 군에 해당한다. 다음으로 향과 진이 있는데, 향은 우리의 면에 해당하고, 진은 읍 또는 시의 구에 해당한다고 볼 수 있다.

중국은 현재 행정구역을 다음과 같이 분류하고 있다. 성급은 6개 권역으로 분류하는데 그 내용은 아래와 같다.

(1) 화북구(华北) : 하북성, 산서성
(2) 서북구(西北) : 섬서성, 감숙성, 청해성
(3) 동북구(东北) : 요녕성, 길림성, 흑룡강성
(4) 화동구(华东) : 강소성, 절강성, 안휘성, 강서성, 복건성, 산동성
(5) 중남구(中南) : 하남성, 호북성, 호남성, 광동성, 해남성

(6) 서남구(西南) : 사천성, 운남성, 귀주성.

현재 중국은 개혁개방 정책의 실시와 최근 서부대개발 정책으로 인해 전역에 걸친 투자와 개발이 진행 중이다. 연해주에 이은 내륙도시의 개방으로 전국의 주요 도시가 현대화된 도시로 탈바꿈하고 있으며, 농촌인구의 도시유입으로 인한 도시화가 급속히 전개되고 있다. 그래서 행정구역도 점점 세분화되는 경향이 있다.

제3장

중 국 민 족

중국자연에 대한 연구가 중국학의 기초가 된다면, 중국민족에 대한 연구는 중국학의 주체에 대한 연구가 된다고 할 수 있다. 이는 중국민족에 대한 연구가 중국학의 또 다른 중요한 영역임을 밝혀 주는 것이다.

중국민족에 대한 연구는 중국민족에 대한 기원과 형성과정, 특성, 발전의 원리 등에 대한 탐구로부터 시작하여, 중국민족에 관련된 제반 문제를 연구하는 분야다.

중국민족은 중국자연에 거주하는 민족공동체인 동시에 중국문화와 일정한 혈연관계를 중심으로 구성된 공동체이다. 현재 중국에서는 중국민족은 한족을 포함하는 56개 민족의 공동체를 말하며, 이는 세계에 흩어진 중국인 화교들을 포함하고 있다.

제1절 개　요

중국은 역사적으로 한족을 주류민족으로 하여 56개의 다양한 문화와 전통을 지닌 여러 민족으로 형성된 다민족국가이다. 2001년 제 4차 인구조사에 의하면, 현재 중국의 주류민족인 한족의 인구는 약 11억 5,940만 명(총 인구의 91.59%)이며, 55개의 소수민족의 인구는 약 1억 643만 명(총 인구의 8.41%)이다. 그 중 중국의 조선족은 약 192만 명(전체 소수민족의 2.1%, 소수민족 순위 13번째)이 거주하고 있다(국가통계국, 2001년 중국통계연감).

중국의 수도인 북경의 인구는 약 1,382만 명이며, 중국 전체 인구는 홍콩, 마카오 및 대만지역을 포함한 중국 전국의 총인구는 12억 9,533만 명이다. 이는 세계 인구의 1/5을 차지한다고 할 수 있다. 인구밀도는 125명/㎢이다. 그리고 중국대륙의 과거 10년간 평균 인구성장률은 1.07%이다.

중국인의 성씨(姓氏)에 대한 역사자료를 보면, 송나라 초기에 편찬된 '백가성(百家姓)'에서는 당시 중국의 성씨의 수는 484개(단수성 408개, 복수성 76개)로 보았으며, 그 후 편찬된 '중국인명대사전(中国人名大辞典)'에서는 4129개의 성이 있다고 보았다.

최근에 발간된 『중화성씨대사전(中华姓氏大辞典)』에 의하면, 중국 역사상 모두 11,969개의 성씨가 있었으며, 그 중 단수성은 5,327개, 복수성은 4,329개, 기타 성은 2,313개로 소개하고 있다. 그러나 현재 사용되는 성씨는 200여개를 좌우하며, 그 중 단수성은 100여개로 본다.

1987년 인민일보의 조사에 의하면, 현재 중국의 한족 중에서 가장 많은 수를 차지하는 성씨는 이(李)씨 성으로 한족 전체의 7.9%를 차지하고 있으며, 그 다음은 왕(王)씨로 7.4%, 장(张)씨 7.1% 정도라고 한다. 그 외에도 16개의 성(刘, 陈, 杨, 赵, 黄, 周, 吴, 徐, 孙, 胡, 朱, 高, 林, 何, 郭, 马)씨가 주로 사용되는데, 위와 같은 19개의 성씨가 전국 인구의 절반이상을 차지하고 있다고 밝혔다. 최근 통계에 의하면, 왕씨 성이 이씨성을 초월한 것으로도 나타났다.

중국의 국가상징을 살펴보면, 국가상징의 중앙에 위치하고 있는 천안문은 중국의 유구한 문화와 역사를 바탕으로 하는 중국인민의 반제국주의, 반봉건주의 민족정신을 상징한다고 하며, 천안문 아래 의 둥근 황금색 톱니바퀴와, 주위의 곡식들은 각각 '노동자계급'과 '농민계급'을 상징한다고 말한다.

중국국기는 오성홍기(五星红旗)이다. 붉은 바탕(红旗)은 혁명(革命)을, 황색의 오성(五星)은 붉은 대지로부터 밝아오는 광명(光明)과 미래를 상징한다. 그리고 황색의 오성 중 가장 큰 별과 주위 네 개의 별은 각각 '중국공산당'과 '중국인민(노동자, 농민, 군인, 지식인)'을 대표하며, 중국공산당의 지도하에 조화, 단결하는 인민을 나타낸다고 한다.

중국의 국가정체는 '노농연맹(劳农联盟)에 기초한 인민민주독재의 사회주의 국가'(93년 신헌법 제1조 규정)이다. 또한 정부형태는 공산당 일당 독재(형식상 8개 정당존재) 이며, 의회는 단원제로(전국인민대표대회) 구성되어 있다.

중국 국가(国歌)는 의용군행진곡(义勇军进行曲)이다. 이 의용군행진곡은 1935년에 만들어진 곡으로, 1930년대 일본의 침략하에 있던 중화민족으로 하여금 단결과 항일정신을 고무시키고자 만들어진 영화 '펑윈얼뉘(风云儿女)'의 주제곡으로 사용된 바 있으며, 그 후 1949년 9월의 중국인민정치협상회의에서 국가(国家)로 결정되었고, 1982년 12월에는 전국인민대표대회를 통해 중화인민공화국 정식국가로 결정되었다.

중국의 국정 공휴일은 원단(1.1), 춘절(음력 1.1-1.3), 노동절(5.1), 국경절(10.1-10.2) 이 있다.

현재 중국의 주요정책으로는 경제건설을 위주로 하는 중국식 특색 있는 사회주의의 건설, 대만과의 통일실현, 국제사회에서의 패권주의를 반대하고 세계평화를 옹호함, 서부대개발과 WTO와 경제개혁, 부패추방, 환경문제 해결 등이 있다.

중국 국가(의용군행진곡; 义勇军进行曲)

田汉(티엔한) 작사(词), 聂耳(니에얼) 작곡(曲)

起来! 不愿做奴隶的人们! 把我们的血肉, 筑成我们新的长城.
中华民族到了最危险的时候, 每个人们迫着发出最後的吼声.
起来! 起来! 起来! 我们万众一心, 冒着敌人的炮火前进!
冒着敌人的炮火前进! 前进! 前进! 进!

일어나라! 노예되기를 원치 않는 사람들이여!
우리의 몸으로 새로운 장성을 쌓자.
중화민족이여 극도의 위기 속에서도, 최후 함성을 외치라
일어나라! 일어나라, 한마음으로, 적의 포화를 뚫고 전진!
적의 포화를 뚫고 전진! 전진! 전진! 전진!

제2절 중국민족의 특성

중국민족의 기원은 화하(华夏) 민족의 형성시기부터로 본다. '하'라는 글자는 대(大 ; 크다)라는 의미를 가진다고 한다. 이러한 화하족은 중국의 고대역사로부터 춘추전국시대까지 이어진다.

진시황이 최초로 중국을 통일하고는 중국민족을 진인(秦人)으로 불렀다고 한다. 그러나 진나라가 짧은 역사로 마감하고 곧이어 한나라가 등장함으로, 한나라 사람을 가리키는 한족(汉族)이란 용어가 등장하게 되었다고 한다. 처음에 한족이란 말은 한나라의 군인들을 부르는 말이었으나, 점차 한나라 사람들을 총칭하여 한족이라는 명칭으로 불리게 된 것이다.

현재 중국인의 민족성에 대하여는 다양한 견해들이 있지만, 대체적으로 다음과 같은 특징들을 가지고 있다.

(1) 자연주의 : 농경사회를 바탕으로 한 중국민족은 자연에 대한 순응의식을 갖고 발전하였다. 이러한 성향은 모든 문제를 하늘에게 돌림으로써 대단히 포용력 있는 품성을 길러주었지만, 한편 삶에 대한 경쟁의식이 약화되어 소극적이고 체념하는 부정적인 면도 있다.

(2) 낙관주의 : 중국인들은 모든 현상에 대해 만만디(慢慢地)한 여유있는 태도로서 살아감으로 삶에 대해 관조적이고 담백한 사고방식을 낳았다. 도가사상은 이러한 일면을 잘 반영해 준다.

(3) 화평주의 : 자연과의 관계가 대립이나 극복이 아닌 조화와 순응이었기에, 중국민족은 대단히 외유내강(外柔内刚)적인 면모를 지니게

된다. 따라서 매사에 조급하지 않은 새옹지마(塞翁之马)적인 합리화는 도주하는 것이 최고의 전술이라는 기이한 면을 발전시켰다.

(4) 유연주의 : 태극권에서 느낄 수 있는 느림과 부드러움은 유약함이 강함을 이긴다는 대단한 고집을 엿보게 한다. 한편 이러한 성향으로 소박함 속에서 진정한 가치를 찾으려는 겸손의식을 낳았다.

(5) 현실주의 : 중국인은 지나친 실용주의를 추구한다. 특히 종교에 대한 중국인의 태도는 이를 극명하게 보여준다. 돈을 벌게만 해준다면 아침엔 교회에 가고, 낮엔 회교사원에 가며, 저녁엔 절에도 간다는 것이다.

(6) 인내심 : 우공이산(愚公移山)의 이야기처럼 몇 대를 거쳐서라도 산을 옮기려는 정신이다. 이러한 정신이 만리장성을 가능케 한 것이지만, 반면에 강제결혼, 전족 등과 같은 봉건사회의 각종 부도덕한 윤리와 풍습을 낳기도 하였다.

(7) 개인주의 : 가족중심주의와 통하는 것으로 모든 즐거움은 나에게 있고, 나로부터 말미암는다고 생각한다. 따라서 사회의 공익을 위한 조치는 무관하다. 그러나 그것이 이익에 관련되어 있다면 밤을 새워 달려간다.

(8) 체면주의 : 중국인은 체면을 대단히 중요시 여긴다. 미엔즈(面子)에 죽고 산다. 따라서 서로 서로가 상대의 체면을 살려주는 것이 중요하다.

한편 중국학자들은 중국민족이 역사적으로 형성된 중국민족만의 독특한 특성을 가지고 있는데, 대체로 중국민족은 다음의 11가지 특성을 지닌다고 말한다.

◦ 낙관주의적이고 발전적인 인생관을 소유함
◦ 평화롭고 안정을 중시하는 심성을 소유함

◦ 통일성과 집단에 대한 애호심이 강함
◦ 공동체성과 개성을 동시에 추구함
◦ 공동체적 이상을 추구함
◦ 자강분진(自强奋进)을 추구함
◦ 도덕적 수양을 추구함
◦ 넓은 포용심을 소유함
◦ 강렬한 민족의식을 소유함
◦ 강한 적응력을 소유함
◦ 문화계승력을 소유함

그리고 중국민족의 발전과정에서 나타난 발전의 기본특징들이 있는데, 대체적으로 3가지로 나눌 수 있다고 한다. 기본특징들을 자세히 살펴보면, 다음과 같다.

1. 중국민족은 화평과 전쟁이 상호 교체되면서 발전하여 왔다.
2. 중국민족은 통일과 분열이 상호 교체되면서 발전하여 왔다.
3. 화평과 통일은 중국민족의 형성발전의 주된 흐름이었다.

그러므로 중국민족은 역사적으로 이러한 화평과 전쟁의 과정에서 중국민족은 화평을 추구해 왔으며, 통일과 분열의 역사 속에서도 통일을 추구하면서 중국민족이 형성되고 발전되어 왔다는 것이다.

한편 중국역사에는 민족전쟁, 농민전쟁, 침략전쟁의 3가지 형태의 전쟁이 있었는데, 고대시대에는 민족 간의 전쟁이 많았다. 대표적으로는 서한시대에 흉노와의 전쟁, 당나라와 투판과의 전쟁을 예로 들 수 있다.

이러한 전쟁 속에서도 중국민족은 화평을 중시하고, 결과적으로는 화평을 이루는 발전과정을 이루어 왔다고 한다.

그리고 중국민족은 통일과 분열의 과정에 있어서도 통일을 추구하여 왔으며, 발전과정의 끝에는 항상 통일을 이루어 왔다고 주장하고 있다.

이러한 중국민족의 발전과정을 살펴보면 다음과 같다.

1. 통일(하, 상, 서주)
2. 분열(춘추전국)-통일(진, 한)
3. 분열(삼국)-통일(서진)
4. 분열(남북조)-통일(수, 당)
5. 분열(오대십국)-통일(북송)
6. 분열(금, 남송)-통일(원, 명, 청).

제3절 중국민족의 역사

중국은 실로 5000여 년이 넘는 유구한 역사와 찬란한 문명을 지닌 동방문화의 발상지다. 또한 중국민족은 황하를 중심으로 발달한 고대문명을 바탕으로 역사 속에서 주변국가와 교류하는 가운데, 아시아의 문화와 언어에 지대한 영향을 주었다.

1. 중국민족의 기원

중국역사의 시작은 3황(皇), 5제(帝)의 전설시대에서 비롯된다고 할 수 있다. 3황이라 함은 복희씨(伏羲氏), 신농씨(神农氏), 헌원씨(轩辕氏)

를 가리키는 말이며, 5제란 소호(少昊), 전, 곡, 요(尧), 순(舜)을 지칭하는 말이다.

복희씨는 일명 포희(包羲), 희황(羲皇), 황희(皇羲), 태호(太昊)와 동일인물이라는 설도 있다. 끈을 매듭지어 그물을 만듦으로써 사람들에게 고기잡는 법을 가르치고, 팔괘(八卦)를 창조해 천문지리와 인간의 길흉화복을 예견했다고 한다. 신농씨는 처음으로 나무를 깎아 쟁기를 만들고, 나무를 꾸부려서 자루를 만들어, 농사짓는 법을 가르쳤다고 한다. 또 백가 풀을 맛보아 처음으로 의약을 만들어 백성의 질병을 치료했다고 한다. 3황인 헌원씨는 배와 수레를 만드는 등 문화를 크게 일으킨 것으로 전해진다.

5제(五帝) 중에서는 중국의 유가에서 가장 이상적인 제왕으로 칭송받고 있는 요순에 대한 전설이 많이 전해진다. 요(尧)는 어진 정치를 펴 전쟁을 없애고 태평한 사회를 만들었으므로 주변 부락이 동맹하여 그를 영수로 추대했다.

또한 요임금은 인자한 성품으로 백성들을 덕으로 감화시켰으며, 홍수조절을 위해 물을 다스리기도 했다. 만년에 왕위를 아들 단주에게 물려주지 않고 어진 신하인 순(舜)에게 넘겨줌으로써 후세의 유가들로부터 칭송을 받았다.

순(舜)임금은 요(尧)로부터 군위를 선양받아 초보적인 통치국가의 기본을 다진 인물로서 요임금과 함께 유가에서 최고로 받들어지는 성군이다. 요임금처럼 덕으로 백성을 다스렸으며, 소(韶)라는 아름다운 음악을 지었다. 만년에 자신의 아들에게 천자의 지위를 물려주지 않고 치수를 잘 한 우(禹)에게 군위를 선양했다.

3황(皇) 5제(帝)의 전설을 이어서 기원전 21세기, 중국 사상 최초의 왕조(王朝)로서 하(夏)나라가 세워졌다. 아직까지 하(夏)나라의 존재를 뒷받침할 만한 고고학적 발굴은 없지만, 하나라의 시기는 성왕 우(禹)

에서부터 시작되어 기원전 16세기, 폭정 걸(桀) 때에 멸망하기까지 17대 약 5백년 동안이었다. 근래 은허(殷墟)와 이리두(二里头) 문화유적이 발견됨으로써 하왕조의 실재 여부에 관심이 집중되고 있다.

중국의 고대 민족은 바로 씨족사회를 기반으로 하는 하(夏), 상(商)나라를 거쳐, 최초의 왕조인 은(殷)나라를 이루게 된다. 걸(桀)왕의 주지육림으로 하(夏)왕조가 멸망하고, 탕왕(汤王)이 은(殷)왕조를 개창했다.

현재, 실증적으로 확인되어 있는 최초의 왕조는 은(殷)나라이다. 주(周)의 무왕(武王)에게 멸망하기까지 31대 약 6백여년에 걸쳐 중원(中原)을 지배하였다. 하남성을 중심으로 하는 화북(华北) 일대에서 번성했으며, 수도는 은허가 발굴된 하남성(河南省) 안양현(安阳县) 일대이다. 한자의 초기 형태인 갑골문자를 사용했으며, 제사용으로 청동기를 사용할 정도로 문화수준이 높은 국가였다.

은나라는 갑골문자(甲骨文字)에 은성(殷城)으로 기록되어 있으며, 성벽을 두른 읍(邑)을 기본구조로 하는 읍제국가였다. 또한 은나라는 제사권을 장악한 은왕을 중심으로 하는 신권통치(갑골에 의한 점)를 펼쳤으며, 청동기 문화가 고도로 발달한 시기였다.

은나라 이후에는 주(周)나라가 등장하게 되는데, 주나라는 은나라와 동일한 읍제국가를 이루었으며, 양쯔강(扬子江, 장강) 유역에까지 지배를 확대하고 고도의 청동기 문화를 이루게 된다. 한편 주나라는 봉건제도의 한 형태인 전제(田制)를 실시하기도 하였으며, 종법(宗法)제도를 실시하여 공납과 군역의 의무에 바탕을 둔 천자(天子), 경(卿), 대부(大夫), 사(士)의 질서를 세우기도 하였다. 현재 주나라 시대의 최고 문헌상의 연대는 기원전 841년으로 보고 있다.

주(周)왕조는 기원전 12세기에서 기원전 249년까지 은(殷)나라에 이어 성립된 중국의 고대 왕조이다. 처음에 주나라는 은나라에 귀속

[중국 역대왕조 기원표]

왕조			기간
夏(하)			기원전 21C - 16C
商(상)			16C - 11C
周(주)	西周(서주)		11C - 771년
	东周(동주)	春秋(춘추)	770 - 476년
		战国(전국)	475 - 221년
秦(진)			221 - 206년
汉(한)	西汉(서한)		기원전 206 - 서기 25년
	东汉(동한)		서기25 - 220년
三国(삼국)	魏(위)		220 - 265년
	蜀汉(촉한)		221 - 263년
	吴(오)		222 - 280년
晋(진)	西晋(서진)		265 - 316년
	东晋(동진)		317 - 420년
南北朝(남북조)	南朝(남조)		420 - 589년
	北朝(북조)		386 - 581년
随(수)			581 - 618년
唐(당)			618 - 907년
五代(오대)	后梁(후양)		907 - 923년
	后唐(후당)		923 - 936년
	后晋(후진)		936 - 946년
	后汉(후한)		947 - 950년
	后周(후주)		951 - 960년
宋(송)	北宋(북송)		960 - 1127년
	南宋(남송)		1127 - 1279년
辽(요)			916 - 1125년
金(금)			1115 - 1234년
元(원)			1271 - 1368년
明(명)			1368 - 1644년
清(청)			1644 - 1911년
中华民国(중화민국)			1912 - 현재
中华人民共和国(중화인민공화국)			1949 - 현재

된 속국이었으나 문왕(文王)의 뒤를 이은 무왕(武王)이 은의 폭군 주(纣)를 몰아내고 건국했다.

주(周)는 은(殷)의 말기에 처음 시작된 봉건제도를 본격적으로 발전시킨 국가로서 봉건제에 의해 혈연관계가 없는 부족까지도 주의 친척으로 보는 유사혈연제를 만들어 제후로 봉하고 유사시 무력을 동원하도록 하여 강력한 무력국가를 만들었다. 이러한 주도 서융(西戎)이라는 유목민의 침입을 피해 기원전 770년에는 동쪽 낙양(洛阳)으로 천도했다. 동쪽으로 옮겨갈 때까지를 서주(西周)라 하고, 그 이후를 동주(东周)라고 한다. 동주시대에는 국력이 쇠약하여 각 제후들에게 실권을 빼앗긴 채 명목만 남은 국가가 되었다.

2. 춘추전국(春秋战国) 시대

기원전 256년 진(秦)에 의해 멸망하기까지 중국의 주나라는 25명의 제왕이 514년간 동주왕조를 이끌었다. 동주시대는 곧 춘추전국시대에 해당한다.

주 왕실은 동천과 함께 권세를 잃고 이에 대신하여 춘추의 5패—제(齐), 송(宋), 진(晋), 진(秦), 초(楚)—라고 불리우는 패자가 천하를 호령하기도 하고 전국의 7웅이라고 불리운 제후 즉 한(韩), 위(魏), 조(赵), 제(齐), 연(燕), 초(楚), 진(秦)이 정치를 전담하는 시대가 시작된다. 이러한 춘추전국시대의 나라들은 모두 주왕실의 제후들이었으나, 당시 정치가 문란해서 주왕실의 위력이 제후들에게 미치지 못했다.

춘추(春秋)시대에는 철제농기구의 사용이 시작되고, 소를 이용한 경작이 행해짐으로 농업의 급속한 발전이 있었다. 또한 씨족 공동체가 무너지고 가부장적 군주권력이 성립되었다. 정치적으로는 관료제가 발달하였으며, 병제(兵制)를 개혁하여 군주 권력의 기반이 되는 군현(郡县)을 설치하여 직할지를 지배하기도 하였다.

춘추시대를 거쳐 중국은 전국(战国)시대에 들어서게 되는데, 전국시대는 읍제국가에서 타국과의 병합에 의한 영토국가로 변모하는 시기이다. 이 때에는 전국칠웅(战国七雄)이 등장하였는데, 대도시가 출현하여 상업이 발달하게 되었으며, 이러한 혼란의 와중에 공자, 노자, 맹자 등 많은 사상가들이 출현했으며 제지백가(诸子百家)라는 학술 사상이 발달했다.

대표적인 유파로는 유가(儒家), 도가(道家), 묵가(墨家), 법가(法家), 음양가(阴阳家), 명가(名家), 종횡가(纵横家), 농가(农家), 병가(兵家), 소설가(小说家), 잡가(杂家) 등 10대가 있었다. 각 유파는 상호 논박하면서 사상적 발전을 이루었으므로 당시 학술 문화가 크게 발전하는 계기를 이루었다. 춘추전국시대에는 현재 사용하고 있는 한자숙어(汉字熟语)의 대부분이 만들어지기도 하였으며, 잦은 전쟁과 사회적인 혼란이 가중되는 시기였다.

3. 진한(秦汉) 시대

춘추전국시대의 이런 혼돈을 마무리짓는 패자가 나타났으니, 그가 곧 진시황제(秦始皇帝)였다. 진시황제는 봉건제를 폐지하고 전국에 군현(郡县)을 설치했으며, 나라마다 달랐던 화폐, 도량형, 문자의 서체를 통일하고 반란을 미연에 방지하기 위해 무기를 몰수했다. 대외적으로는 북쪽 흉노족의 침입에 대비하기 위해 만리장성(万里长城)을 쌓고 장군 몽념(蒙恬)으로 하여금 토벌하게 했다. 그러나 분서갱유(焚书坑儒)로 많은 유학자들로부터 비판을 받았으며, 만리장성이나 아방궁(阿房宫), 능묘(陵墓) 건설 등으로 인해 백성의 원성을 사게 되어 각지의 민중반란이 일어나 겨우 15년만에 그 제국은 와해되어 버렸다.

오늘날 진(秦)제국은 중국 역사에서 중요한 의미를 지니는데 그것은 처음으로 중국에 통일국가를 완성했다는 점이다. 현재 차이나(China)

라는 영어 이름도 진(Chin)에서 기원한 것이다.

중국역사의 주류를 이루고 있는 '한족(汉族)'은 기원전 2세기경에 등장한 한(汉)나라(기원전 206년-서기 220년)에서 그 기원을 찾을 수 있다. 유방(刘邦)과 항우(项羽)의 초한전(楚汉战) 끝에 BC 202년에 한나라(汉)의 고조(高祖) 유방은 숙적 항우를 해하(垓下)에서 격파하고 장안(长安)에 도읍을 정하여 통일된 왕조를 세웠다.

한무제는 진(秦)이 엄중한 법치주의를 채용하여 실패했던 것을 감안해, 법제를 늦추고 부분적으로 봉건제를 부활해 군현제와 병용하는 이른바 군국제(郡国制)을 실시했다. 또한 제후들을 억압하여 유교(儒教)를 중심으로 한 강력한 중앙집권제를 실시하였다. 또한 한나라는 중앙아시아에까지 대외진출을 시도하여 동서문화의 교섭을 꾀하기도 하였다.

한나라는 400여년간 전한시대와 후한시대를 거치면서 중국역사의 기틀을 공고히 세우게 되었다. 당시 외국에서 당시 한족의 병사들은 한족(汉族)이라고 부르게 되었는데, 후에는 한나라 사람들을 일반적으로 가리켜 한족이라고 부르게 되었다고 한다. 실상 한족은 한나라 시대를 시작으로 중국 역사의 주역으로서 주류민족을 형성하게 된 것이다.

한나라(汉) 시대에는 유교를 정치체제의 표본으로 삼았고, 종이와 지진계를 발명하는 등 여러 가지 과학적인 진보가 이루어졌다. 그러나 무제(武帝)를 정점으로 하여 점차 쇠퇴하기 시작하여 기원 9년 왕망(王莽)에게 제위를 빼앗기고 말았다. 왕망은 신(新)왕조를 건설했지만 그의 급진적인 개혁정책이 성공을 거두지 못하고 각지에서 반란이 일어났다. 23년 반란군에게 피살됨으로써 신왕조도 단명을 기록하며 멸망했다.

왕망(王莽)에게 빼앗긴 한나라(汉)를 부흥하려는 하남(河南)의 호족

(豪族)들에게 추대된 유수(刘秀-光武帝)는, 기원 25년에 전국을 평정하고, 도읍을 낙양(洛阳)에 정했다. 보통 이 때 생성된 한(汉)을 후한(後汉) 또는 동한(东汉)이라고 하고, 한고조에 의해 건국된 한나라(汉)를 전한(前汉) 또는 서한(西汉) 라고 부른다.

후한 말년 환관(宦官)이 득세하고 정치가 부패하여 184년 황건(黄巾)의 난이 일어나고 위(魏), 촉(蜀), 오(吴)로 천하가 삼분된, 220년 조조(曹操)의 아들 조비(曹丕)가 헌제(献帝)를 폐위시키고 제위에 오르면서 완전 멸망했다.

4. 위진남북조(魏晋南北朝) 시대

삼국시대는 그 후 약 45년간 조조의 위(魏), 유비(刘备)의 촉(蜀), 손권(孙权)의 오(吴)나라가 대립하는 시대다. 이 시기에는 유명한 제갈공명(诸葛孔明)의 출사표(出师表)가 등장하는 때이기도 하다. 263년 위에 의해 촉이 멸망하고 280년 진(晋)의 사마염(司马炎)에 의해 오가 멸망하면서 삼국시대가 끝이 나고 진나라(晋)가 천하를 통일하게 된다. 그러나 제권(帝权)을 강화하기 위해, 일족의 왕들에게 병력을 가지게 한 일은 이민족의 침입을 부른 결과가 되었다.

기원 316년에 진나라(晋)는 흉노(匈奴)에게 망하게 되지만, 진나라의 일족으로 강남을 다스리고 있던 사마예(司马睿)는 호족(豪族)의 지지를 받아 진왕조(晋王朝)를 재건했다. 전자를 서진(西晋)이라 하고 후자를 동진(东晋)이라 한다. 서진은 4명의 황제에 의해 52년간 지속됐고, 동진은 송(宋)의 유유(刘裕)에게 멸망되기까지 11명의 황제에 의해 104년간 지속됐다.

기원 420년, 동진(东晋)의 뒤를 이어 송나라(宋)가 서서 남조(南朝)가 시작됐다. 송(宋)을 이어 제(齐), 양(梁), 후량(後梁), 진(陈)나라 잇 따라 섰고 멸망했다. 한편 강북에는 서진(西晋)이 흉노에게 멸망한 뒤 북위(北魏)가 통일을 시켰다. 북위는 동위(东魏)와 서위(西魏)로 분열된 뒤 북제(北齐)가 동위를 대신하고 북주(北周)가 서위를 대신하며, 다시 북주가 북제를 멸하는 혼란이 연속됐다.

5. 수당(随唐) 시대

중국은 위진남북조 시대를 거쳐 581년 수나라(随)가 북주를 멸망시키고 등장하였으며, 589년에는 진(陈)도 멸망시켜서 남북조(南北朝) 시대를 마감한 후 북주의 재상 양견(杨坚)이 외척(外戚)으로서의 힘을 이용하여 제위에 올랐다. 또한 진(陈)을 멸하면서 전국을 통일했는데, 영토는 동남으로 바다에 접하고, 서쪽으로 신강 동부, 서남으로 운남·광서 및 월남 북부, 동북으로 요하(辽河)에 이르렀다.

수의 두번째 황제인 수양제(随炀帝)는 605년부터 6년 동안에 걸쳐, 통제거(通济渠)·한구·영제거(永济渠)·강남하(江南河)등 대륙을 남북으로 잇는 대운하(大运河)를 건설했다. 수나라는 대대적인 토목공사와 3차례의 고구려 징발 등 무리한 정치를 폈기 때문에, 이로 말미암아 민심의 이반과 불평분자의 봉기를 초래하여, 통일 후 겨우 30년만에 멸망했다. 또한 관리임용에 있어서 시험제를 시작하기도 하였다.

당(唐)은 617년 태원(太原)의 유수(留守)인 이연(李渊 : 唐 高宗)이 군대를 이끌고 장안을 공격하여 이듬해 수를 멸망시키고 제위에 오르면서 건국한 국가이다.

당은 과거제도를 통해 등용된 인재들을 폭넓게 활용하여 전문관료제도의 전성기를 구가했다. 대외적으로는 돌궐, 철륵(铁勒), 투르판을 차례로 격파하고 토번(吐蕃)을 정복하는 한편, 서역의 요지에 전진기지들을 설치하는 등 사방으로 영토를 넓혔다. 그러나 안사(安史)의 난 이후 중앙의 통치력이 점점 쇠미해지면서 환관이 전권을 쥐었으며, 붕당의 투쟁이 계속됐다. 874년 황소(黄巢)의 난을 비롯한 대규모 농민 반란이 폭발하여 중앙의 집권 기반이 크게 흔들렸다. 결국 907년에 후량(後梁)을 세운 주온(朱温 : 朱全忠)에 의해 멸망했다.

당(唐)나라 시대에는 중국 역사상 유일한 여제(女帝) 측천무후(则天武后)가 있었다. 그녀는 638년 13세에 당 태종(太宗)의 후궁으로 궁중에 입궐하여 고종(高宗)과 깊은 관계를 맺은 뒤에 궁중 내의 비빈들을 제거하고, 마침내 황후를 폐위시키고 655년에는 자신이 황후가 되었다. 그녀는 고종이 중병이 들어 정사를 돌볼 수 없게 되자 섭정을 통해 강력한 통치력을 과시했다. 그녀는 반대파들을 무자비하게 처형했으며 심지어 자신의 아들까지도 독살하거나 유배를 보내는 등 자신의 권력을 지키기 위해 갖은 수단을 동원했다.

측전무후는 비록 많은 비난을 받기는 했지만, 그녀가 추진한 정책은 중국 역사상 매우 중대한 의의를 갖는다. 당대의 중국사회가 군사적·정치적 귀족계증에 의해 통치되던 사회에서 사대부 가뉸출신의 뷴인 관료계층이 주도하는 사회로 바뀌게 되었다는 점이다.

당나라의 문학 방면에서는 '당시(唐诗)'라는 용어가 생겨날 만큼 시가 흥성했고, 이백(李白), 두보(杜甫) 등 유명한 시인을 배출했다. 당대에 들어와 불교는 더욱 발전하였다. '서유기'의 모델인 현장(玄奘), 삼장법사(三藏法师) 등이 유명하다. 특히, 통일신라와의 교역과 교류는 극히 활발하였으며 많은 승려와 학자들이 당을 내왕했는데 신라인의 집단거류지인 신라방(新罗坊)에는 거대한 사찰도 있었다고 한다.

역사상 당(唐)나라는 주변을(돌궐, 고구려, 중앙아시아) 정복하여 대제국을 형성하고, 아시아 일대에 정치적 문화적 영향을 주었다. 그리고 율령체제를 완성하고, 불교문화의 최전성기를 이루기도 한 시기였다. 그러나 당나라는 절도사 권력의 증대와 황소의 난 등으로 인해 구문벌

세력이 몰락하고, 신지주층의 출현 등으로 인해 몰락하게 된 것이었다.

907년에서 960년까지는 군벌간의 전쟁이 끊이지 않은 시기였다. 이 시대의 54년 동안 황하의 유역에는 양(梁)·당(唐)·진(晋)·한(汉)·주(周) 등 명이 짧은 왕조가 일어났다가는 망했다. 지방에서는 전후 14개의 여러 나라가 역시 일어났다가는 이내 망했는데, 그 가운데서 가장 강대한 것이 북한(北汉), 오(吴), 남당(南唐), 오월(吴越), 초(楚), 남한(南汉), 민, 전촉(前蜀), 후촉(後蜀), 형남(荆南)의 열나라이다. 그래서 이 시대를 오대십국(五代十国)의 시대라고 한다.

6. 송원(宋元) 시대

960년에 오대(五代) 마지막 나라 주(周)의 중신이었던 조광윤(赵匡胤)이 장병들에게 추대되어 송나라(宋)를 세워서, 다음 태종(太宗)의 대에 이르러 천하를 통일했다. 송은 문치주의를 채택하여 문관관료정치기구를 확립했다. 그러나 국초 이래의 문관주의는 한편으로 군대의 약체화와 조정 대신들간의 당파싸움이라는 폐단을 낳았으며, 내치와 외교상의 폐해가 누적되어 힘이 약해진 송은 1127년 여진족이 세운 금(金)의 침입을 받아 남부로 수도를 옮기지 않을 수 없었다. 보통 이 때까지의 송을 북송(北宋)이라고 칭한다.

북송이 금에 멸망한 후 강왕(康王) 조구(赵构)는 유민과 군대를 이끌고 남방으로 내려가 황제로 즉위했다. 도읍은 남경(南京 : 하남성 商丘)에 정했다가 임안(临安 : 杭州)으로 옮겼다. 역사에서 이를 남송(南宋)이라 한다. 남송은 1279년 몽골족이 세운 원(元)에 의해 멸망당했다.

송(宋)은 유교에 근본한 문관우위의 체제를 통해 중앙 정부의 군사력을 구축했고 복수합의제를 채택하여 권력의 관료집중화를 억제하기도 했다. 학문적으로는 이상주의적 학설인 신유교주의 곧 송학(宋学)이 성립했다. 그 중에서도 주자는 북송이래 이학을 집대성하고 객관적 유심주의 사상체계를 정리했는데 그의 학설은 한국에도 많은 영향을 미쳤다.

신종(神宗) 때에 등용된 왕안석(王安石)은 차례로 부국강병의 새 법을 시행했으나, 보수파의 큰 반발을 불러 일으켜 실패하고 말았다. 송은 문(文)을 숭상했기 때문에 서화(书画), 시문(诗文), 불교(佛教), 유학(儒学) 등 문화면의 발전도 상당한 성과를 가져왔다.

중국역사상 송(宋)나라 시기에는 문인위주의 과거제도를 정비하여 강력한 군주독재체제를 확립하였으며, 도교(道教)가 성립되기도 하였다. 이 시기는 송학(宋学)이 발달하였고, 활자인쇄, 동전과 지폐의 발행, 나침반과 화약의 발명, 도자기의 제작 등 많은 문화의 발전이 있었던 시기였다. 한편 논의 개발과 벼농사 기술의 진보로 강남이 곡창지대로 변하게 되어 경제적 발전을 이루었다.

송나라 시기에는 거란(契丹)족이 중국에 진출하여 요(辽)나라를 세워 최초의 정복왕조를 이루기도 하였으며, 남송(南宋)시기에는 여진족(女真族)이 발흥하여 화북을 점령하고 제2의 정복왕조인 금(金)나라를 세웠는데, 송나라는 금나라를 섬기기도 하였다.

원(元)나라 시대는 징기스칸(成吉思汗)이 등장하여 금과 남송을 멸망시키고 통일국가인 원나라를 세우게 된다. 쿠빌라이는 도읍을 대도(大都 : 北京)에 정하고 국호를 원(元)이라 정했다. 1279년에 남송을 멸하고 전국을 통일했다. 그들은 아시아 대륙뿐만 아니라 중동은 물론 동부유럽을 석권하는 대제국을 건설했지만 중국의 문화·제도에 완전히 동화되지 못했다.

거대한 중국대륙 전체를 지배하게 된 원나라는 소수의 지배민족이 인구나 생산방면에서 우세한 피지배민족을 다스리기 위해 엄격한 민족

차별정책을 취했다. 몽고족, 색목인(色目人), 한인(汉人), 남방인(南方人)을 엄격히 구별하고 몽고인과 색목인이 정치를 관장했다. 그러나 원의 지나친 확장과 인종차별은 각지의 민중봉기를 필연적으로 유발시켰으며 마침내는 주원장(朱元璋)이 한족의 단결을 호소, 대도를 점령하고 명(明)나라를 건국함에 따라 원나라는 멸망했다.

원은 중국 역사상 가장 활발하게 대외외교를 펼친 국가로 알려져 있는데, 서방과의 교류가 이 때부터 활발해지면서 중국의 문화가 서방으로 넘어가는 계기가 되었으며, 몽고족은 당시 유럽과 아시아에 걸쳐 대제국을 형성하게 되었다. 그리고 라마교가 지배층의 사상적 기초를 이루기도 하였으며, 마르코폴로 등이 찾아와 서양과의 교류와 접촉이 있기도 하였다. 이와 같이 몽고족이 지배하던 원나라 시대에는 동서양 국가들과 활발한 교류로 많은 문화와 문명의 발전이 있었으며, 고려와의 교류를 통해서 영향력을 끼치기도 하였다.

원나라 시대는 도시가 발달하고 상업, 수공업이 발달했기 때문에 상인 및 시민계급의 지위가 향상됐다. 그러나 납세제도에서도 당제(唐制)를 본받아 지세·정세·상세 등을 정했으나 재무행정의 실무를 주로 서역인과 한인에게 맡겼던 까닭으로 기강이 문란해짐에 따라서 부정부패가 심하게 되었다. 결국 몽고족은 힘(力)으로는 한족을 지배했지만, 정신적으로는 한족의 지배를 벗어나지 못했기 때문에 스스로 고립의 길을 걸음으로써 한족이 세운 명에게 멸망하게 됐다.

7. 명청(明清) 시대

명(明)은 원(元)대의 이민족 제도를 폐지하고 중국 고유의 제도로 돌아간다는 복고주의적 방침 아래 적극적으로 내정개혁에 착수했다. 이러한 개혁들을 통해 명조는 중국사상 더욱 강화된 중앙집권에 의한 군주독재체제를 확립했다. 명 태조는 전지측량과 호구조사를 실시하고 이갑제(里甲制)를 실시하는 등 농업정책을 강력히 추진했다. 그러나 3대 성조 이후 기강이 문란해지고 관료의 당쟁과 환관의 전횡이 심했다.

15세기에는 서몽고의 오이라트가 침입했고, 토목(土木)의 변(变)에 이어 타타르의 침입으로 국세가 심히 위축됐다. 1644년 만주를 근거지로 한 만주족(옛 이름은 여진족) 왕조인 청(清)이 쳐들어와 중국을 점령함으로써 명(明)나라는 멸망했다. 왕조의 잔여 세력이 장강(长江 : 양자강) 이남에서 전후로 복(福), 당(唐), 노(鲁), 계(桂) 등의 왕조를 세웠는데 이를 남명(南明)이라고도 한다.

명조의 관제를 보면 중앙은 원(元)제국의 정치체제를 모방하여 중서성(中书省)과 6부를 설치했으며, 지방제도는 전국을 15성에 구분하여 각성에 재정기관인 승선포정사(承宣布政司)와 사법기관인 제형안찰사(提刑按察司)를 설치하여 각각 소관업무를 맡도록 하고 때에 따라서 임시로 총독 혹은 순무(巡抚)를 파견하여 군사와 민정을 독려하는 일도 있었다. 그리고 각성을 다시 부(府)·주(州)·현(县)의 순위를 구분하고 지부·지부·지현을 임명하여 지방행정을 관리토록 했다.

학문적으로는 왕수인(王守仁)이 제창한 양명학(阳明学)이 많은 지지를 받았다. 원대의 문학은 희곡(戏)이 발달한 반면 명대에는 소설(小说)이나 문학비평(文学批评)이 사회 전반에 큰 뿌리를 내리고 있었다.

명(明)나라는 강남에서 출현한 최초의 통일왕조로 북경을 도읍으로 정하였으며, 황제의 독재가 절정에 달한 시기이다. 또한 국수주의적인 정책을 펼쳤으며, 양명학(阳明学)이 발달하기도 하였다. 한편 해금정책을 실시하여 무역을 통제하고, 상품작물의 재배, 방적과 직포를 중심으로 하는 농촌수공업이 발전하였으며, 일조편법(一条鞭法)과 조세의 은납화(银纳化)를 실시하기도 하였다.

황관의 횡포와 함께 명조(明朝)의 몰락에 박차를 가한 것은 당파의 분쟁이었다. 처음에는 환관에 대항하여 설립됐으나 당쟁이 심해짐에 따라 국력을 낭비하여 만주족(满洲族)의 지배를 허용하는 결과를 가져왔다. 만주족은 국호를 청(清)이라 명하고 1644년에 중국을 점령함으로써 중국은 다시 한번 소수민족의 통치를 받게 됐다.

청의 만주족은 강력한 무력을 배경으로 하여 한족을 강압, 자기네 풍속인 변발 등을 강요하는 등 한족과의 사이에 불화가 계속되었다. 성조(圣祖 : 康熙帝), 세종(世宗 : 雍正帝), 고종(高宗 : 乾隆帝)으로 이어지는 1660-1800년의 130여 년은 훌륭한 통치를 보여, 당시 중국에 있었던 예수교 선교사에 의해 그 내용이 유럽에도 소개됐고, 이 때에 정비된 관료제도가 프랑스에 영향을 미치기도 했다. 그러나 왕조의 힘이 조기에 쇠진한데다 해외 중상주의(重商主义) 국가들의 끊임없는 통상압력을 받아 청조의 운명도 오래가지 못했다.

최후의 왕조인 청(清)나라는 북쪽의 만주족(满洲族)이 세운 나라로서, 티벳과 신장 지역을 합쳐서 동아시아 전반에 걸친 대규모 영토를 확보하고 최대의 번영을 이루었던 나라이다. 8기(八旗)제도와 변발(辫发)을 강요하여 사상을 통제하고, 지정은(地丁银) 제도를 실시하기도 하였다.

중국 역사에 있어서, 명나라 시대로부터 시작하여 청나라 중엽에 이르기까지는 중국의 산업과 학문과 사상의 전 분야에서 큰 발전이 있었던 시기였다.

제4절 중국의 소수민족

중국의 소수민족(少数民族)의 분포와 인구현황을 살펴보도록 하자. 여기서는 소수민족 중에서 인구가 많은 순서대로 열거하되, 각 민족의 주요 분포지역과 특징들을 소개하고자 한다(인구 ; 1990년, 제4차 인구 통계).

중국 소수민족 분포의 특징은 중국 정부가 인구가 상대적으로 많은 5대 소수민족에 대하여 성급 단위의 비교적 큰 행정구역인 민족자치구를 둠으로서 그 지역을 중심으로 거주하고 있다는 것이며, 다른 소수민족은 주로 5대 민족자치구안에 거주하되 전국적으로 분포되어 있다는 것이다.

실제로 중국의 소수민족은 중점적으로 거주하는 지역이 있기는 하지만, 역사적으로 중국 전역에 분산하여 거주하고 있는 실정이다. 그래서 동일 민족이지만 서로의 거주지역이 다른 경우 본래의 민족의 문화와는 전혀 다른 형태의 방언, 풍속 등을 유지하며 살아가고 있다. 일부 학자들은 중국에는 650여 종 이상의 언어가 있으며, 민족도 56개가 아닌 수 백여 민족들이 존재하고 있다고 주장한다.

1. 인구 100만명 이상의 소수민족(18개 민족)

좡족(壮族 ; 1556만, 광서장족 자치구, 샤마니즘과 기독교),
만족(满族 ; 986만, 동북3성, 요녕성 550만, 샤마니즘, 천신숭배),
후이족(回族 ; 862만, 영하자치구와 서북부, 전국적 분포, 회교),

미아오족(苗族 ; 739만, 귀주성 50%, 운남성, 샤마니즘과 기독교),
웨이월족(维吾尔族 ; 721만, 신장위그루 자치구, 회교),
이족(彝族 ; 658만, 사천성, 운남성, 샤마니즘),
투쟈족(土家族 ; 573만, 호남성, 사천성, 샤마니즘과 기독교),
멍구족(蒙古族 ; 481만, 내몽고 자치구 75%, 라마교와 샤마니즘)
장족(藏族 ; 460만, 서장 자치구와 사천성, 라마교),
부이족(布依族 ; 255만, 귀주성 90%, 샤마니즘과 기독교),
동족(侗族 ; 251만, 귀주성, 호남성, 광서장족 자치구, 샤마니즘),
야오족(瑶族 ; 214만, 광동성, 광서장족 자치구, 샤마니즘),
챠우센족(朝鲜族: 192만, 동북3성, 길림성120만, 기독교와 불교),
바이족(白族 ; 160만, 운남성 80%, 샤마니즘),
하니족(哈尼族 ; 126만, 운남성, 샤마니즘),
하사크족(哈萨克族 ; 112만, 신장위그루 자치구, 회교),
리족(黎族 ; 112만, 해남성, 샤마니즘),
다이족(傣族 ; 103만, 운남성, 불교)

2. 인구 10만명 이상의 소수민족(16개 민족)

써족(畲族 ; 64만, 복건성과 절강성 90%, 샤마니즘),
리수족(傈粟族 ; 58만, 운남성, 샤마니즘),
거라오족(仡佬族 ; 44만, 귀주성, 샤마니즘),
라후족(拉祜族 ; 42만, 운남성, 샤마니즘),
동시양족(东乡族 ; 38만, 영하 자치구, 회교),
와족(佤族 ; 36만, 운남성, 샤마니즘),
수이족(水族 ; 35만, 운남성, 귀주성, 샤마니즘),
나시족(纳西族 ; 28만, 운남성, 샤마니즘),

어원크족(鄂温克族 ; 26만, 내몽고, 흑룡강성, 샤마니즘, 라마교),
투족(土族 ; 20만, 청해성, 라마교),
챵족(羌族 ; 20만, 사천성, 샤마니즘),
시버족(锡伯族 ; 18만, 동북3성, 흑룡강성, 신장, 샤마니즘),
무라오족(仫佬族 ; 16만, 광서장족 자치구, 도교와 불교),
커얼크족(柯尔克孜族 ; 15만, 신장위그루 자치구, 회교),
다워얼족(达斡尔族 ; 12만, 내몽고, 신장, 흑룡강성, 샤마니즘),
징퍼족(景颇族 ; 12만, 운남성, 샤마니즘)

3. 인구 10만명 이하의 소수민족(21개 민족)

사라족(撒拉族 ; 9만, 청해성, 회교),
부랑족(布朗族 ; 8만 5천, 운남성, 샤마니즘),
마오난족(毛南族 ; 7만 5천, 광서장족 자치구, 도교와 샤마니즘),
타지크족(塔吉克族 ; 3만 5천, 신장위그루 자치구, 회교),
푸미족(普米族 ; 3만, 운남성, 라마교),
누족(怒族 ; 3만, 운남성, 샤마니즘),
아창족(阿昌族 ; 3만, 운남성, 샤마니즘),
징족(京族 ; 2만, 광서장족 자치구, 불교와 도교),
지눠족(基诺族 ; 2만, 운남성, 샤마니즘),
우즈베크족(乌孜别克族 ; 1만 5천, 신장위그루 자치구, 회교),
더앙족(德昂族 ; 1만 5천, 운남성, 불교),
으러스족(俄罗斯族 ; 1만 4천, 신장위그루 자치구, 정교),
위구족(裕固族 ; 1만 2천, 감숙성, 라마교, 샤마니즘),
바오안족(保安族 ; 1만 2천, 감숙성, 회교)
먼바족(门巴族 ; 7천, 서장 자치구, 라마교),

어룬춘족(鄂伦春族 ; 7천, 내몽고, 샤마니즘, 다신교)
두롱족(独龙族 ; 6천, 운남성, 샤마니즘),
타타얼족(塔塔尔族 ; 5천, 신장위그루 자치구, 회교),
허져족(赫哲族 ; 4천, 흑룡강성, 샤마니즘),
까오산족(高山族 ; 3천, 대륙에 소수분포, 샤마니즘, 대만성 45만)
뤄바족(珞巴族 ; 2천, 서장 자치구, 샤마니즘),

중국의 소수민족은 전국적으로 산재하여 각 민족만의 문화와 전통을 보존하며 살아가고 있는데, 중국정부는 전국에 산재하여 거주하는 소수민족을 별도로 관리하기 위하여, 민족자치구와는 각 성과 지역에 별도의 행정구역인 소수민족 자치주(自治州), 자치현(自治县) 혹은 자치향(自治乡) 등의 제도를 두고 있다.

중국정부는 이러한 행정구역을 설치한 것은 소수민족들이 자체 문화공동체를 형성하여 살도록 하는 동시에 소수민족에 대한 관리를 효율적으로 하기 위한 것으로 본다.

한편 중국의 소수민족정책과 민족교육에 대하여는 관련 분야에서 좀 더 자세히 소개하도록 하겠다.

제4장

중 국 현 대 사

제1절 개　요

중국학의 기초가 되는 중국민족의 역사에 대해서는 간략히 위에서 소개한 바 있다. 본서는 최신 중국학을 이론적인 배경으로 하고 동시에 현대 중국의 역사와 흐름에 대한 연구와 이해를 목적으로 전개하고 있음으로, 본 장에서는 중국의 현대사 전반에 대하여 좀더 자세히 다루고자 한다.

중국역사에 비추어 볼 때, 현대 중국인의 민족성은 혼합의식이라고 할 수 있다. 중국인의 내면세계에는 전통적으로 도교사상에 입각한 운명주의, 현실주의, 자연주의와 유교사상에 의한 가부장적 체계와 상하 수직적 복종의식이 있다.

현대 중국은 표면적으로는 공산주의 사상에 의해 지배를 받고 있지만, 역사적으로는 전통종교인 도교와 대표사상인 유교, 그리고 샤머니즘과 불교 등 다양한 세계관을 통해 형성된 민족의식이 잠재되어 있다고 할 수 있다.

오늘날 통치의 주된 이념인 공산주의 사상은 이러한 중국의 민족성을 바탕으로 상황화를 이루어 뿌리내리고 있다고 할 수 있다. 이러한 배경 하에서, 그러면 먼저 중국의 현대정치사의 흐름을 소개해 보도록 하겠다.

1. 신중국 건국 이전

1911 신해혁명(손문), 청조의 멸망

1919 5. 4 운동

1921 중국공산당 창당(상해, 1921. 7. 23)

1924 제1차 국공합작

1928 중화소비에트정부 수립(주석 : 모택동)

1936 서안사건(西安) 발생

1937 중일전쟁 발발, 제 2차 국공합작

2. 신중국 건국 이후

1949 중화인민공화국 건국(북경, 1949.10. 1)

1950 한국전쟁 참전(1950.10)

1958 대약진운동(大跃进运动) 전개

1960 대약진운동 실패

1966 문화대혁명

1972 닉슨 미국대통령 방중, 중일국교수립

1976 모택동 사망, 화국봉 체제 출범

1977 등소평 복권, 문화대혁명 종결선언

3. 개혁개방 실시 이후

1978 4개 현대화노선 채택(공산당 제 11기 3중전회)

1979 중미 국교수립, 1982 신헌법 채택

1988 조자양 총서기 취임

1989. 4 호요방 총서기 사망, 민주화 요구시위(1989. 4)

1989. 6 천안문 사태, 조자양 총서기 실각, 강택민 총서기 취임

1989. 11 강택민 당중앙군사위원회 주석 취임

4. 중국식 사회주의의 전개

1992. 2 등소평 남순강화(南巡讲话), 개혁개방촉진

1992. 8 한중국교 수립

1992. 10 제14기 공산당대회(헌법개정, 사회주의 시장경제 방침)

1997. 2 등소평 사망

1997. 7 홍콩의 중국귀속

1997. 9 제 15차 공산당 전국대표대회

1999. 12 마카오 중국귀속

2001. 7 2008년 북경 올림픽 유치

2001. 10 아시아태평양경제협력회의(APEC) 개최

2001. 12 세계무역기구(WTO) 가입

2002. 11 호금도 공산당 총서기 취임

2003. 3 호금도 국가주석 취임

제2절 중화인민공화국의 건국

1. 청왕조의 멸망

중국 역사상 최대의 영토를 통치하게 된 청(清)제국은 초기에는 명말(明末)의 혼란한 사회상이 여전히 지속됐지만, 강희제(康熙帝)가 즉위한 후 통일제국으로서의 기반을 확고히 다지고 혼란한 사회를 정비하는데 성공했다. 관제는 명조(明朝)의 그것과 대동소이한 것으로 내각과 8부를 설치했으며 정부의 여러 관직에 원(元)대와는 달리 만주인뿐만 아니라 한인(汉人)도 등용하는 비교적 관대한 인사정책을 실시했다.

외교적으로는 서구 열강의 개방압력에 문호를 개방할 수밖에 없었으며 이는 중국이 마침내 '양이(洋夷)'에게 굴복하고 반식민지의 길을 걷게 되는 계기가 됐다. 학문적으로는 경서(经书)의 문헌학적인 비판을 통하여 사실의 진위(真伪)를 밝히는 시에 문자의 시대적인 의미를 증명함으로써 경서 본래의 원의(原义)를 올바르게 이해하는 고증학(考证学)이 널리 발전했다. 이러한 고증학의 영향은 다른 분야에도 파급되어 역사학(历史学), 금석학(金石学), 교감학(校勘学) 등의 고증적 방법에 의한 연구를 구하게 됐다.

19세기 중반 두 차례에 걸친 영국과의 전쟁(1840년 아편전쟁, 1856년 애로우호사건)으로 서양강국의 굴욕적인 문호개방 요구를 받아들이지 않을 수 없었던 청조(清朝)는 태평천국운동(太平天国运动)이나 자강운동(自强运动)을 통해 국력을 강화하려고 했지만 내부의 권력투쟁과 이념의 변질로 실패로 돌아갔다.

영국에 의해 아편전쟁의 결과로 남경조약(1842)을 맺게 되면서, 중국에 대한 경제적 지배와 아울러 홍콩을 내어주는 등 반식민국가로 전락하기 시작하였다. 곧이어 중국은 영불연합군에 의해 천진조약(1856)을 맺었으며, 끝내는 북경을 함락 당하고 북경조약(1860)을 맺어 연해주 일대를 개방하고 구룡반도를 또다시 영국에게 내어주는 일을 겪게 되었다.

1884년 청불전쟁(清佛战争), 1894년 청일전쟁(清日战争)에서의 패배는 청나라의 종주권을 빼앗는 계기가 됐다. 이후에도 청조(清朝)는 꺼져가는 왕조의 불꽃을 피우기 위해 많은 의화단운동(义和团运动)이나 입헌운동(立宪运动) 등의 개혁운동을 추진했지만 서양열강의 압력과 청조(清朝)의 독선적인 방법으로 말미암아 개혁작업은 수포로 돌아갔다.

19세기는 아편전쟁(1839-1842), 태평천국운동(1851-1864), 청일전쟁(1894-1895)에 이르기까지 청조는 외세의 침략을 그대로 방치하여 점점 더 국가에 대한 통제력을 잃어갔다. 19세기 말에는 이러한 시련과 함께 대동아제국 건설의 야욕을 꿈꾸던 일본의 침략으로 일어난 청일전쟁을 통해 한층 더 큰 국가적 위기에 직면하게 되었다. 결국 1911년 손문(孙文) 일파의 혁명당에 의해 신해혁명(辛亥革命)이 일어나고 청나라는 역사의 뒤안길로 사라졌다.

1911년 민영철도를 국유화하여 제국주의 열강에게 매각하려는 청정(清廷)의 기도를 분쇄하기 위해 일어났던 신해혁명(辛亥革命)의 불씨는 무창(武昌)에서 혁명파가 청군을 대파하면서 성공을 거두었다. 이듬해 손문(孙文)은 혁명정부인 중화민국(中华民国)의 임시대통령(临时大统领)에 취임하고 이 해를 민국 원년으로 하였으며, 수도를 남경(南京)에 두었다.

손문은 그 해 2월 황제 퇴위와 내각책임제 실시, 남경에서의 취임 등을 조건으로 청정부의 내각총리대신 원세개(袁世凯)에게 총통직을 양보했으며, 2월 12일 선통제(宣统帝)가 원세개의 강압에 의해 퇴위하게 됨에 따라 중국 마지막 왕조인 청조(清朝)는 268년만에 멸망하고 중국 최초의 공화정부가 수립됐다. 그러나 1912-1949년에 이르는 중화민국시기는 순탄하지만은 않았다. 중화민국은 다시 북양 군벌세력들에 의하여 망하고 중화제국으로 그 길을 걷게 된다.

청나라 말기이래 중국경제는 국내정치의 혼란과 개혁정책의 부진, 서양열강의 침투로 인해 도로 악화됐다. 이러한 가운데에서도 도시지역에서는 1919년 이후 민간자본이 점차 성장하고, 토지자본이 상공업과 금융업에 투자되어 발전이 촉진됐으나 농촌경제는 파탄일로였고, 농촌인구의 도시유입, 국내외 정치의 불안 등으로 중국사회는 혼미를 거듭했다. 더군다나 원세개(袁世凯)는 열강을 배후에 업고 제국의 부활을 꾀했으며, 원세개가 죽은 뒤에는 군벌(军阀)들이 열강의 세력을 등에 업고 각지에서 할거했기 때문에 중국의 정치·경제적 모든 측면은 서양열강에 의해 좌지우지됐다.

2. 5·4 운동과 공산당의 창당

1919년 5월 4일 북경에서 대학생의 주도로 일어난 반제국주의, 반봉건주의 애국운동인 5·4운동이 일어났다. 제1차대전 후 파리강화회담에서, 일본이 과거 독일이 청조로부터 할양받은 산동지역의 권리를 양도받기로 합의한 것에 북경대학 학생들이 대규모 시위를 벌임으로써 시작됐다. 북경정부는 학생구속과 탄압으로 이 운동을 저지하려고 했지만 전국의 노동자, 상인계층이 가세하면서 결국 정부는 친일파 각료를 해직하고 파리강화조약 조인을 거부하지 않을 수 없었다.

5·4운동은 중국의 독립을 방해하는 것이 국내의 군벌(军阀)과 세계

열강제국주의라는 것을 중국민중에게 분명하게 폭로했다. 5·4운동을 통해서 노동자계급의 정치적인 성장을 인식한 상인 지식인·노동자가 철저한 혁명을 추진함으로써 러시아혁명과 마르크스주의를 중국에 실행하려고 하는 운동이 일어나게 되었다.

1919년 5·4운동이 일어나면서 공산당이 지배세력으로 등장하게 되었다. 1921에 결성된 공산당의 탄생은 5·4운동의 과정에서 형성된 무산계급들의 정치적 역량을 확인한 중국의 진보적 지식인들이 소련이 수출한 사회주의를 수용한 것으로 볼 수 있다.

실상 5·4운동 이전까지 진보적 지식인들은 사회주의에 대한 이해와 지식이 깊지 못했었다. 그러나 5·4운동 이후 그들은 본격적으로 마르크시즘을 중국사회의 변혁이론으로 수용하고 마르크스주의자로 행동하기 시작했다. 당시 대표적인 인물은 이대조와 진독수 2인 이었다.

북경대학 경제학교수이자 도서관장이었던 이대조는 1917년 러시아에서 발생된 볼셰비키혁명을 노동자계급의 승리로 간주했으며, 또한 20세기의 새로운 추세로 인식하고 1918년 서울에 북경대학에서 '마르크스주의 연구회'를 조직해서 활동했다. 그는 1918년 11월 '볼셰비즘의 승리', '서민의 승리' 등의 논문을 발표했고, 1919년 5월 신청년 5월호 맑스주의 특집호에 '나의 마르크스주의관'을 기고하는 등 중국지식인중 최고의 공산주의자로 평가되고 있다.

상해에서 활동하면서 신문화운동을 주도했던 진독수는 5·4운동 이전까지는 민주주의와 과학으로 새로운 중국을 건설할 수 있다고 주장하고 맑시즘과 러시아의 볼세비키 정권에 대해 관심을 지녔을 뿐 사회주의혁명은 중국의 실정에 부적절하다는 인식과 입장을 지녔었다.

진독수의 사상은 5·4운동 이후 급변하여, 1920년 9월호 신청년에 발표한 논문에서는 중국문제를 해결하는 유일한 방법은 계급투쟁을 통해 사회체제를 변혁하는데 있다고 밝히고, 러시아 혁명을 그 모델로 삼아야 함을 주장하는 등 마르크시즘을 수용하기 시작했다.

이 시기의 적지 않은 지식인들이 자유주의와 사회주의 및 무정부주의 등과의 사상적 논쟁을 거치면서 마르크스주의자로 사상적인 전환을 했다. 그 후 1년여의 준비기간을 거쳐서 1921년 7월 상해에서 제1차 전국대표대회를 개최하여 '중국공산당'은 정식으로 탄생하게 되었다.

중국공산당 제1차 전국대표대회는 1921년 7월 23일부터 31일까지 상해시 망지로(望志路) 108호 이한준(李汉俊)의 형 이서성(李书成)의 집에서 개최되었고, 회의가 국민당에게 발각되자 회의장소를 절강성(浙江省) 가흥(嘉兴) 남호(南湖)의 유람선으로 옮겨서 폐회를 했다.

대회는 코민테른에서 파견한 마링(Maring)이 주최했고 중국 각 지역의 대표 2인이 참석해서 총 13인이었으며, 대표명단은 상해의 이한준(李汉俊), 이달(李达), 북경의 장국도(张国焘), 유인정(刘仁静), 호북의 동필무(董必武), 진담추(陈潭秋), 호남의 모택동(毛泽东), 하숙형(何淑衡), 광주의 진공박 (陈公博), 포혜승(包惠僧), 산동의 왕진미(王烬美), 등은명(邓恩铭), 그리고 재일유학생 주불해(周佛海) 등이었다. 당시 당원은 노동자 4인, 지식분자 및 자유직업인 53인들로 모두 57인이었으며, 그들의 대다수는 5·4운동 당시 적극 참여했던 청년지식인들이었다.

중국공산당 창당대회의 의제는 현재의 정치상황, 당의 기본 임무, 당의 조직원칙과 당의 조직기구 등이었지만, 당의 성격과 임무 및 조직원칙에 대해서 가장 격렬한 토론이 진행되었다. 창당대회의 결과로 중국공산당은 중국에서 프롤레타리아 독재정권의 수립을 실현하기 위해 투쟁할 것을 최대의 목표로 정했다.

공산당 창당대회에서는 '무산계급독재를 당의 기본임무로 하지만, 과도기적단계에서의 전술로서 무산계급이 적극적으로 자산계급 민주운동에 참가한다'는 것을 당의 기본 방침으로 결의했다.

1921년에 진독수를 머리로 탄생된 소수의 급진적 정치집단인 중국공산당은 창당 당시 세력은 매우 미약했지만, 28년 동안의 사회주의 혁명을 통해 중국에 사회주의체제 정권을 수립하고 집권당으로 변신하리라고는 당시 아무도 예측하지 못했었다.

결론적으로 중국 공산당은 1917년의 볼셰비키 혁명과 1919년의 5·4운동을 계기로 대두된 급진사조인 마르크시즘과 1차 세계대전을 전후로 성장된 노동자 계급의 등장 및 소련과 코민테른의 적극적인 동방정책 등의 요인들이 복합적으로 결합되어 탄생하게 되었다고 볼 수 있다.

3. 제 1 차 국공합작

제 1 차 국공합작(国共合作)은 국민당과의 합작을 통해 공산당의 세력 확대를 꾀하는 것이 유리하다는 중국공산당 지도부의 판단에서 비롯된 것이었다. 손문의 광동정부로서도 북벌(北伐)에 의한 국민혁명의 완성을 위해서는 보다 강력하고 효율적인 당조직이 필요한 상황이었다.

1921년 7월에 창당한 중국공산당은 1919년 등장한 국제공산주의조직과 소련의 지지 하에 손중산이 이끄는 국민당과 제1차 국공합작(1924)을 통하여 통일전선을 구축하게 된다. 그러나 이는 손중산의 갑작스런 죽음(1925)으로 실패로 돌아가게 된다. 또한 국민당내의 공산주의자들의 세력이 증대됨에 따라 양측의 마찰은 필연적일 수밖에 없었고, 마침내 1927년 4월 장개석(蔣介石)의 상해 쿠데타에 의해 공산주의자들은 대대적인 숙청을 당하고 산악지대로 철수하여 스스로의 군대와 정부를 조직했다.

1924년 1월부터 1925년 3월 손문의 사망까지는 손문의 강력한 지도력에 의해 통합된 시기이다. 이 시기에는 국공합작을 조직면에서 완성시켰는데, 당은 소련공산당을 모방하여 민주집중제 원칙에 입각해서 국민당의 좌우 양대 세력을 중심으로 조직했다. 군조직은 황포군관학교를 설립해서 교장에 장개석을 정치부 주임에 주은래가 담당했다. 대중조직은 주로 공산당과 국민당좌파의 영향 하에 장악되었다.

1925년 3월부터 1926년 3월까지는 손문 사후 그 정치적 공백을 메우기 위해 국민당의 집단지도체제로 운영되었다. 즉, 국민당은 1925년 7월 1일 광주에서 중화민국 국민정부를 성립하고 주석에 왕정위(汪精卫), 군사부장에 허숭지(许崇智), 재정부장에 요중개(寥仲凯), 외교부장에 호한민(胡汉民)과 황포군사학교교장에 장개석(蒋介石) 등 집단체제를 형성했다.

1925년 8월 20일에는 요중개가 암살되면서 집단지도체제는 붕괴되고 왕정위와 장개석 2인 즉, 국민당 좌우 양대 세력의 협력체제로 전환되었고, 1926년 3월 18일에는 중산함 사건이 발생되어 공산당과 국민당우파간의 날카로운 대립이 표출되었다.

1926년 3월에서 1927년 7월까지로서 장개석은 1926년 7월부터 북벌(北伐)을 전개하였으나, 그 과정에서 국민당좌파와 공산당은 1926년 11월 국민정부소재지를 광주에서 무한으로 이전하여 무한정부를 수립해서 집무를 수행했다. 그리고 무한정부는 1927년 3월 중앙정치회의를 개최하여 중앙집행위원회의 권한을 강화하고 국민혁명군 총사령의 직위의 폐지를 결정함으로써 장개석과의 관계를 결정적으로 악화시켰다.

당시 무한정부는 국민당좌파와 공산당으로 형성되었지만 1927년 6월에 스탈린이 코민테른에서 파견한 로이(Roy)에게 보낸 비밀전문의 내용이 밝혀지자 국민당 좌파는 공산당과의 결별을 선언하고 즉시 반공노선으로 전환했다. 그리고 1927년 7월 중앙집행위원회를 개최해서 공산당에 대한 비판성명을 발표하고 기존의 용공정책을 백지화하는 입장을 천명함으로써 국민당좌파와 공산당의 합작관계마저 완전히 종식되었다.

장개석은 1927년 4월 12일 공산당에 대한 테러인 4·12 쿠데타를 주도했는데, 무한정부는 즉시 장개석에 대한 당적박탈과 체포령을 결의하자, 장개석이 영도하는 국민당우파는 1927년 4월 18일 독자적으로 남경 정부를 수립함으로써 2원정부가 출현케 되었다. 그 후 남경을 수도로 한 국민정부가 중국을 대표하는 중앙정부가 됨으로써 이른바 '남경시대(南京时代 : 1928-1937)'가 개막됐다.

중국 공산당은 1928년에 모택동을 주석으로 하는 중화소비에트정부를 수립하게 되는데, 그 후 무한의 국민당좌파와 장개석의 남경정부간의 통합이 이루어짐으로써 국민당 좌우파간의 통합정부가 수립되고, 북벌혁명의 주도권은 장개석이 장악하게 되었다. 장개석의 남경정부는 중국공산당의 세력 확대를 경계하고 1930년 12월부터 1934년 10월 사이에 다섯 차례에 걸친 위초(围剿)라고 부른 포위공격전을 감행했다.

4. 중·일전쟁 시기

1931년 9월 18일 일본은 만주사변을 일으키고 군사적인 완전한 승리를 거둔 후 동아의 신질서 건설이란 명분 하에 1932년 3월 1일 괴뢰정권인 만주국을 건설했다. 그리고 중국의 동북지방을 점령한 후 더 나아가 전 중국을 식민지화하기 위한 목적을 실현하기 위해 1937년 7월 7일 중국에 대한 전면적인 침략을 감행함으로써 중·일전쟁이 시작되었다.

중·일전쟁은 1945년 8월 일본의 패망시까지 8년여 동안 중국 전지역은 전란의 소용돌이에 휘말리게 되었고, 중국민족 전체에게 엄청난 고난과 시련을 안겨 주었으며, 국민당과 공산당간의 내전의 양상에도 커다란 변화를 준 계기가 되었다.

중·일전쟁의 초기에 장개석과 국민당은 중국을 대표하는 지도자였고, 주도적 정치집단이었으며, 그 위신과 권위는 매우 높았었다. 그러나 항일전이 장기화됨에 따라 국민당정부의 주요 근거지였던 대도시와 연해지역이 일본군에게 점령당했고, 국민당정부는 내륙지방인 사천성까지 후퇴하면서 국정장악능력도 현저히 약화되었다.

1934년 10월 중국공산당은 역사적인 대장정(大长征)을 감행하여 소련에 가깝고 또 일본의 침략에 가까운 섬서성(陕西省) 연안(延安)에 도착했다. 이 대장정은 중국공산당의 9~10만 명의 주력부대가 6천 마일의 대행군을 계속한 끝에 겨우 7~8천 명이 생존하여 남경정부의 중국지배의 길을 열어 주었지만, 중국 공산당의 단결 강화와 생존에 대한 자신감을 높여주었고, 행군 과정에서 각지에 혁명의 씨가 뿌려짐으로써 후일 공산당의 집권을 위한 기반 확대에 크게 기여했다.

중국의 약화와 분열을 틈타 일본은 1931년 만주를 점령하고 괴뢰정권인 만주국(满洲国)을 세웠다. 이 후 일본은 중국 본토에 대한 공격을 계속하여 상해와 열하(热河)까지 진군했다. 이에 중국내에서는 항일운동이 거세게 일어났지만, 장개석은 국내를 안정시킨 다음에 외적을 진압한다는 소위 안내양외(安内攘外)를 주장하면서 일본군과의 충돌을 피했기 때문에 학생이나 지식인을 비롯한 많은 국민들로부터 외면을 받게 되었고 상대적으로 항일을 주장한 중국공산당측은 폭넓은 동조를 받았다. 국민정부내에서도 장개석의 정책에 불만을 품은 사람들이 하나둘 늘어나면서 장개석의 부하 중 몇 명이 쿠데타를 일으키게 됐다.

국민당정부는 항일시기에 국민들에게 새로운 대안을 제시하지도 못하면서, 장개석 1인 지배체제하에서 당과 군, 정부의 모든 분야에서 부패와 부정이 만연됨으로써 정치적으로나 군사적으로 그 역량이 대단히 감소되었다. 그러던 중 1936년에는 장개석이 반대파의 내분에 의하여 서안에 감금되는 서안사변이 일어나기도 하였다.

중국 공산당은 이러한 과정에서 장정(长征)에서 살아남은 홍군의 잔여세력에 대한 최후의 섬멸전을 전개하려는 장개석의 시도가 서안사변으로 결정적인 좌절을 하게 됨으로써, 중일전쟁의 발발과 함께 기사회생할 수 있는 절호의 계기를 갖게 되었다.

서안사변의 결과로 공산당은 국민당과의 제2차 국공합작을 이루어냄으로써 국민당과 함께 일본 제국주의 침략으로부터 중국을 지킨다는 명분을 얻게 되었다. 동시에 미약해진 군사력을 재건할 수 있었다. 항일시기에 공산당은 국민당이 철수한 지역에서 중국민족의 해방과 독립을 위해 항일하는 유일한 정치세력이었으며, 그 결과 광범위한 지역과 인구를 장악하는 근거지를 건설할 수 있었다.

실제로 공산당은 항일전쟁 이전인 1936년에 당원이 3만 명이고 홍군 총병력은 5만 명에 불과했다. 그러나 중일전쟁 종료전인 1945년 4월에는 121만 명의 당원과 91만 명의 정규군을 보유하면서, 19개의 혁명근거지에 약 9,500만 명의 인구를 지배하는 국민당과 대능한 정치력과 막강한 군사력을 지닌 전국적인 정치세력으로 성장했다.

5. 제2차 국공합작

1936년 12월 12일에 발생한 서안사변의 결과 장개석은 공산당에 대한 소공(扫共)을 중지할 것에 동의함으로써, 국민당과 공산당은 중국에 대한 전면 적인 침략을 감행하고 있는 일본에 대항하기 위한 제2차 국공합작이 성립되었다.

제2차 국공합작은 공산당도 독립된 정부조직과 군대를 보유했기 때문에 과거 손문의 주도 하에 이루어졌던 제1차 국공합작과는 달리 명실공히 당대 당의 성격을 띠었다. 그러나 정치분야에서의 합작은 대등하지는 않았다. 즉, 1938년 7월에 성립된 국민참정회 200인 중 국민당이 150인이었던 반면, 공산당은 30인, 기타 소정당은 20인에 불과했었다.

제 2 차 국공합작은 중일전쟁이 본격화되면서 양당이 항일민족통일전선의 형성에 합의하고 거국적 항전태세를 갖추는 등 상당히 순조로운 출발을 했다. 홍군은 1937년 8월에 국민혁명군 제8로군에 편입되었고, 섬서성(陕西省) 북부지방에 설립된 소비에트정부도 국민당 중앙정부에 소속된 섬감녕변구(陕甘宁边区) 정부로 개칭했다.

당시 국민당 정부는 일본군의 강력한 공격으로 남경에서 다시 무한으로 이동하게 되었으며, 다시 사천성의 중경으로 패퇴했고, 그에 따라 국민당의 통치지역도 사천성, 운남성, 광서성, 귀주성 등의 내륙지방으로 축소되었다. 반면에 중국공산당은 일본군이 점령한 배후지역과 국민당 정부가 철수한 지역에 진출하여 유격전을 전개하면서 농촌 해방구를 건설하는 등 그 세력 범위를 확대했다. 그 결과 1938년 말에 이르러서 중국대륙은 일본군이 점령한 지역, 국민당정부가 지배하는 지역, 그리고 중국공산당이 장악한 지역으로 3분되었다.

이러한 국민당 정부의 약화와 아울러 실제로 중국공산당은 항일과정에서 신속한 발전을 해서, 1940년에 이르러서는 총병력 50만 대군과 80만 명의 당원을 보유한 거대한 정치세력으로 부상했다. 이러한 공산당세력의 폭발적인 증가는 국민당 정부를 자극했고 경계심을 고조시켰다.

그에 따라 국민당정부는 1939년초 '이당활동(异党活动) 방지법'을 발표하고 공산당의 활동에 대한 간섭과 제한을 실시하기 시작했다. 점차로 양당간의 모순과 마찰이 갈수록 첨예해지면서 국민당과 공산당은 쌍방의 활동지역을 분할하는 방식으로 분쟁을 해결코자 했지만, 두 정치세력간에 존재하는 뿌리깊은 불신으로 말미암아 양당의 무력충돌은 점차 확대되었다.

6. 중화인민공화국의 건국

1945년 8월 일본의 패망과 중국의 승리로 종결되었지만, 엄청난 대가를 치른 참승(惨胜)이었다. 8년 동안의 항일전쟁시기에 중국군 전사자는 103만 명, 희생된 일반국민은 1천만 명 이상이었으며 물적 피해도 심대했기 때문이다. 그러나 항일전의 승리에도 불구하고 중국은 국민당과 공산당 사이의 숙명적인 무력대결이 현실화되고 있었다. 1945년 8월 15일 일본의 공식적 항복선언과 동시에 일본군 점령지역에 대한 국민당과 공산당간의 쟁탈전이 시작되었다.

당시 국민당은 화중(华中) 및 화남(华南)지역을 점령하고 있었고, 공산당은 화중(华中), 화북(华北) 및 연안(沿岸)지역을 장악하고 있었다. 병력과 장비면에서 국민당이 절대적 우위에 있었다. 1946년 말까지 양측의 병력은 국민당 300만, 공산당 100만(비정규군 40만 포함)으로 국민당 병력의 우위성은 확고부동했었다.

드디어 일본의 패망으로 국민당과 공산당은 항일전쟁이란 양당합작의 명분이 소멸되자 중국의 대권을 장악하기 위한 전면내전의 전운에 휩싸였으며, 일촉즉발의 급박한 상황으로 전환되었다. 그러나 장기간의 국공내전에 시달린 대다수 중국인은 국공간의 무력충돌이 아닌 정치적 협상을 통한 민주적인 통일정부의 수립을 갈망했다. 이러한 국민정서를 인식한 국공 양방은 장차 발생할 무력 대결에 대한 준비에 소홀치 않으면서 동시에 정치적 평화협상을 전개하는 이원적 정책을 실시했다.

국공협상의 과정에는 중국내전의 전면전화를 막기 위한 미국의 적극적인 정치적인 노력도 상당한 역할을 했다. 그에 따라 장개석(蒋介

石)이 장악하고 있는 국민당과 모택동(毛泽东)이 영도하는 공산당은 1945년 8월 28일부터 동년 10월 10일까지 중경(重庆)에서 일련의 정치회담을 진행했다.

중경회담의 주요의제들은 군대, 해방구, 정치회의와 국민대회의 개최 등의 문제 등이었으며, 국공양측은 1945년 10월 10일에 회담기요에 서명했기 때문에 '쌍십(双十)협정'이라고도 부른다. 그리고 국공양방은 1946년 1월 10일부터 1월 31일까지 모두 10차례의 정치협상회의를 진행했다. 그 결과로 정부조직, 국민대회, 평화건국강령, 군대문제, 헌법초안의 5개 안건들을 통과시켰다.

중경회담의 고무적인 회의결과에도 불구하고, 중국내전의 폭발은 필연성을 지니고 있었다. 왜냐하면 쌍방은 새로운 중국건설에 대하여 여전히 상반된 시각과 입장을 견지하고 있었고, 일본 패망에 따른 승리의 과실을 누가 장악하는가의 문제로 치열한 경쟁과 대립관계를 형성하고 있었기 때문이다.

1947년 초부터 공산당은 화북과 만주지역에서 세력을 점차 확대함으로써 전략적 주도권을 장악하기 시작했으며, 1947년 여름부터 전세가 역전되어 공산당이 국민당보다 전략적인 우위를 확보하게 되었다. 비록 1948년 초까지 국민당은 272만, 공산당은 115만으로 훨씬 많은 병력을 보유하고 있었지만 전략과 사기면에서 공산당이 상대적 우위를 점하기 시작했다.

1948년 9월부터 12월까지 지속된 국공간의 만주전투에서 국민당이 패배함으로써 공산당은 국공내전의 결정적 승기를 잡았다. 그 후 1949년 1월 공산당은 천진과 북경을 무혈함락하고, 4월 20일 남경, 5월 25일 상해, 8월 5일 장사, 9월14일 광주를 점령하는 등 일사천리로 중국의 전지역을 장악했으며, 장개석이 이끄는 국민당은 8월 1일에 50만 병력과 200만 피난민들과 함께 대만으로 패퇴했다.

제2차 세계대전이 연합군의 승리로 끝이 나자 중국은 통일국가의 건설이 가장 중대한 과제로 등장했다. 전쟁 직후에는 장개석정부가 미국의 원조 덕분으로 공산당보다는 훨씬 더 유리한 위치에 있었다. 그러나 공산당군의 유격전과 정치공작, 국민당의 내분과 장기적이고 효율적인 정책 부재, 인플레로 인한 군사기의 저하 등은 국민당이 중국본토를 공산당에게 내어주고 1949년 대만으로 달아나는 결과를 가져왔다.

1949년 10월 1일 중국공산당은 모택동을 영도로 하여 천안문 광장에서 사회주의체제국가인 '중화인민공화국(中华人民共和国)'의 수립을 국내외에 선포했다. 그리고 수도를 북평(北平)으로 하되 이름을 북경(北京)으로 고치었으며, 의용군 행진곡을 임시적인 국가(国歌)로 정하였고, 오성홍기를 국기(国旗)로 정하였다.

항일전쟁이 종결된 1945년 8월 이후 숙명적으로 전개된 국공의 전면내전에서, 중국국민당이 그처럼 무기력하게 패퇴될 줄은 당시 아무도 예측하지 못했다. 실제로 당시에 중국국민당은 공산당보다 병력면에서 2.5배이고, 무기체제 면에서도 미국의 군사원조를 받아 월등한 우세에 있었으며, 정치면에서도 국내외적으로 여전히 중국을 대표하는 정통성을 갖고 있는 유일한 합법정부였었기 때문이다.

실상 중국공산당의 신속한 승리는 국민당의 자멸의 결과라고 밖에 달리 해석할 수 없을 것이다. 국공간의 내전은 단순한 군사적인 대결보다는 정치적 경쟁과 대결의 승패로 결정되었다고 볼 수 있다. 그것을 중국적 사고로 이해해 본다면 국민당 정부는 천명(天命)을 상실했음을 의미하고, 중국공산당의 승리는 민심(民心)을 획득한 결과라고 설명할 수 있을 것이다.

제3절 문화대혁명

중국 정권의 수립과 개혁개방 이전의 정치약사를 살펴보면, 다음과 같이 구분할 수 있다.

- ◦ 전국경제 회복시기(1949-1957) ; 경제의 부흥과 혁명의 완성
- ◦ 3면홍기(3面红旗 ; 1958-1960) ; 급진적 사회주의 건설노선 채택
- ◦ 조정기(1961-1965) ; 경제조정 정책, 인민공사제도 수정
- ◦ 문화혁명기(1966-1976) ; 숙청과 절대적 지도체제 확립

중국 공산당은 중화인민공화국을 수립한 후, 청조와 오랜 국민당 정부의 잔재를 몰아내고 공산주의식 정치체제를 수립하기 위해 많은 사업을 전개하게 된다.

1951년 11월부터는 항미원조(抗美援朝 : 미국을 대항하고 북한을 지원한다)의 정책과 토지개혁 그리고 숙반운동(肃反运动 : 반혁명세력제거운동)을 실시하게 된다. 특히 숙반운동으로는 3반운동(반부패, 반낭비, 반관료주의)과 5반운동(준법자, 기본준법자, 반준법자, 위법자, 범법자로 분류하여 처벌하는 운동)을 전개하였다.

공산당은 이러한 일련의 과정을 겪으면서 공산당의 통치기반을 튼튼히 하는 한편 국가기반을 튼튼히 하기 위해 1952년 제1차 5개년 계획을 실시하게 된다. 농업, 수공업, 자본주의 상공업에 대하여 단계적 자발적 평화적이라는 원칙 하에 사회주의로의 개조를 실현해 나갔다.

또한 공산당은 지주재산의 몰수 및 토지개혁을 실시하는 동시에 초급, 고급 합작사를 조직하고, 농촌의 집단화를 실시하였다. 한편 반대

세력에 대한 숙청을 실시하게 된다. 먼저는 지식층과 지주계층을 대상으로 실시되었고, 후에는 해외 연계세력과 종교세력에 까지 확대하게 된다. 그래서 1956년에는 국민들의 성분을 분리하고 좌파에 속한 세력들을 대대적으로 제거하게 된다. 1958년에는 잠재하던 불순세력들까지 숙청하게 된다.

모택동은 지속적으로 공산화의 과정과 아울러 공산주의식 계획경제에 의하여 공업화와 농업생산량 향상을 위해 각종 사업을 실시하게 된다. 급진적인 사회주의 건설노선으로서 사회주의 총로선, 생산대약진, 인민공사화 활동 등 3면홍기 정책을 전개하여 집단소유제, 자력갱생 등을 추진하게 된다.

당 주도의 개혁, 정풍, 숙청 운동에 이어 모택동은 과도기 총노선을 제기하면서 제1차 5개년 경제계획을 추진했다. 제1차 경제개혁에서는 모든 자원을 자본재산업에 집중, 농업을 포함한 전체 경제를 중앙집권식 계획경제로 개조하여 부강한 사회주의 중국을 건설한다는 것이었다. 그러나 이 기간 중에 중국 지도자들은 노동력의 활용을 극대화하는 문제를 등한시했을 뿐만 아니라 자본집약적인 공업투자에만 치중했기 때문에 실업이 심각한 문제로 등장했다.

제1차 5개년 계획에 대해 부정적인 평가를 내리게 된 중국 지도부는 중국 경제의 현대화를 가속화하려는 대약진운동을 전개했다. 이 운동은 중국 지도부내에 심각한 분열을 가져와 그 운동을 지지하는 과격파와 반대하는 온건파가 서로 대립하는 양상을 보였다. 결국 소련모델을 폐기하고 새로운 자력갱생의 발전정책을 채택하여 성장을 가속화하려는 모택동의 혁명이념은 현실을 무시한 너무나 급진적이고 모험적인 정책인 것으로 판명됐다. 특히 경작방식의 개혁은 오히려 생산량의 감소를 가져왔고, 계획의 분산은 노동력과 기타 자원의 효율적 운영을 불가능하게 했다.

1958년에는 대약진운동(大跃进运动)을 전개하게 된다. 그러나 이 운동은 자연재해와 자본과 기술 그리고 경험의 부족으로 인한 대약진 운동의 실패로 2년만인 1960년 실패로 끝나게 된다. 이는 중국 국민들에게는 고통과 가난을 가중시키는 시련을 안겨주었다.

1961년부터는 급진적인 사회주의 건설 노선을 수정하여 유소기의 경제조정 정책을 채택하고 인민공사 제도를 수정함으로 중국 경제의 회복을 이루게 된다. 그러나 중소분쟁의 심화로 기술원조의 중단 및 기술자 철수 사건이 일어나게 되고, 당내부적으로는 영구혁명론을 주장하는 모택동과 등소평, 유소기 등의 실용주의파간의 대립이 시작되게 되었다.

1966년에는 모택동 측근의 문예비평가 요문원(姚文元)이 북경시 부시장 오함(吴含)을 비판한 논문 '신편역사극 해서파관비평(新编历史剧海瑞罢官批评)'을 발표한 것을 계기로 문화대혁명이 촉발되게 되었다. 그리고 이에 자극을 받은 대학생들을 중심으로 한 홍위병의 등장으로 10년 재앙이 시작되게 된다.

대약진운동(大跃进运动)의 실패는 모택동으로 하여금 책임을 지고 일선에서 물러나게 만들었는데 이후 등장한 인물이 당시 당의 제2인자였던 유소기(刘少奇)였다. 유소기의 조정·완화정책은 경제의 회복을 가져와 그의 정치적 기반을 강화시켜 주는 것 같았지만 문화대혁명(文化大革命)으로 모택동에 의해 숙청을 당하게 됨으로써 권력은 다시 모택동과 그의 추종자들에게 넘어갔다. 그 후 중국 공산당은 경제적 낙후에도 불구하고, 공산당의 입지와 기반을 튼튼히 하게 되었다.

문화대혁명은 모택동, 임표의 주류파가 유소기, 등소평 등의 실권파를 숙청하는 3년간의 치열한 투쟁을 거쳐 모택동의 절대적인 지도체제를 확립하게 되며, 임표를 후계자로 지명하게 된다. 모택동과 그의 추종자들은 1969년 4월 제9기 당 전국대표대회에서 문화혁명을 일단 매듭짓고 임표(林彪)를 당부주석으로 승진시키면서 당규약에 그를 모택동의 후계자로 지명하는 규정을 삽입했다.

중국공산당은 4구운동(구사상, 구문화, 구풍속, 구습관)을 전개하면서, 종래의 전통적인 모든 문화와 역사적 잔재들을 일소시키는 소위 문화대혁명을 실시하게 된다.

사실 문화대혁명이란 모택동이 사회주의를 공고히 하고 반대파들과 자본주의를 옹호하는 세력을 청산할 목적으로 실시된 폭압적 정책이라고 할 수 있다. 이때부터 공산당은 전국적으로 모택동 우상화를 실시하는 동시에 인민들에게 모택동 어록을 가르치고, 사상토론회를 개최하고 공개비판회를 개최하면서 남은 반공산세력들을 제거하게 된다. 그리고 북경대학교와 청화대학교 학생들을 중심으로 젊은 공산청년들을 모아 홍위병을 구성하여, 전국을 돌면서 모든 문화적 유산들을 파괴하는 일을 전개하였다.

유소기(刘少奇)・등소평(邓小平)을 비롯한 우파 실무파를 숙청한 모택동과 그의 추종자들은 1969년 4월 제 9 기 당 전국대표대회에서 문화혁명을 일단 매듭짓고 임표(林彪)를 당부주석으로 승진시키면서 당규약에 그를 모택동의 후계자로 지명하는 규정을 삽입했다.

그러나 문혁(文革)기간 동안 정치적 영향력이 급증한 군을 장악하고 있던 임표와 실질적인 중국의 실력자 모택동간에는 많은 문제에서 견해차를 보였다. 이에 모택동은 강청(江清)을 중심으로 한 4인방(4人帮)을 권력핵심부에 포진시킴으로써 임표를 제거하려 했다.

궁지에 몰린 임표는 1971년 9월 13일 모택동을 타도하려는 쿠데타를 일으켰으나 결국 실패하고, 소련으로 탈출하던 중 비행기 추락사고로 사망하게 된다.

그러한 과정 중에 중국은 1972년 2월 닉슨 미국 대통령의 방중으로 미국과 핑퐁외교를 전개하기도 하였고, 일본과는 국교를 수립하여 대외적인 외교를 통한 경제적 어려움을 돌파하고자 시도하기도 하였다.

1970년대 초 문혁의 휴우증에서 벗어난 중국은 경제 활성화가 당면 과제로 떠오르게 됐다. 이에 실각한 등소평을 비롯한 많은 실무파들이 속속 복권되게 되고 이것은 기존의 권력을 잡고 있던 4인방과의 충돌을 불러일으켰다. 결국 4인방은 1976년 1월 총리 주은래(周恩来) 추모로 일어난 군중시위 사건인 천안문사건(4·5운동)의 배후 조종자로 등소평을 지목해 1967년에 이어 그를 다시 실각하게 만들었다.

문화대혁명은 1976년에 이르러, 모택동의 사망(1976. 9. 9)과 주은래의 사망(1976. 1. 8) 그리고 당산대지진 등으로 일단락을 맺게 된다. 오늘날 중국은 이를 중국 현대사의 최악의 재앙으로 보는 시각이 허다하다. 중국 국민들은 문화대혁명을 통해 반목과 비판과 상호 불신을 품고 남은 역사를 살아가게 되었다. 그래서 모택동을 가리켜 실패한 영웅이라고 부르는 이유도 여기에 있다. 공산화에는 성공했지만 국민들에게는 가난을 가져다 주었기 때문이다.

1976년은 실로 그들이 말하는 3신위기(공산주의의 위기, 공산당의 위기, 공산주의 영도력의 위기)이라고 평가할 만한 큰 사건을 기록한 한 해이자, 중국 공산주의와 중국 국민에게 새로운 미래를 여는 중대한 계기가 되는 해였다.

제4절 개혁개방

1976년 모택동의 사망 이후 문혁파 4인방에게(왕홍문, 강청, 장춘교, 요문원) 권력이 넘어가게 된다. 그러나 모택동을 계승한 화국봉 국가주석에 의하여 4인방은 숙청됨으로 중국 공산당은 새로운 체제를 갖게 된다.

화국봉은 4개 현대화계획이라는 대형 프로젝트 건설을 추진하여 중국경제를 선진국 수준으로 끌어올린다는 야심을 가졌지만 중공업에 치중한 경제정책은 상대적으로 경공업과 농업을 도외시 되게 되는 결과를 초래해 실패로 돌아가게 된다.

한편 1977년에는 등소평이 복권하게 되었으며, 경제중심의 실용주의 노선 표방으로 실무파들이 다시 대거 복권하게 되고, 이는 화국봉(华国锋)을 위시한 온건 혁명세력과 주은래 노선을 계승한 등소평(邓小平) 등 실무세력 사이에 대립을 가져왔다.

양측은 서로 열띤 논쟁을 통해 상대방의 주장과 이념을 비방하기 시작했고, 여기에서 모택동의 '단결혁명론(継续革命论)'을 옹호한 화국봉의 사상과 사상을 해방하고 사실을 통해 진리를 추구하고 앞을 보자 -해방사상(解放思想), 실사구시(实事求是), 단결일치(团结一致), 향간전(向看前- 라는 등소평의 개혁・개방노선이 전당공작(全党工作)의 지도방침이 대립되게 되었다.

1978년 12월에는 화국봉을 중심으로 하는 문혁 잔존세력과 등소평을 중심으로 하는 실천파의 대립 속에서 결국 등소평의 실용주의 노선이 승리하게 되었고, 등소평은 그 해 비로소 문화대혁명의 종결을 선언하게 되었다.

등소평은 1978년 4개 현대화노선(공산당 제 11기 3중전회 : 과학기술의 현대화, 농업현대화, 공업현대화, 국방의 현대화)을 주창하면서, 이른바 중국식 실용주의 혹은 수정 자본주의의 형태의 경제개혁을 실시하게 된다.

등소평은 당주석제를 폐지하고 총서기제를 부활하여 자기의 심복인 호요방(胡耀邦)을 총서기로, 조자양(赵紫阳)을 총리로 각각 임명했다. 등소평체제의 확립과 함께 중국은 경제의 대외개방과 농촌경제계획에 들어가 중국적인 사회주의 건설노선을 견지하게 된다.

그리고 계급투쟁강령이라는 사회주의식 구호를 버리고 실사구시와 일치단결이라는 지도방침을 세우고, 개혁개방을 실시하게 된다. 또한 개혁개방 정책의 추진과제를 국민경제의 균형, 농업발전의 가속화, 건전한 사회민주주의와 사회주의 법제강화에 두었다.

이러한 개혁개방 정책의 과정에서 1979년에는 미국과 국교를 수립하게 되었으며, 1980년 8월에는 심수(深圳), 주해(珠海), 산두(汕头), 하문(厦门)의 4개 경제특구의 설치를 통해 융통성있는 경제정책을 실시하기도 하였다.

1982년 12월에는 개혁개방의 정책들을 담은 신헌법을 채택(수정헌법)하게 되었다. 신헌법의 주요 내용으로는 주요 지도자 임기제 채택, 국가주석제 부활, 국가중앙군사위원회 신설, 전국인민대표대회의 권한 강화, 특별행정구의 설치 규정 등이다. 한편 1984년 5월에는 경제특구의 긍정적 성과를 바탕으로 다시 14개 연해항구도시를 개방하였으며, 1988년 4월에는 해남성(海南省)을 경제특구로 신설하였다.

경제적으로 대외개방을 천명하게 됨에 따라 경제발전에 따른 정치발전을 요구하는 학생들의 과격한 시위가 일어났다. 이에 보수파들은 이를 빌미로 개혁파를 맹공하게 되고 마침내 호요방(胡耀邦) 총서기가 물러나게 되면서 조자양(赵紫阳)이 총서기로 부각된다.

1988년에는 조자양 총리가 취임하게 되었고, 호요방 총서기의 사망을 계기로 민주화 요구시위(1989. 4)가 발생하게 된다.

1989년 4월 15일 호요방(胡耀邦) 전(前)총서기가 사망하자 그의 죽음을 애도하는 뜻으로 호요방에 대한 명예회복 및 민주화를 요구하는 학생운동이 발생하게 되고, 시민, 노동자, 지식인까지 이 시위에 참가하게 된다. 4, 5월에 걸쳐 민주화요구 시위는 전국으로 확산되고 천안문에는 지식인, 노동자, 일반시민, 학생 등 약 100만명이 연달아 대대적인 집회를 개최하게 된다.

이에 따라 온건파 조자양 총서기와 강경파인 양상곤(杨尚昆) 국가주석, 이붕(李鹏) 총리측이 대립하게 되고 여기에서 강경파의 우세로 1989년 6월 4일 새벽 계엄군이 천안문광장에서 무기한 농성을 벌이던 학생, 시민들에 대한 무력진압을 전개한다. 시내 각처에서 시민과 계엄군의 충돌로 학생 36명을 포함한 319명이 사망하고, 민간인 부상자가 3,000명, 계엄군측 부상자 6,000명(당국발표)을 발생시킨 최악의 유혈사태가 발행했다.

이 천안문 사태는 당시 동유럽의 민주화와 공산주의 종주국 소련의 붕괴, 지식층 인사들의 불만, 해외유학파들의 처우개선 요구, 고르바쵸프의 중국 방문들을 계기로 촉발된 것이었다. 중국은 이에 대하여 계엄을 선포하고, 학생들을 사살하는 엄격한 대응을 실시하였다.

천안문사태 이후 1990년 6월 제13기 4중전회(中全会)서 조자양 총서기는 민주화시위를 지지, 당을 분열시켰다는 이유로 총서기와 중앙군사위 제1부주석 등 모든 공직에서 해임되고 강택민(江泽民) 상해시 당서기 겸 정치국위원이 총서기로 선출된다.

11월의 5중전회(中全会)에서 등소평은 당중앙군사위 주석직을, 1990년에는 자신의 마지막 직책이던 국가중앙군사위 주석직을 사임하고 후임으로 강택민 총서기가 두 직책을 승계했다. 1990년 1월 11일, 북경시의 계엄령이 해제되고 천안문사태는 역사의 뒤안길로 사라졌다.

제 5 절 현대중국

중국은 이러한 개혁개방과 함께, 지속적으로 공산주의 이념을 강화시켜오게 된다. 그래서 중국 공산당은 4대 견지를 주장하게 되는데, 이는 마르크스레닌주의와 모택동사상의 견지, 인민민주주의 독재의 견지, 사회주의의 견지, 공산당 지배의 견지이다.

중국식 실용주의 노선을 이끌던 등소평은 1992년 2월 남순강화(南巡讲话) 기간 중, 시장경제 체제의 도입을 통한 경제개혁과 개방을 추구할 것을 선포하게 된다.

이때부터 본격적으로 중국식 사회주의 시장경제체제 혹은 중국식 특색있는 사회주의라는 기치를 걸고 더욱 개혁개방에 박차를 가하게 되었다. 그 결과로 세계의 여러 나라들과 외교관계를 수립하고 자본과 기술 그리고 경제개혁과 문화적 교류를 적극 추진하게 된다. 그리고 1992년 8월에는 한국과 국교를 수립하기도 하였다.

1992년 10월 제14기 공산당 대회에서는 사회주의 시장경제 방침을 결정하고, 헌법을 수정하게 되었다. 등소평의 이러한 개혁정책은 점차적으로 등소평 이론이라는 하나의 사상체계로 이념화되어 중국의 중요한 정치이념으로 작용하고 있다.

이러한 개혁개방과 중국 현대 사회주의의 발전의 영웅인 등소평은 강택민에게 모든 권한을 위임한 채, 지병과 씨름하다가 1997년 2월 사망하게 된다. 중국 국민들에게 등소평은 정치적으로는 부따옹(不倒翁 ; 오뚜기)로 불리어지며, 경제적으로는 위대한 영웅으로 추앙받는 인물이 되었다.

1997년 9월의 전국인민대표대회에서는 중국의 21세기 목표를 정하였다. 그것은 먼저 10-5 계획의 첫 해가 되는 2001년부터 2010년까지의 10년 동안에는 국민총생산을 두 배로 증가시켜 국민생활 수준이 소강생활(小康 : 생활이 비교적 안정된 상태)에 들어서게 하는 사회주의 시장경제체제를 구축한다는 것이다.

그리고 다음 10년(2011년-2021년) 기간 동안에는 완벽한 사회주의 시장경제 체제를 구축하여 중국공산당 창당 100주년(2021)을 맞이하게 될 것이며, 신중국 성립 100주년이 되는 2049년경에는 경제적인 부강과 문화적 현대화를 실현하는 사회주의 국가를 건설한다는 목표를 세웠다.

그리고 1997년 7월 1월에는, 역사적으로 1842년 남경조약에 의해 영국에게 영구 할양되었다가 1898년부터 99년 동안 영국의 통치를 받아오던 홍콩이 중국으로 영구 귀속하게 되었고, 이어서 1999년 12월 20일에는 역시 포르투갈의 지배를 받아오던 마카오가 중국으로 반환되게 되었다.

현재 중국은 중화민족의 번영을 꿈꾸며 세계화를 추진하고 있다. 2001년 7월 13일에는 북경시가 2008년 하계올림픽 개최지로 선정되는 놀라운 사건이 있었다. 중국은 물론 전 세계가 북경시가 올림픽 개최지로 선정됨을 축하하며, 이로 인해 중국의 개혁개방이 가속화되리라고 전망하고 있다.

또한 2001년 12월 11일에는 WTO(세계무역기구)에 정식 가입하게 됨으로, 중국과 중국국민들은 이제 개발도상국에서 벗어나 선진국으로의 도약을 꿈꾸고 있다. 하지만 중국은 아직도 해결해야 할 많은 문제들을 안고 있다.

중국의 경제전문가들은 작금의 중국을 위기와 도전의 시기로 전망하고 있다. 또한 중국의 WTO가입은 세계의 실리와 중국의 실리가 작용되어 결정된 것으로 보고 진단하고 있다. 그리고 중국은 이러한 새로운 환경 속에서 실리주의 외교로 자국의 발전과 이익을 최우선으로 하는 정책을 펼 것으로 예상하고 있다.

21세기 국제사회의 급격한 변화와 새로운 질서 속에서, 중국 공산당과 수뇌부가 2003년 국가주석 교체와 함께 과연 어떠한 제도적 개혁을 통하여 산재한 국내외의 많은 문제들을 해결해 나갈지 그 방향에 대해 많은 관심을 갖게 한다. 중국의 변화는 분명 한반도의 판도변화와 아시아의 경제질서 그리고 나아가 세계의 경제질서에 커다란 영향을 줄 것이 분명하다고 생각한다.

제5장

중 국 정 치

제1절 개 요

중국정치란 일반적으로 중국의 정당, 사회집단 혹은 사회세력이 국가의 활동이나 국제관계 분야의 정책이나 활동에 대한 제반 형식을 의미한다. 이는 정부나 정당, 사회단체 혹은 개인이 국가나 국제관계에 대해 행하는 일체의 활동을 의미한다.

중국학자들은 중국정치에 대하여, 중국경제문화의 집약된 표현이라고 말한다. 그래서 중국경제는 곧 중국경제문화를 가리키는 것이며, 이 중국경제문화란 곧 중국정치문화를 의미한다고 말한다. 이는 현대 중국의 사회주의 사상의 기초를 두고 중국의 정치를 정의하였기 때문이라고 생각된다.

중국정치의 영역은 중국정치이론, 중국정치제도, 중국정치사상사 등을 내용으로 하며, 또한 중국정치문화에 대한 연구는 정치학이론과 원칙을 바탕으로 진행되어야 한다.

1. 정치이론

중국의 국체는 노동자 계급을 중심으로 노농연맹(劳农联盟)이 합쳐진 인민민주의 전정의 사회주의 국가라고 표명하고 있다. 인민민주주의 전정이란 일종의 새로운 사회주의 민주정치로 인민이 국가의 주인이라는 전제 하에 인민들에게 광범위한 민주를 누리게 하고 적대분자에게는 필요악인 전정(독재, 간섭)을 실시한다는 것이다.

중국의 정체는 인민대표제도로서 국체인 인민민주전정의 실현을 위한 구체적인 제도이다. 인민대표제도란 중국 공산당의 영도 하에 전국의 각 민족과 인민이 자신들이 대표를 민주적으로 선출해 각급 인민대표대회를 조직하고 이를 통해 간접적으로 인민이 국가권력을 행사케 하거나 인민대표로 하여금 기타 국가기관을 구성해 인민이 국가의 주인임을 실현하는 정치이다.

현대 중국은 마르크스레닌주의의 사상적 기초 위에 선 사회주의 국가이다. 또한 중국의 사회주의 사상은 마르크스레닌주의와 함께 모택동 사상, 등소평 이론, 그리고 강택민 이론을 주요한 정치이론으로 삼고 있다.

국가주석 강택민은 당시 3강운동(3讲运动) 즉 강학습(讲学习; 등소평 이론), 강정치(讲政治; 사상통일 및 단결, 강정기(讲正气; 바른 기풍확립)를 제시하였으며, 직권 말기에는 3개대표(3个代表; 선진적 사회생산력의 발전-경제선진화, 선진문화의 전진 방향-문화선진화, 최다인민의 전체이익을 대표-실리주의 정책) 이론을 중요한 정치이론으로 제시한 바 있다.

제16차 당대회(2002.11) 및 제10기 전인대(2003.3)를 통해 새로 출범한 제4세대 신지도부(胡锦涛, 吴邦国, 温家宝, 贾庆林, 曾庆红, 黄菊,

吴官正, 李长春, 罗干)는 집단지도체제의 친민(亲民) 정책 강화, 실업 및 소득격차문제 해소를 통한 사회안정 확보 노력을 강화하고 있으며, 공산당의 국정운영능력 강화를 위해 점진적 개혁을 추진 중이다.

현재 중국은 사회불안 요인 상존하고 있는데, 이는 개혁개방이래 급속한 경제성장(연평균 8% 성장) 과정에서 도·농간 및 지역간 소득격차 확대, 구조조정에 따른 실업인구 증가, 환경오염, 자원부족 등 성장 불안요인, 특히 '三农(농촌, 농업, 농민)문제'가 해결이 시급한 난제로 대두되었다. 또한, 개혁개방 이후의 이데올로기적 혼란시에는 사회경제적 불안요인과 결합하여 낙후된 소수민족지역의 불만, 부패현상 만연에 대한 국민의 불만 고조 등도 잠재적 사회 불안정 요인이 존재하고 있다. 이에 따라 중국 지도부는 이러한 불안정 요인을 해소코자 "이인위본(以人为本)" 및 "과학적 발전관" 을 지도사상으로 하는 '조화로운 사회 건설' 추진하고 있다.

그래서 중국지도부는 "小康 사회의 전면적 건설" 및 "조화로운 사회 건설"이라는 국가목표 달성을 위해 개혁·개방 정책과 경제성장 정책을 계속 추진해 나갈 것으로 전망되며, 안정된 사회질서하에서 개혁. 개방 정책을 지속적으로 추진하기 위하여 이에 장애가 되는 사회불안정 요소를 제거하기 위한 노력도 강화해 나갈 것으로 전망된다.

[중국의 국가기구표]

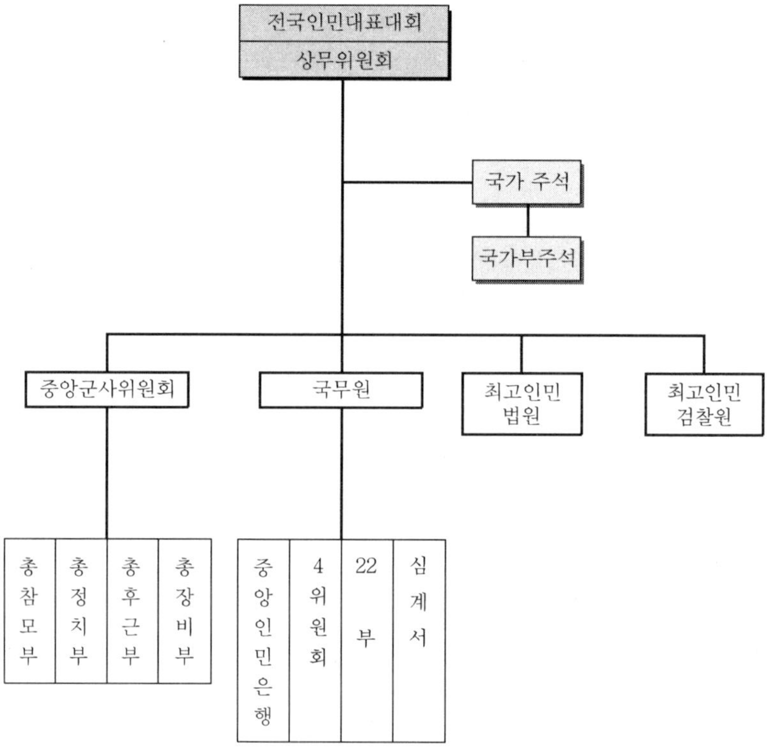

2. 정치조직

1) 국가주석

국가의 수반으로서 전인대에서 선출되며, 임기는 5년이며 중임이 가능하다. 그러나 3회 이상 연임할 수 없다.

주요 권한은 다음과 같다.

1. 국가를 상징적으로 대표한다 2. 전인대의 결정 및 그 상무위원회의 결정에 따라 법률을 공포한다 3. 총리, 부총리, 국무위원, 각 부장, 각 위원회 주임, 심계장, 국무원 비서장의 임면권을 갖는다 4. 국가훈장 및 명예 칭호를 수여할 권한을 갖는다 5. 특사령, 계엄령, 선전포고, 동원령을 선포할 권한을 갖는다 6. 외국사절을 접수하고, 전인대 상무위원회의 결정에 따라 해외주재 전권대사를 파견, 소환하며, 외국과 체결한 조약 및 협정을 비준 또는 폐기한다.

[역대 중국 국가주석]

◦1954-1962 毛泽东(모택동) ◦1962-1968 刘少奇(류소기)

◦1982-1988 邓小平(등소평) ◦1988-1989 杨尚昆(양상곤)

◦1989-2003 江泽民(강택민) ◦2003-현재 胡锦涛(호금도)

2) 주요기관

중국의 주요기관으로는 공산당을 비롯하여, 국무원, 전국인민내표자대회, 중국 인민정치협상회의가 있다. 그리고 최고인민법원과 최고인민검찰원이 있다. 또한 중요한 사회 단체로는 중국공산주의청년단, 중국소년선봉대, 중화전국청년연합회, 중화전국부녀연합회 등이 있다.

3) 군사조직

(1) 국방정책

중국의 국방정책 변화를 시기별로 살펴보면, 다음과 같다.

◦냉전 시기(1970년 이전): 세계대전 불가피론, 서방 적화통일론

◦냉전완화 시기(1970-1989): 4개 현대화 노력, 국방현대화 추진

◦탈냉전 시기(1990-현재): 동구와 소련 몰락, 상호 신뢰구축

(2) 조직

중국의 군부조직은 크게 4개 조직으로 구성되어 있다.

① 국가중앙군사위원회

전국 무장력을 지휘하며 주석책임제를 실시하고 있다. 주석은 임기 5년으로 전인대에서 선출한다.

② 당중앙군사위원회

실질적인 통수권을 장악하고 있으며, 국가 최고 통수권자가 당중앙군사위원회 주석직을 맡는다.

③ 국방부

헌법상 권한은 국방건설 사업의 지도와 관리이다. 군에 대한 지휘와 통제기능을 제외한 군의 업무를 관장한다.

④ 인민해방군

중국의 정규 무장력이며, 기본체제는 총참모부, 총정치부, 총후근부, 총장비부 등 4개 총부로 구성되어 있다.

(3) 현황

2001년 현재, 중국의 국방현황은 다음과 같다. 중국군의 편성은 육군, 해군, 공군 및 제2 포병으로 구성되어 있으며, 2002년 국방예산(중국 국무원 발표액)은 $ 205억이며, 군사력(2002년 현재)은 총 237만 명(육군 160만, 해군 25만, 공군 42만, 제2포병 10만)이다.

민병은 인민해방군의 보조조직으로서 향, 진 및 기업단위에 설치되어 있으며, 무장된 기간민병은 430만 명이며, 보통민병은 600만 명으로 추산하고 있다.

지난 제15차 당대회(97.9) 에서는 군의 현대화, 정예화를 위해 50만 명 병력감축을 결정하였는데, 실제로 99년말 현재 300만에서 250만 명으로 감군을 실현한 상태이다.

[역대 중앙군사위원회 주석]

◦1935-1976 毛泽东(모택동) ◦1976-1981 华国锋(화국봉)

◦1981-1989 邓小平(등소평) ◦1989-현재 江泽民(강택민)

4) 최고인민법원과 최고인민검찰원

최고인민법원은 중국의 최고 재판기관으로 지방의 각급 인민법원과 전문 인민법원의 재판활동을 감독하며, 전국인민대표대회와 그 상무위원회에 대하여 책임을 진다. 또한 원장의 임기는 5년이며, 1회에 한하여 연임이 가능하다. 그 산하에는 특별인민법원과 고급(성급)인민법원, 중급(지구급)인민법원, 기층(현급)인민법원이 있다.

최고인민검찰원은 중국 최고의 검찰기관으로서 지방의 각급 인민검찰원과 특별 인민검찰원의 활동을 지도하며, 전인대와 그 상무위원회에 대하여 책임을 진다. 또한 원장의 임기는 5년이며, 1회에 한하여 연임이 가능하다. 산하에는 특별인민검찰원과 성급인민검찰원, 성급인민검찰원분원 및 지구급인민검찰원, 현급인민검찰원이 있다.

5) 민주제당파

중국에는 현재 8개의 당파가 있으나 실질기능 및 역할면에서 독립정당이라기 보다는 중국 공산당의 일당통치를 방조하고 지지하는 형식상의 존재이다. 보통 민주제당파는 중국만의 특유한 조직으로 각 사회분야 저명한 지식인을 다수 포함하고 있다.

현재 중국의 8개 당파는 다음과 같다.

◦중국국민당혁명위원회(1948. 1)-국민당내의 혁신파 인사

◦중국민주동맹(1941. 10)-문화교육계 지식인 중심

◦대만민주자치동맹(1947. 11)-민주운동을 추진한 대만출신 인사

◦ 중국민주건국회(1945. 12)-공상업자 및 지식인 중심
◦ 중국민주촉진회(1945. 12)-민주운동을 추진한 문화출판계 인사
◦ 중국농공민주당(1930. 8)-의학, 약학, 보건분야 인사 중심
◦ 중국치공당(1925)-화교 비밀결사, 현재 귀국 및 해외화교 중심
◦ 구삼학사(1944. 11)-민주운동을 추진한 문화, 과학기술계 인사

제2절 공 산 당

1. 개 요

중국 공산당(共产党)은 1921년 7월에 창당되었으며, 현재 당원은 현재 약 6600만 명(전체인구의 약 5.2%, 입당 대기자 약 1,400만명) 정도이다. 중국 공산당의 당헌에 의하면, 중국 공산당은 중국 노동자 계급의 전위대로서 중국 각 민족과 인민이익의 충실한 대표이며 중국 사회주의 사업의 지도적 핵심이라고 밝히고 있다. 중국 공산당은 중국의 실질적 최고 권력기관이라고 할 수 있다.

2. 조직과 권한

공산당의 주요조직으로는 공산당 전국대표대회(당대회), 당중앙위원회, 당중앙군사위원회, 그리고 중앙기율검사위원회가 있다. 그리고 당중앙직속기관으로는 판공실, 조직부, 선전부, 대외연락부 및 인민일보사, 광명일보사 등이 있다.

1) 당전국대표대회

당전국대표대회는 당의 최고 권력기관으로 매 5년마다 중앙위원회에서 소집하며, 대표는 중앙 당기관과 지방의 각급 대표대회에서 간선하여 올라온다. 이 기관의 주요기능은 당의 중요정책을 토의하고 결정하며, 당헌을 개정하며, 중앙위원회와 중앙기율검사위원회의

보고를 청취하여 심의하고 위원을 선출하는 기능을 한다.

[중국공산당 조직표]

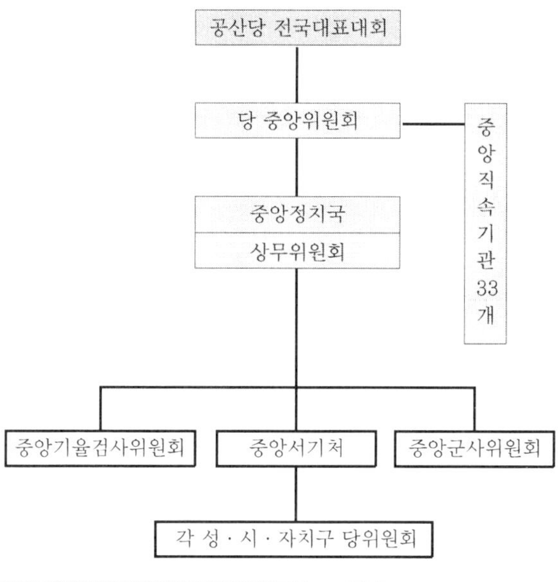

2) 당중앙위원회

당중앙위원회는 전국대표대회의 폐회 중 전국대표대회의 결의를 실행하고 당의 활동전반을 지도하며, 대외적으로 당을 대표하는 기관이다. 여기에는 중앙위원회 전체회의(중전회), 중앙정치국, 중앙정치국 상무위원회, 중앙서기처, 중앙위원회 총서기 등의 내부 기구가 있다.

중앙위원회 전체회의는 중앙정치국에 의해 소집되며 적어도 매년 1회이상 개최된다. 이 회의는 보통 당대회가 개최된 직후 제 1차 중앙위원회 전체회의(1중전회)를 개최하며, 중앙위원 193명, 후보위원 151명으로 구성된다.

중앙정치국은 총 24명으로, 중앙위원회 전체회의 폐회 중 중앙위원회 직권을 행사한다. 중국위원회의 구성은 정위원 22명, 후보위원 2명으로 구성된다.

중앙정치국 상무위원회는 9명으로 구성되며, 중앙위원회 폐회기간 중 중앙위원회 권한을 행사하며, 국가와 당에 관계되는 모든 정책을 최종 결정한다. 현재 중앙정치국 상무위원회는 당 · 정 · 군의 고위간부의 인사권을 장악하고 있다(현재 상무위원회 9인, 후진타오 · 우방궈 · 온쟈바오 · 쟈칭린 · 쩡칭홍 · 황쥐 · 리창춘 · 우관정 · 뤄간).

중앙서기처는 7명으로 구성되며, 중앙정치국 상무위원회의 지도아래 중앙의 일상업무를 처리하는 기능을 한다. 중앙위원회 총서기는 중앙상무위원 중에서 선출되고, 중앙정치국과 상무위원회 회의를 소집하는 외에 중앙서기처 업무를 관장하여 당을 운영하는 당이 핵심기구이며, 군의 통수권은 없으나 당의 최고 실력자이다.

[역대 공산당 총서기]

- 1921-1927 陈独秀(진독수)
- 1927-1928 瞿秋白(구추백)
- 1928-1931 向忠发(향충발)
- 1931-1932 陈绍禹(진소우)
- 1932-1935 秦邦宪(진방헌)
- 1935-1943 张闻天(장문천)
- 1956-1969 邓小平(등소평)
- 1980-1987 胡耀邦(호요방)
- 1987-1989 赵紫阳(조자양)
- 1989-2002 江泽民(강택민)
- 2002-현재 胡锦涛(호금도)

3) 당중앙군사위원회

당중앙군사위원회는 전국병력을 지휘하며, 주석책임제를 실시하고 있다. 주석은 임기 5년으로 연임제한 규정이 없으며, 전국인민대표대회와 그 상무위원회에 대하여 책임을 진다. 그리고 당중앙군사위원회는 중앙위원회에서 선출하며 인민해방군의 조직과 활동을 통제하며, 인민해방군 총정치부를 통해 군에 대한 당의 정치활동을 관리한다. 현재 당중앙군사위원회의 주석은 강택민이다.

4) 중앙기율검사위원회

중앙기율검사위원회는 1978년 12월 제11기 당 3중전회에서 설치되었으며, 문화대혁명 기간 중에 폐지된 중앙감찰위원회를 대치한 기구이다. 중앙위원회에서 선출되는데 주된 임무는 당헌과 기타 중요한 규칙과 제도를 수호하고 당풍을 정돈하며 당의 주요 노선과 정책을 점검하고, 당에서 결의한 결의 내용의 실천상황을 점검하는 기능을 한다.

5) 중앙기율검사위원회

중앙기율검사위원회는 당 중앙직속기관으로는 행정실, 조직부, 선전부, 대외연락부 및 인민일보사, 광명일보사 등이 있다.

제3절 전국인민대표대회

1. 개 요

전국인민대표대회(全国人民代表大会 ; 전인대)는 중국의 형식상 최고 권력기관으로서 33개 성, 자치구, 직할시, 특별행정구 및 인민해방군에서 선출되는 대표로 구성된다.

인민대표대회(인대)는 전국인민대표대회 이외에도 각 성. 시. 자치구. 인민해방군 인대와 현. 시 인대, 향. 진 인대 등 4단계로 구분되어 있으며, 성. 시. 자치구. 인민해방군 인대에서 상급인 전인대를 해당지역의 인구비례에 기초하여 직접 또는 간접 선거를 통해 선출한다.

따라서 현재 전국인민대표대회는 최고 3,500명까지 선출할 수 있으며, 위원의 약 60%가 공산당원으로 알려져 있다. 한편 최하급 인대인 현, 향급 인민대표는 국민의 직접 선거로 선출되며 임기는 3-5년이다.

전인대 대표 총수는 전인대 상무위원회가 상황에 따라 결정하나, 3,500명을 초과하지 못하며 임기는 5년이다. 그리고 전인대는 전인대 상무위원회가 소집하도록 되어있다.

2. 조직과 권한

전인대는 전인대 상무위원회를 구성하는데, 현재는 155명이다. 그리고 이는 위원장 1인, 부위원장 19명, 비서장 1명과 위원 134명으로 구성된다.

전인대 상무위원회는 전인대의 상설기관으로서 전인대 폐회기간 중 전인대 대부분의 권한을 행사하며, 통상 매 2개월마다 1회 개최되며, 회의 기간은 7-10일 정도이다. 그리고 인사권(국무원 부장, 위원회 주임, 심계장(审计长; 회계심사장), 비서장, 중앙군사위원회 주석외의 구성원, 전권대사)과 임면권(최고인민법원, 최고인민검찰원의 부원장, 부검찰장, 심판원, 검찰원, 위원, 군사법원 원장, 군사검찰원 검찰장 인민검찰원의 검찰장 등)을 가지고 있다.

[전국인민대표대회 조직표]

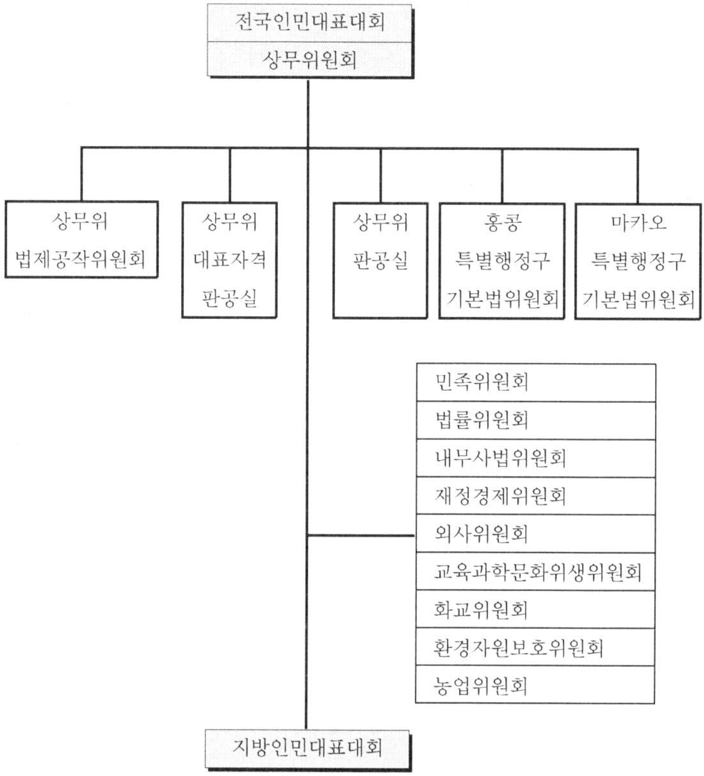

전인대의 권한은 다음과 같다.

1. 헌번의 개정, 헌법집행의 감독 및 기본법률의 제정과 개정 2. 국가 주석, 부주석 선출 및 파면 3. 국가주석의 제청에 의한 국무원 총리 선출과 총리 제청에 따른 부총리, 국무위원, 각부 부장, 위원회 주임 등을 결정 및 파면 4. 국가중앙군사위원회 주석의 선출 및 중앙군사위원회 주석의 제청에 의한 그 위원회의 구성원 결정 및 파면 5. 최고인민법원 원장 및 최고인민검찰원 검찰장 선출 및 파면 6. 국가경제, 사

회발전 계획 및 진행상황에 대한 심의 및 비준 7. 성, 자치구, 직할시의 설치 및 비준 8. 특별행정구의 설치 및 제도결정 9. 전쟁과 평화에 대한 결정 10. 전인대 상무위원회 구성원 선출 및 파면

[역대 전인대 상무위원장]

◦1954-1959 刘少奇(류소기) ◦1959-1978 朱德(주덕)
◦1978-1983 叶剑英(엽검영) ◦1983-1988 彭真(팽진)
◦1988-1993 万里(만리) ◦1993-1998 乔石(교석)
◦1998-2003 李鹏(이붕) ◦2003-현재 吴邦国(오방국)

제4절 국 무 원

1. 개 요

국무원(国务院)은 전국인민대표대회의 집행기관으로, 최고 국가행정기관인바 전국인민대표대회 폐회기간 중 전인대의 상설기관인 상무위원회에 책임을 지고 업무활동에 관해 보고한다.

국무위원의 임기는 5년이며, 총리, 부총리, 국무위원의 연임은 1회에 한한다. 현재 중국 국무원의 총리는 1인, 부총리 4명, 국무위원 5명, 비서장 1명, 각부 부장 23명(중국인민은행장 포함), 각 위원회 5명, 심계서(회계심사부) 및 심계장(회계심사부장) 1인으로 구성된다.

국무원의 회의는 전체회의와 상무회의로 나눈다. 국무원 전체회의는 국무원 전원이 참석하는 회의이며, 상무회의는 총리, 부총리, 국무위원, 비서장만으로 구성되며 비공개회의이다.

2. 조직과 권한

국무원은 법률에 근거한 행정법규 및 명령을 제정하거나 공포하는 업무를 주로 한다. 그리고 지방의 각급 행정기관에 대한 업무를 지도하고, 국민경제와 사회발전 계획의 수립 및 국가 예산의 편성과 집행을 담당한다. 또한 국가비상시에는 전국의 성.시 범위 내에서 일부 지구에 대한 계엄을 결정한다.

국무원의 조직은 기구표에 나타난 것처럼(2003년 조정), 24개의 부와 4개의 위원회, 그리고 20개의 직속부서로 이루어져 있는데, 아래와 같다.

1) 각 부(24개, 중국인민은행 포함)

외교부, 국방부, 교육부, 과학기술부, 공안부, 국가안전부,
감찰부, 민정부, 사법부, 재정부, 인사부, 노동사회보장부,
국토자원부, 건설부, 철도부, 교통부, 정보산업부, 수리부,
농업부, 문화부, 상무부(신설), 위생부, 중국인민은행, 심계서

2) 위원회(4개)

국가발전개혁위원회(신설), 국방과기공업위원회,
국가민족사무위원회, 국가인구생육위원회(신설)

3) 직속부서(20개)

국가통계국, 해관총서, 중국민용항공국, 국가관광국, 국가세무국,
국가식약품감독관리국, 국가방송영화TV총국, 국가지적재산권국,
국무원참사실, 국가임업국, 국가체육총국, 국가공상행정관리국,
국가환경보호국, 국무원기관사무관리국, 국가질량기술감독국,

국가종교사무국, 국가신문출판서, 국가안전생산감독관리국, 중앙은행관리감독위원회, 국유자산감독위원회,

[국무원 조직표]

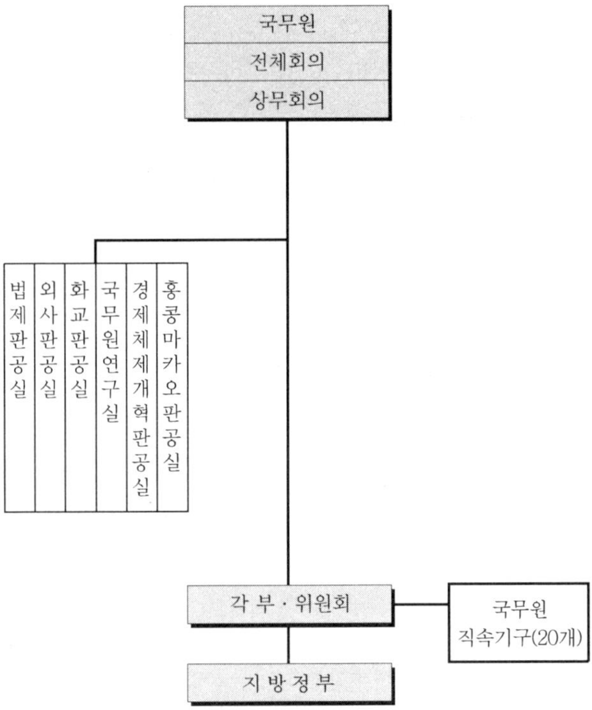

[역대 국무원 총리]

- 1949-1976 周恩来(주은래)
- 1976-1980 华国锋(화국봉)
- 1980-1987 赵紫阳(조자양)
- 1988-1998 李鹏(이붕)
- 1998-2003 朱熔基(주용기)
- 2003-현재 温家宝(온가보)

제5절 인민정치협상회의

1. 개 요

인민정치협상회의(人民政治协商会议; 정협)는 1949년 9월 인민통일전선 조직으로 설립되어 건국초기(1949.10) 임시 헌법에 해당되는 정협공동강령을 제정하는 등 의회의 역할을 대행해왔다.

1954년 전인대 설립 이후에는 정책자문기관 및 홍콩과 마카오 접수를 담당하였으며, 대만통일을 위한 통일전선 업무 협의체 기능을 수행하고 있다.

2. 조직 및 권한

정협에는 정협 전국위원회와 정협 상무위원회가 있다. 정협 전국위원회는 8개 민주제당파, 인민단체, 소수민족, 홍콩과 마카오 교포 등의 대표인사 약 2,000명으로 구성된다. 임기는 5년이며 연 1회 전체회의를 개최하여 권한을 행사한다.

주요 권한으로는 전국위원회의 주석, 부주석, 비서장 및 상무위원 선출, 국정방침에 관한 토의 참여와 제안 및 비판, 정협 규약 개정, 결의 채택 및 상무위 사업보고 심의 등이 있다.

정협 상무위원회는 전국위원회의 주석 1인, 부주석 31인, 비서장 1인과 상무위원 290명 등 총 322명으로 구성되어 있다. 상무위원회는 전국위원회 전체회의 폐회 중 전체회의의 결의를 집행하고 전인대 또는 국무원에 제출할 결의안을 심의, 채택하는 권한이 있다.

[역대 정협 주석]

◦1949-1954 毛泽东(모택동) ◦1954-1965 周恩来(주은래)

◦1978-1989 邓小平(등소평) ◦1989-1998 江泽民(강택민)

◦1998-2003 李瑞环(이서환) ◦2003-현재 贾庆林(가경림)

[인민정치협상회의 조직표]

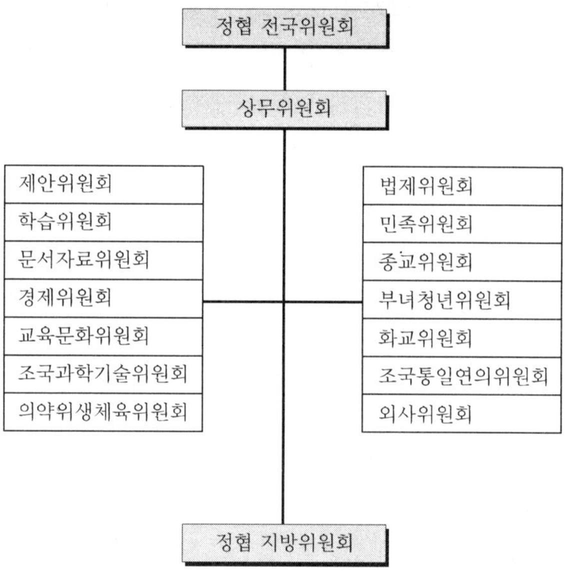

제6절 대외정책

1. 현대외교사

◦ 소련과의 동맹관계 시기(1949-1958)
◦ 중소동맹의 분열 시기(1959-1965)
◦ 문화혁명 시기(1966-1969)
◦ 반소 연합전선 시기(1970-1981)
◦ 독립자주, 평화외교 시기(1982-1989)
◦ 신국제질서 확립 시기(1990-현재)

2. 외교정책

1) 대외정책 기조

(1) 탈냉전 이후의 신국제질서를 다극화 체제로 인식하고, 초강대국 한 나라에 의해 국제사회가 지배되는 것을 견제하며, 범세계적 문제해결에 대국으로서 책임 있는 행동을 취하며 여타 강대국들과 세계경영에 동참하면서 국가의 위상제고 및 국익의 극대화를 추구한다.

(2) 평화공존 5원칙 및 독립, 자주, 평화 외교정책을 기초로 실사구시의 외교를 전개한다.

(3) '1국 2체제' 방식에 의한 대만과의 통일외교분위기를 조성한다.

(4) 제3세계와의 단결 및 협력지속 추구한다. 호혜평등 원칙하에 아시아, 아프리카, 중남미 국가들과 우호협력관계 지속적으로 추

진하며, 남.북 문제에서 남과 북에 대한 지원을 촉구한다.

2) 중국의 수교현황

2003년 현재 총 162개국과 수교관계를 맺고 있으며, 설치된 주요 공관들은 대사관 151개, 총영사관 59개(상해32, 광주14, 심양4, 곤명3, 우루무치1, 라사1, 하문2, 청도1, 성도1)가 설치되어 있다.

중국에 설치되어 있는 국제기구사무소는 총 20개가 있는데, 그 기구들은 다음과 같다. EU, 아랍연맹, UNDP, FAO, UNFPA, WFP, UNICEF, WHO, UNESCO, ILO, IBRD, UNHCR, UNIDO, IPS, IMF, IFC, ADB, INBAR, Inmarsat, Organizations of the United Nations System, Pacific Islands Forum Trade Office 등이 있다.

3) 평화공존 5원칙이란

(1) 유래

네루의 평화지역 구상 하에, 1954년 4월에 체결된 중국-인도간 및 네팔-인도간의 통상, 외교 협정의 전문에서 최초로 등장하게 되었으며, 1954년 주은래 총리가 네루 인도수상(6.28) 및 우누 버마수상과 발표한 공동성명에서 평화공존 5원칙을 재확인하였고, 공산당 제9기 전인대(56.9)에서 〈평화공존 5원칙〉을 구체적으로 명기하게 되었다.

(2) 내용

중국은 평화공존 5원칙을 제국주의의 침략, 간섭 봉쇄 및 다수국들과의 광범한 통일전선 형성의 수단으로 활용하고 있는데, 그 내용은 다음과 같다.

◦ 영토의 보전과 주권의 상호존중(互相尊重领土主权)

◦ 상호불가침(互不可侵)

◦ 내정불간섭(互不干涉内政)
◦ 평등호혜(平等互利)
◦ 평화공존(平和共处)

4) 주요 외교사안

(1) 대만

중국은 대만에 대하여 중국의 23번째 성으로서 중국영토의 불가분의 일부분이며, 중화인민공화국 정부가 세계 유일한 합법적 중국정부로 보고 있다. 그래서 중국과 수교한 타국은 대만과 관방관계를 가질 수 없다고 주장한다.

대만문제는 국내문제로서 타국의 간섭은 내정간섭이며, 대만당국은 국제무대에서 1중 1대 활동을 중단하고 1개 중국의 원칙 하에 양안관계 협상에 조속히 참여해야 할 것이라고 주장한다. 또한 국제사회에 '3불정책'(3不政策 : 1중국 1대만, 두 개의 중국에 대한 주장 불지지. 대만독립 불지지. 대만의 유엔 및 주권국가로 구성된 국제조직가입 불지지) 을 공개적으로 요청하고 있다. 그러나 사실상 대만의 중국에 대한 경제적 투자가 높은 관계로 고심하고 있다.

(2) 인권

개인의 인권도 중요하지만 집단적 인권도 중요하며, 이의 향상을 위한 국민적 발전권 및 생존권이 더 우선되어야 한다고 주장한다. 중국은 인권개선을 위해 노력중인 것은 사실이다. 그리고 중국에서는 그동안 많은 성과를 거두었다고 주장하고 있다. 그러나 실상 중국의 인권은 점점 더 좋지 않은 상태였다.

국제사회의 인권에 대한 논의가 있을 때마다, 중국은 상호존중의 기초 위에 외국과의 인권대화는 가능하나 외국이 인권문제를 정치적으로 이용하거나 이를 빌미로 중국내정에 간섭하는 것은 반대하고 있다고 주장하며, 미국 국내인권상황도 문제가 많으나 이를 도외시하고 중국인권만 문제삼는 것은 미국의 인권에 대한 이중기준을 적용하는 것이라고 역설적으로 해명하고 있다.

(3) 티 벳

티벳은 자고로 중국영토의 일부분이며, 티벳문제는 중국국내문제로서 외국의 간섭은 내정간섭으로 본다. 그래서 미국 등 일부 외국의 티벳 담당관 임명도 중국에 대한 내정간섭으로 보며, 티벳민족은 중국의 법률의 보호 하에 종교의 자유를 향유하고 중앙정부의 지원 하에 경제발전 중이다.

(4) 핵실험

96년 6월의 지하핵실험을 끝으로 핵실험을 잠정 중단(96. 9 UN 총회시 전기침 외교부장이 핵실험 모라토리움 선언)한 상태이다. 현재는 전면적 핵실험 금지조약에 가입, 궁극적으로 모든 핵무기의 폐기를 주장, 타국에 대한 핵무기 사용위협, 핵무기 선제사용을 않겠다고 선언, 자원에 의한 지역별 비핵지대 설치를 기본적으로 지지하고 있다.

(5) 조어도

조어도는 역사적으로나 법적으로 중국영토의 일부분이라고 본다. 일본과 수교당시 영토권을 상호 제기하지 않기로 합의, 일본정부가 우익분자들의 조어도 상륙으로 사태가 악화되지 않도록 유효한 조치를 취해주기를 기대, 중·일 양국 모두 이 문제로 인해 양국관계가 손상되지 않기를 기대, 일측의 자제로 현재 조어도 문제는 일단 안정국면 유지하고 있다.

(6) 남사군도

남사군도는 자고이래 중국고유영토의 일부분으로 영토주권에 대한 타협은 불허한다고 주장한다. 남사군도에 대해 관련국간 이견이 존재하는 현실은 인정하며, 우선 주권논쟁을 제쳐두고 공동개발할 것을 제안, 남사군도관련 양자간 협상은 진행하며, 다자간 협상은 불허하고 있는 상태이다.

(7) 세계무역기구(WTO) 가입

중국은 WTO 가입을 위해 많은 시장개방의 노력을 해왔으며, 이미 국제적으로 성숙한 단계에 이르렀다고 본다. 2001년 12월 WTO 가입으로, 최대 발전도상국으로서의 중국의 가입은 WTO체제에 큰 기대를 갖게 하고 있다. 중국은 대만과 동시가입을 한 상태이다.

3. 국제관계

1) 중미관계

미국과는 강택민 주석의 방미(97.10), 클린턴 대통령 방중(98.7)을 계기로 "전략적 건설적 동반자관계" 합의 등 안정적 관계발전 기반을 구축한 바 있다. 그리고 나토(NATO)의 유고 중국대사관 폭격(99.5) 등으로 양국관계가 일시 악화되기도 했으나, 그 후 양국간 정상회담 개최(99.9 APEC)와 중국의 WTO 가입 협상에 대한 타결(99.11), 그리고 미국의회의 중국에 대한 정상 교역관계(PNTR) 부여 등을 통해 상호 안정적이고 정상적인 관계를 회복하고 있다.

최근에는 중국의 세계무역기구(WTO) 가입, 북경시의 2008년 올림픽 개최지 선정, 그리고 2001년 10월 상해에서 개최된 APEC(아시아태평양경제협력회의), 2002년 2월 부시대통령의 방중(1972년 2월 닉슨대통령의 방중 후 30년만에 방문한 역사적 사건)과 2002년 4월의 호금도 부주석의 방미와 2002년 10월 강택민 주석의 방미 등을 통해 관계를 발전시켜나가고 있으며, 한편 미국은 중국의 인권과 종교에 대한 현실 그리고 좀더 적극적인 개방과 제도의 개혁을 요구하고 있는 실정이다. 그러나 중국은 일련의 사건들을 자국발전을 위한 실리의 목적으로 다루는 동시에 미국의 이러한 요구들에 대하여는 자국내의 정치적 간섭으로 간주하고 있다. 최근 2003년 3월에는 이라크 전쟁의 발발로 인해 미국과의 상호경제적인 실리정책의 진전에도 불구하고 대이라크 전쟁에 대한 정치적 입장을 분명하면서 미국에 대한 비판과 전쟁반대에 대한 목소리를 한층 강화하고 있다.

2) 중 · 일관계

중일관계는 72년 수교이래 점진적인 발전을 해왔으며 역사적인 문제, 미일방위협력지침 등을 둘러싸고 다소간의 논란이 있으나, 97년 양국 국교정상화 25주년을 맞이하여 양국 총리, 국방장관의 상호방문 등 정상적인 관계발전을 위한 기반을 마련하였다.

중일관계사를 간단히 살펴보면 다음과 같다, 일본 외상회담시(97.3) 대중 무상원조를 재개하고 총리 상호방문 등에 합의하였으며, 일본의 하시모토 총리 방중 시에는 정상간 연례회담 및 일·중 어업협정 합의(97.9)하였고, 중국의 이붕 총리 방일 시에는 일중 우호협력 5원칙을 천명(97.11) 하였다. 또한 강택민 국가주석 방일을 계기로 '평화와 발전을 위한 우호협력 동반자관계(98.11)'를 수립하였으며, 오부치 일본 총리 방중시(97.7), 합의한 중일공동성명의 구체화 방안을 협의(98.11)하였다.

양국은 미일 방위협력지침, 역사인식문제, 영토문제 등 현안 속에 금후 지역주도권 경쟁 가능성 등으로 경쟁과 협력관계가 지속될 것으로 전망하고 있다.

[중국의 대외정책 현황]

관 계	내용	사례
전략적 동반자 관계	지역 및 세계의 평화. 안정 및 번영을 책임질만한 국가간의 관계	中美(97.10) 中俄(97.4)
동반자 관계	평등관계. 제3국을 겨냥하거나 동맹관계를 맺지 않음. 강대국 및 中.小국가 포괄	中佛(97.5) 中英(98.10) 中印(96.11) 中韩(98.11이후) 中日(98.11이후)
선린우호 협력관계	기본적으로 주변국가에 적용 4가지 요소(양호한 주변환경유지를 통한 경제발전, 주변국으로부터의 위협을 감소시켜 역량을 강대국에 집중, 중국의 영향력 확대를 통해 국제적 지위제고, 영토분제 등 역사적 문제 해결통한 신뢰 구축)	中韩(98.11이전) 中-파키스탄 中-베트남 中-카자흐스탄 中-타지키스탄 中日(98.11이전)
우호협력 관계	수교국과의 일반적 관계	中独 中伊
전통적 선린우호 협력관계	중.북한간에 적용되는 특수관계 "전통적"의 의미 - 한국 전쟁을 통한 혈맹관계 - 자동군사개입 규정한 조약체결 "中朝우호협력상호조약"(1961)	中北

3) 중·러 관계

중러관계는 '전략적 협력동반자 관계(96.4)' 수립이래, 옐친 대통령 방중(99.12), 푸틴 대통령 방중(2000.7) 등을 통해 양국관계가 정치적 협력차원에서 실질적 분야로 확대되는 추세를 보이고 있다.

양국의 주요 외교관계를 살펴보면, 옐친 대통령 방중(96.4)으로 '전략적 협력동반자 관계'를 수립하였으며, 옐친 대통령 방중시(97.11) 약 4,200㎞에 달하는 동부 국경 문제를 사실상타결로 양국은 각각 국경선에서의 평화안정을 바탕으로 대내적인 경제개혁가속화 및 교류증진을 위한 주요 전기를 마련하고 있다.

또한 주룽지 총리의 방러로(99.4) 양국간의 협력범위를 정치적 차원에서 실질적 차원으로 확대 발전시키는 계기를 마련하였으며, 옐친 대통령 방중(99.12), 푸틴대통령 방중(2000.7)으로 안정된 협력관계를 구축하였다. 그 후 2002년에는 강택민 주석 방러(2002.6. 상해협력기구 참석을 계기로 중·러 정상회담)와 푸틴 대통령의 방중(2002.12)을 통해 중·러 공동성명을 채택하고 상호협력을 다짐하기도 하였다.

향후 양국은 미국의 일방적 주도를 견제하고, 양국의 국내 개혁정책의 성공을 위하여 안정적인 주변여건을 조성하는 등 공통 이해를 바탕으로 긴밀한 전략적 협력관계를 계속 강화해 나갈 것으로 전망하고 있다.

4) 중·북한관계

중국과 북한의 관계는 92년 8월 한·중수교 이후, 상당기간 소원한 상태 유지해왔다. 그리고 94년 7월 김일성 사망 후 북한측의 내부 사정으로 중·북한간 최고위급 교류도 중단되었으며, 97년 2월 황장엽 망명사건 이후에는 북한측으로부터 중견급 간부 방중도 거의 중단되는(중국측에서는 부분적으로 방북) 등 양측관계 급냉각상태에 들어가게 되었다.

그러나 북한 최고인민회의 상임위원장 김영남을 단장으로 한 소위 '북한 국가 대표단' 방중(99.6)을 계기로 중북한관계가 활성화되는 추세에 놓이게 되었으며, 99년 10월 6일에는 중북한 수교 50주년을 계기로 상호 대표단을 교환함으로, 특히 최근 하기 최고위급 방문 등을 통해 중북한간 관계를 이전 수준으로 회복하고, 향후 더욱 긴밀한 관계를 유지해 갈 것으로 전망하고 있다.

한편 2000년 3월 5일 김정일의 주북한 중국대사관 방문과 3월 18일 백남순 외무상의 방중, 5월 28일 김정일 국방위원장의 방중, 2001년 강택민 주석의 방북으로 많은 중북한 외교의 진전을 보이고 있다. 양국은 전통 혈맹관계를 재차 확인하면서, 점차 정상적인 국가 대 국가관계로 발전해 나갈 것으로 전망한다.

최근에는 2002년 9월 북한의 신의주 특구지정과 관련하여, 중국의 양빈(杨斌) 행정장관에 대한 구속사건 등으로 다소 불편한 관계를 유지하고 있으며, 2002. 10월부터 지속된 북한의 핵문제와 이라크전쟁에 대한 위기감의 고조가 미국과 한국을 비롯하여 향후 중·북한 관계의 큰 변수로 작용할 것으로 전망하고 있다.

5) 양안관계(两岸关系 ; 대만과의 관계)

중국이 2000년 2월 '대만백서'에서 대만 독립추진 시 무력사용 불배제를 천명하는 등 선전공세를 강화한 바 있으나, 대만 신정권수립 이후 현재 중국의 주시관망(Wait and See) 입장이다. 그리고 대만총통 진수편의 유화적인 태도로 긴장수위는 높지 않은 상태이며, 현재 수면하에서 공식적인 대화재개에 관한 논의가 진행 중인 것으로 알려지고 있다.

양국의 관계를 살펴보면, 중국은 95년 6월에는 이등휘 총통의 방미 등 대만 지도층의 방문외교와 유엔 재가입 노력과 대만의 미수교국과의 관계개선 등을 미루어볼 때, 대만의 현 지도부가 사실상 '대만 독립노선'을 추구하고 있는 것으로 간주하고 있었다. 그리고 이등휘 전 대만총통의 양국론 발언에(99.7) 이어 동 요지의 국민당 당문서에 대한 명기로 인해 그동안 양안관계에 긴장상태가 조성되어 왔다.

그리고 중국측은 대만문제를 가장 중요한 문제로 간주, 미국 등 서방진영 국가와의 관계경색을 무릅쓰고, 대만해협에서 미사일 발사훈련을 실시하는 등 대만의 행동을 견제하여왔다.

1999년 8월에 중국은 복건, 절강 등 대만인접 해안지역의 군사훈련 강화와 아울러 대내외적 비난선전 강화로 대응하기도 하였다. 그러나 1999년 9월에는 대만의 지진발생으로 인해 구호물자를 보내는 등 양안간의 긴장상태에 잠시 소강국면을 보여왔다.

향후 중국과 대만관계는 대만이 "국제생존공간의 확보" 및 국제적 위상 강화를 위한 실용외교를 지속하고 있는 한, 양안간에는 계속적인 갈등과 반목을 겪을 것으로 보이며, 미·중간의 갈등요소로도 작용할 것으로 보이나, 전반적인 관계 악화나 군사적 충돌로까지 비화될 가능성은 낮을 것으로 전망하고 있다.

그리고 2001년 7월 중국이 북경의 2008년 하계올림픽 유치에 성공함으로 중국과 대만의 관계는 다소 진전의 기미를 보이고 있다. 그래서 중국과 대만간의 정치적 긴장관계에도 불구하고, 양측간의 경제교류는 '정. 경 분리원칙'에 따라 활발히 추진되고 있으며, 앞으로도 계속 증진될 전망이다.

그러나 여전히 통일에 대한 시각차이와 정치적 민감성으로 인해 민간경제교류 역시 정치관계 변화에 따라 부분적으로 영향 받을 가능성은 상존하고 있다.

[양안의 통일정책 비교]

구 분	중국	대만
통일원칙	하나의 중국 -대만은 중국과 불가분의 일부분이다	하나의 중국 -대륙과 대만은 모두가 중국의 영토
통일정책	일국양제(一国两制) -양제(两制)도 공존 -특별행정구 방식	일국양부(一国两府), 일국양구(一国两区) -독립적 정치실체 공존 -대등한 정부, 지역관계 (홍콩식 거부)
통일방식	평화통일 -무력통일 가능성 유보	점진적 평화통일, 제도통일
추진단계	3통(通商, 通航, 通邮) 4류(경제,문화,과기,체육)	3단계 교류 -1단계; 민간교류 -2단계; 정부간 접촉 -3단계; 통일협상

한편 2001년 1월에는 소3통(小3通) 정책을 마련하게 되었는데, 2001년 1월 1일부터 대만의 진먼다오(金门岛), 마쭈다오(马祖岛) 2개 섬과, 중국 본토간의 직접 운항, 교역, 우편교환 등 3통(通航. 通商. 通邮)을 허용하는 정책을 실시하고 있다.

특히 진먼다오나 마쭈다오에 6개월 이상 거주한 대만 국민은 관광이나 사업 목적으로 중국 본토를 방문해 최대 일주일 간 머물 수도 있고, 반대로 본토 관광객이나 기업인도 두 섬을 방문할 수 있게 되었다.

제7절 민족정책

중국 공산당은 건국초기부터 소수민족에 대한 정책을 마련하고 특별한 정책들을 실시하여왔다. 먼저 중국은 '민족단결과 합작' 이라는 정책을 소수민족정책의 기본으로 삼고 있다. 이는 각 민족들에게 있을 수 있는 지역적 경제적 열등감을 해소하기 위해 내세운 민족정책으로 각 민족간의 단결과 합작을 통하여 공동번영을 이루자는 것이다.

중국은 민족대통합의 원리아래 여러 가지 법제를 마련하고, 소수민족의 평등한 권리와 민족언어, 문화, 풍속습관 등을 계승하며, 평등한 정치참여 기회를 보장하고 있다.

1951년에는 '소수민족을 멸시하거나 모욕하는 명칭, 지명, 간판, 비석 등에 대한 처리강령'을 발표하였으며, 1952년에는 '중화인민공화국 민족구역자치 실현강요'를 제정하고, 1984년에는 '중화인민공화국 민족구역자치법'을 만들어 구체적인 소수민족 정책을 실시하게 되었다.

현재 민족관련 국가기구로는 국무원의 민족사무위원회, 전국인민대표대회의 민족위원회와 인민정치협상회의의 민족위원회 등이 있다. 실제로 모든 업무를 주관하는 곳은 민족사무위원회이며, 산하 기관으로는 민족교육기관과 민족출판사 등의 기구들이 있다.

중국은 그동안 소수민족의 독립이나 분리주의 사상을 막기 위해서 소수민족에 대한 한족화 정책을 실시하여 왔다. 구체적으로는 교육현장에서 한어교육을 강조하고, 한족의 이주를 통한 혼혈정책과 한족 다수화 정책을 사용하여 왔다.

또한 중국은 소수민족들에게 소수민족 우대정책이란 명목 하에 특수한 조치를 해왔는데, 이는 공산당과 국가에 대한 충성심과 애당심을 이끌어내기 위한 의도였다.

중국은 또한 행정제도상 소수민족을 주로 산간벽지에 위치하게 하였고, 특수 행정구역인 민족자치구, 민족자치주, 민족자치현, 민족자치향 제도를 실시하여 효율적인 정책과 관리를 실시해왔다.

중국은 지금까지 소수민족을 위해 민족학교를 운영하거나 보통학교 안에 민족반을 운영하기도 했다. 그러나 지금은 한어를 사용하지 않으면 상급학교에 진학하거나 사회로의 취직과 진로가 더욱 어려워진 실정이다. 그래서 소수민족의 부모들은 소학교 입학시기의 아이들을 처음부터 한족학교에 보내어 그 자녀들의 미래를 준비시키고 있다

.중국에서 현재 진행하고 있는 서부대개발과 소수민족의 관계를 살펴보면 민족정책의 현실을 알 수 있다. 이는 서부지역에 있는 소수민족 지구를 개발하고 소수민족의 경제수준을 높이고 생존과 삶을 발전시키는 원동력이라고 주장하지만, 실제로는 동부와 개방지역들 혹은 발달지역들에게 도움을 주기 위한 정책에 불과하다.

서부대개발로 실제 소수민족 지구는 환경문제, 산림자원 파괴, 인구의 증가와 사회문제, 실업자와 범죄의 증가, 물가상승 등의 부작용으로 더 큰 문제를 안고 살아가게 되었다.

현재 중국은 세계무역기구(WTO) 가입으로 인해 가속화될 중국전역에 대한 투자의 유치와 개발과 아울러 당면한 각종 사회문제와 환경문제의 해결, 최근 법륜공 사건과 관련되어 고조된 인권과 종교문제, 외국인의 거주와 사업의 실질적 개방 등 많은 실제적 현안들을 어떻게 해결할 것인가가 중요한 과제로 남아있다.

제6장

중 국 경 제

제1절 개　요

1. 중국경제

중국경제는 중국경제문화라고 지칭하고 있는데, 이는 경제범위에 속하는 축목업, 수공업, 농업, 상업, 건축업, 공업, 기술 등을 포함하는 중국문화의 범주라고 할 수 있다. 현재 중국은 경제가 바로 사회의 생존과 발전의 기초로서 중국학 분야의 중요한 영역으로 간주하고 있다.

중국경제는 한마디로 중국사회의 물질적 생산, 교환, 분배와 소비 등 경제관계와 경제활동의 규칙과 실제에 대한 연구이며, 경제학적인 이론과 원리들을 통하여 중국의 경제를 연구하는 분야라고 할 수 있다.

중국경제는 신중국 건국 이후 국가주도의 계획경제를 통하여 발전을 도모해왔으나, 문화대혁명을 겪으면서 많은 어려움과 침체를 겪어왔다. 그러나 등소평의 4대 현대화 이론을 출발로 실시한 개혁개방 정책을 통하여, 지난 20여 년의 짧은 기간동안 급속한 경제발전을 이루어왔다. 21세기의 중국은 이러한 발전을 토대로, 최근 세계무역기구(WTO) 가입을 통해 전면적이고 지속적인 경제발전을 도모하고 있다.

중국경제는 그동안 지속적인 발전을 이루어왔다. 그러나 향후 경제의 발전에는 많은 과제와 문제점들을 안고 있다. 그 주요한 문제점들로는, 사회주의 체제의 한계, 각종 사회문제의 야기, 경제적 여건의 미성숙, 국유기업의 개혁과 과도한 부실채권의 보유, 투자여건의 침체, 통화가치의 불안정, 금융기관의 관리와 감독상의 어려움, 비은행 금융기관의 비대화, 실업문제의 심화, 지역별 계층간 소득불균형 등이 있다.

[중국경제의 시기별 구분]

1) 문화대혁명기의 혼란기(1966-1970)
2) 미국. 일본에 대한 문화개방과 제4차 5개년 계획(1971-1975)
3) 장기 경제개발 구상(1976-2000)
4) 등소평의 대외개방 및 농촌경제 개혁정책(1978.12)
5) 3개년 경제조정 정책 병행 실시(1979-1981)
6) 제6차 5개년 계획(1981-1985)
7) 경제체제 개혁 결정(1984.10)
8) 제7차 5개년 계획(1986-1990)
9) 치리정돈기; 7-5계획 말기부터 8-5계획 초기(1989-1991)
10) 제8차 5개년 계획(1991-1995)
11) 국민경제, 사회발전 10개년 계획(1991-2000)
12) 제9차 5개년 계획(1996-2000)
13) 2010년 장기발전 전략(1996-2010)
14) 제10차 5개년 계획(2001-2005)

15) 제11차 5개년 계획(2006-2010)

중국에서 21세기에 들어오면서 가장 큰 프로젝트로 실시되고 있는 사업은 서부대개발(西部大开发) 사업이다. 이는 등소평의 선부론(先富论)에 의거, 동부 연안지역 개발이 우선됨으로 중서부 지역은 상대적으로 낙후된 바, 97년 제15기 당대회에서 중서부 지역 중점개발이 제기되었으며, 특히 99년 제15기 4중전회에서 서부지역 대개발 전략이 제기되었다.

중국의 서부지역은 중국 국토면적의 56% 이상을 차지하고, 총 인구의 23%가 거주하며, 이미 탐사된 주요 광산물의 50%가 매장되어 있는 매우 중요한 지역이다. 또한 동부지역에 비해 풍부한 자원과 노동력과 광대한 시장을 갖고 있어서, 중국 경제발전을 위한 경제환경을 잘 갖춘 지역이라고 할 수 있다.

이러한 서부의 대개발 전략은 서부발전을 가속화하여 동서부 지역간 경제적 격차를 축소하고, 지역간 합리적인 배분과 유통을 촉진시켜 한 단계 높은 발전을 추구하고자 하는 것이다. 나아가 서부 낙후지역의 소득 편차 해소 등을 통해 사회안정을 도모하고자 하는 취지이다.

2. 경제발전 과정

1) 과도기 총노선(总路线 ; 1953-57)

중국은 이 시기에 사회주의 3대 개조 즉, 농업, 수공업 및 자본주의 상공업의 사회주의 적 개조를 완성하고, 중공업 우선 발전 전략을 추진해서 국가사회주의 공업화의 기초를 달성하고자 했다. 또한 중국이 농업국가인 점을 감안하여 농업의 발전에도 관심을 기울여 집체화 작업을 병행하였으며, 그 결과 농업과 공업생산량이 1950년에 비해 70% 이상 증가하는 등 괄목 할 만한 경제성장을 이룩했다.

2) 대약진(大跃进) 시기(1958-60)

중국은 1958년부터 '사회주의건설 총노선'을 제기하여 소위 모택동식 모델로 일컫는 대약진(大跃进)운동을 전개했다. 그 기본전략으로 맹목적인 생산 대약진과 생산관계에 있어서의 '일대이공(一大二公 : 공유제가 순수할수록, 공유제의 범위가 클수록 좋다) 정책을 추진하였다. 그에 따라 이강위강(以钢为纲 : 철강생산을 중요정책으로 삼음)을 주요 전략으로 채택하고, 농촌에서는 인민공사(人民公社)운동이 전개되어 농촌의 집체화를 통한 정사합일(政社合一)체제가 확립되었다. 그러나 그 같은 과도한 공산풍(共产风)운동은 그 정책의 맹목성과 당시의 자연재해로 말미암아 수천 명이 굶어죽는 등 참담한 실패로 끝났다

3) 조정시기(1961-65)

대약진 정책이 가져온 엄청난 실패는 중국지도부로 하여금 1961년부터 '조정·공고·충실·제고'라는 소위 '팔자(八字)'방침으로 불리는 개량정책을 실시하게 되었다. 그 같은 국내 경제를 수습키 위한 조정시기에 유소기(刘少奇)와 등소평 등이 국가운영의 대권을 장악하고 공산품과 인민공사의 평균주의를 극복하는 개량정책을 실시했다.

이 시기의 구체적 조치들로 농업중시정책과 함께 국민생활의 향상을 위한 각종 장려제도를 실시했으며, 그 결과 중국경제는 급속한 회복을 이룩했다. 그러나 권력의 제2선에 밀려 있던 모택동은 조정시기에 국가운용을 장악하고 있던 유소기와 등소평의 주자파(走资派)들을 배척하게 위한 처절한 정치권력 투쟁인 문화대혁명을 전개함으로써 중국 경제는 다시 침체되었다.

4) 문화대혁명시기(1966-76)

10년 동란(动乱)으로 간주되는 문화대혁명시기는 전체적으로 전쟁

불가피론과 3선건설(三线建设)로 대표되는 전략이 보여주듯 경제활동이 거의 마비된 정체상태였다. 이 시기에는 이미 실패한 대약진운동시기의 각종 정책들을 보다 더 적극적으로 추진한 결과 중국의 국민경제는 더욱 커다란 피해를 입게 되었다. 그 결과 문화대혁명은 등소평이 집권한 후 중국을 개혁개방 정책으로 전환케 한 가장 직접적인 원인이 되었다.

5) 양약진(洋跃进)시기(1977-78)

1976년 4인방이 몰락하면서 종식된 문화대혁명이후 모택동을 승계한 화국봉은 또다시 급속한 경제발전을 추진하는 급진정책을 입안하였다. 즉, 서양의 자본과 기술을 도입해서 경제를 발전시키려는 양약진(洋跃进)정책을 실시하고자 했다.

23년 계획이라고도 지칭되는 이 정책은 2000년에는 중국이 세계 초강대국이 되겠다는 전략이다. 그러나 당시 화국봉의 권력기반이 취약한 관계로 효과적인 정책집행이 어려웠으며, 그 결과 양약진 정책은 중국경제를 더욱 어렵게 했다.

이상에서 언급한 바처럼 개혁개방 이전 즉, 모택동 시기의 중국의 경제는 계획경제 자체가 계획에 의한 생산활동에 종사하는 관계로 변동하는 각종 경제상황에 대처하기 어렵고, 방대한 행정계통이 경제를 관리해야 하는 운영상의 약점 외에도 정확한 경제 정책이나 방침의 미흡, 그리고 집행과정에서의 시행착오로 인한 심각한 좌우 대립 등으로 인해 여전히 침체상태에서 탈출하지 못했다. 그럼에도 불구하고 기간공업 및 국방군수공업은 상당한 발전을 이루었고 상해와 천진에만 과도하게 편중되었던 공업분포를 서북과 화북지방 등으로 분산시켰다.

3. 개혁개방의 실시

1) 경제적 배경

중국경제는 건국이후 개혁 이전까지 다소 기복은 있었으나 년 평균 사회총생산 7.1%라는 비교적 높은 경제 성장률을 기록하였다. 그러나 고도의 중앙집권적인 관리방식으로 경제를 운용함에 따라 경제의 비효율성이 심화되었고, 특히 정부가 기업의 모든 경영활동을 통제하고, 기업은 생산·재무·인사·판매 등에 대해 자주권을 갖지 못함에 따라 설비의 노후, 기술과 자본의 장애, 수요간의 심각한 괴리 및 노동생산성 저하 등 많은 문제점을 발생하였다.

또한 경제발전 전략에 있어서 스탈린식 불균형 성장 모델을 그대로 답습하여 농업과 경공업을 희생시키면서 중공업 우선 정책을 추진함으로써 중공업, 경공업, 농업간의 자원배분과 산업구조에 심각한 불균형을 초래했고, 농업, 경공업과 사회 간접자본의 발전이 지연되어 경제성장을 둔화시키는 결과를 초래했다.

특히 농업생산의 침체는 경제성장을 둔화시키는 주 요인이 되었는데, 이는 주로 농업 집단화의 강력한 추진과 공업성장 위주의 경제개발 정책에 기인한 것이다. 한편 경공업의 경시로 기초적인 소비재의 부족문제가 만성화(慢性化)되고 지나치게 높은 투자율을 유지했고, 소비 자체를 억제함으로써 1978년 이전의 인민의 생활수준은 매우 낮은 수준에 머물렀었다.

2) 정치적 배경

중국 경제개혁 정책 결정의 가장 중용한 요인은 모택동 사후 등소평과 화국봉간의 권력승계 경쟁으로 볼 수 있다. 정치기업가인 등소평은 국내 경제위기를 화국봉을 불신임하고 중공업부문을 지배하고 있던 중앙경제 관료집단의 영향력을 약화시키는 데 이용했다. 비록 등소평은 화국봉을 타도하기 위한 운동에서 진운과 요의림 등 보수주의적 개혁세력과 제휴했지만, 그는 보다 급진적 방식의 개혁주의자였다.

왜냐하면, 등소평은 경제개혁은 국가의 생산력과 인민의 생활수준을 향상시키는 최선의 방법이란 확신이외에도 정치적인 이익도 제공해 줄 수 있다는 판단을 했기 때문이다. 즉 등소평은 자신의 정치적 지지기반을 구축하기 위해 문혁기간 중 굴욕을 당하다가 그의 도움으로 복권된 당의 혁명세대 관료들과 연합하고, 지방에 영향력이 있는 다양한 관료계층들이 각기 농업 및 무역부문의 이득을 획득할 수 있는 개혁실험을 선택적으로 할 수 있도록 재량권을 확대시켜줌으로서 자신을 지지하는 정치연합세력을 형성했다.

그처럼 1970년대 말 중국 경제개혁은 그 시초부터 야심찬 정치인들간의 정치적 경쟁이란 배경과 특징을 지녔다. 혁명 1세대로 고령인 등소평이 최고지도권을 장악하면서 동시에 등소평 이후의 권력승계 경쟁이 시작되는 등 1980년대의 경제개혁은 지도권의 승계와 동시에 진행되었다. 그 과정에서 등소평은 자신 이후의 권력을 승계하고자 하는 다양한 지배체제의 정치적 야심을 지닌 인재들, 특히 중앙정부의 호요방과 조자양으로부터 지방정부의 당서기 등 정치지도자들에게 선별적인 특별한 경제적 혜택과 대우를 부여해줌으로써 그들로부터 정치적 지지를 획득했다.

3) 개혁개방 정책

초기의 개혁 방향은 소유제(所有制) 개혁과 경제운용 체계의 개혁에 있었다. 또한 이러한 방침에 따라 농촌개혁, 기업개혁, 가격개혁이 점차적으로 이루어지게 되었다.

1979년 등소평이 경제개혁에 착수한 후부터 경제발전 전략은 크게 변화되었다. 이 시기의 경제개혁의 중점은 건국 후 개혁이전기간에 표출된 경제개발전략의 결함, 즉 부족한 생산 인센티브와 낮은 경제효율의 제고에 두었다. 개혁이후시기의 경제발전 전략은 어떻게 생산유인(生产诱因)을 개선하고 경제효율을 향상시키는가에 초점을 맞추었다.

그 결과 농촌에서는 농촌생산 책임제, 공업부문에서는 공장장 책임제, 임차제(赁借制), 성과급임금(成果级赁金) 및 각종 장려금제 등 생산 및 임금제도 개혁이 추진되었다. 분배측면에서 자유시장을 부활시키고 적극적인 대외무역과 국제협력 정책을 채택하고 시장기능을 도입하여 자원의 이용효율을 향상시켰다.

1979년이래 중국의 대외개방은 신속하게 진행되어, 1980년에는 광동성의 심수, 주해, 산두, 하문, 해남성에 5개의 경제특구를 건립하였다. 그리고 1984년 5월에는 대련, 진황도, 천진, 연대, 청도, 연운항, 남통, 상해, 영파, 온주, 복주, 광주, 잠강, 북해 등 14개 연해도시를 추가로 개방하는 등 모두 26개의 연해경제개발구를 개방하였다.

1990년 6월에는 상해의 포동 신개발구의 개방을 비롯하여 6개 도시와 4개성의 성도소재지를 개방하였고, 이어서 1992년에는 내륙 18개 성도소재지와 자치구 수도를 비롯한 13개 변경도시를 개방하여 비내륙지역의 개방정책에 새로운 골격을 갖추게 되었다. 이는 중국이 경제특구의 개방에서 연해개방도시의 건설로, 여기서 다시 연해경제개발구의 개방과 내지 개방으로, 마지막에는 변경까지 연결되는 전지역 대외개방의 기본 틀을 보여준 것이었다.

개혁·개방정책의 추진 이후 중국경제는 세계에서 보기 드문 경제성장을 이룩했다. 모든 물질생산 분야의 총 생산액의 총계를 나타내주는 사회총생산액은1979년부터 1992년까지 연평균 11.1%의 실질성장률을 기록하여, 1992년부터 1978년까지의 7.9%에 비해 3.2% 포인트 높은 것으로 나타났다.

또한 사회총생산액에서 중간재 투입과 고정자산의 감가상각 등을 제외한 순물가 생산액을 나타내 주는 국민수입 역시 대외개방이후 8.8%의 높은 성장률을 기록했다.

이를 기간별로 살펴보면 1980년대 초반에는 연평균 10.2%의 경제성장을 기록했으나, 1980년대 후반에는 3년간에 걸친 치리정돈 정책이 실시됨으로써 연평균 7.7%의 성장에 그쳤다. 특히 중국경제의 과열이 일어났던 1987년과 1988년에는 두 자릿수 성장률을 기록하기도 했다. 그러나 중국은 1988년 9월 이후 긴축정책을 실시함으로써 1989년과 1990년에는 4%대의 낮은 성장에 그쳤다. 이후 긴축정책이 종료되고 중국경제가 빠른 속도로 회복하면서, 1992년에는 12.9%의 성장률을 기록했다. 이러한 고도성장에 힘입어 1993년에는 상반기중 이미 13.9%의 성장률을 기록했다.

1992년 중국의 개혁·개방과 경제건설은 줄기차게 발전하는 새로운 단계에 진입했다. 이는 중국 제 14대 전인대에서 경제개혁의 목표를 사회주의시장 경제체제 확립임을 명확히 제기한 동시에 적정한 조처를 취하여 계획경제체제의 시장경제체제로의 전환을 촉진했기 때문이다.

정부의 적극적인 지원과 대외개방 정책은 국민경제의 고속성장을 가져왔다. 1992년에는 1인당 GNP가 전년보다 12.8% 성장하여 처음으로 2,000원을 돌파했고 공업생산증가액과 국내상품소매총액이 1조원을 돌파했다.

도시와 농촌 주민의 소득도 증가했는데 1992년 도시주민의 1인당 평균 생활비소득은 전년 대비 8.8% 증가했고, 농촌의 1인당 평균 순소득 실제증가율은 5.9%로 이전보다 증가폭이 가장 큰 해였다.

1993년에는 상반기 13.9%의 성장 이후 소통제 정책으로 하반기에 약간 낮아졌으나 연간 전체로 13% 수준의 성장을 기록했다. 부문별로는 공업이 20%, 3차산업이 9-10%, 농업이 3-4%의 실질성장을 기록했다. 기업형태별로는 외국인 투자기업 및 집체기업이 증가하고 국영기업은 상대적으로 둔화됐는데 국영기업 9.3%, 집체기업 41.7%, 개체기업 및 외국인 투자기업 67.2%의 성장을 기록했다.

대외무역 현황을 보면 1992년도의 경우 수출입을 합한 무역규모가 1,656억 달러, 1993년도 1,960억 달러에 달했으며 특기할 만한 사실은 1993년도의 경우 121.8억 달러의 무역적자를 기록함으로써 지금까지의 흑자 기조가 무너지게 됐다. 이러한 현상은 중국내 대규모 투자 증가, 국내 원자재 부족에 따른 수입수요 증가, 외자기업의 투자증가에 따른 기계, 설비 등의 수입증가, 관세인하 등으로 수입이 크게 늘어난 데 기인한 것이다.

현재 중국의 대외개방은 경제발전 전략에서 가장 중요한 부분으로 장기적인 계획아래 시행되는 기본 국책이다. 이는 자력갱생과 독립자주의 기초 위에서 국내외 자원의 효율적인 이용을 통해 국내외 시장을 개척하고, 외국 선진기술과 외국 자본을 유치하여 경제를 발전시킨다는 목표아래 시행되는 것이다.

제2절 경제정책

중국의 경제정책은 경제계획 작성체계와 밀접하게 관련되어 있는데, 중국의 경제계획에는 장기계획과 중기계획이 있다. 중국의 경제계획 작성체계와 현황을 살펴보도록 하겠다.

1. 경제계획 작성체계

1) 장기계획(10년 또는 10년 이상)

장기계획의 특징은 다음과 같다.

(1) 경제체제와 집행과정에서 직면하게될 불확실한 요소가 많다.

(2) 전체 계획이 개괄적이다.

(3) 경제 주요지수와 발전속도를 반영하고 있다.

(4) 주요 과학연구 항목과 건설항목을 소개하고 있다.

장기계획의 추진현황을 연대별로 살펴보면 다음과 같다.

◦ 전국농업발전 강요(1956-1967),

◦ 과학기술발전 계획(1956-1967),

◦ 전국과학기술발전 규획요강(1978-1985),

◦ 국민경제발전 10년계획 요강(1976-1985),

◦ 국민경제사회발전 10개년계획(1991-2000년),

◦ 2010년 장기발전 전략(1996-2010)

2) 중기계획(5개년 계획)

5개년 중기계획의 특징은 아래와 같은 사항들을 주요 골자로 하고 있다.

(1) 경제성장률 등 주요 경제지수 각 부문의 균형

재정, 금융, 외환, 물자, 시장, 노동력 등

(2) 고정자산투자의 규모, 방향, 효율제고

(3) 주요상품의 생산능력 증가

(4) 중대형 건설프로젝트, 과학기술개발 프로젝트

(5) 출생률, 민생물자, 문화생활수준, 자원이용, 환경보호 등

중기계획의 추진은 정부수립 이후 모두 10차례의 '5개년 계획' 을 실시하였는데, 그 현황은 다음과 같다.

◦ 1-5계획(제1차 5개년계획 1953-1957),
◦ 2-5계획(제2차 5개년계획 1957-1962),
◦ 3-5계획(제3차 5개년계획 1963-1970),
◦ 4-5계획(제4차 5개년계획 1971-1975),
◦ 5-5계획(제5차 5개년계획 1976-1980),
◦ 6-5계획(제6차 5개년계획 1981-1985),
◦ 7-5계획(제7차 5개년계획 1986-1990),
◦ 8-5계획(제8차 5개년계획 1991-1995),
◦ 9-5계획(제9차 5개년계획 1996-2000),
◦ 10-5계획(제10차 5개년계획 2001-2005)
◦ 11-5계획(제11차 5개년계획 2006-2010)

2. 중국의 기업정책

현재 중국의 기업은 소유주체에 따라 국유기업, 집체기업, 개체기업(개체공상호, 사영기업), 기타 기업의 4가지로 분류할 수 있는데, 자세한 사항은 아래와 같다.

◦ 국유기업: 전인민소유제로서 기업 생산업종과 성격에 따라 중앙정부, 성급정부, 시. 현급 정부가 각각 소유권과 경영권, 인사권을 행사한다. (생산수단, 제품, 수익은 국가소유)
◦ 집체기업: 집단소유제로서 향. 진 정부가 소유권을 대행하며, 과거

인민공사 생산대가 전신이다. (생산수단, 제품, 수익을 전체 종업원이 소유)

◦ 개체기업; 개인소유제 기업을 의미한다. 개체기업은 두 가지로 나뉘는데, 먼저 개체공상호는 종업원 7인 이하의 가족종사자로서 구성된 자영업체를 말하며, 사영기업은 8인 이상 종업원을 고용하는 개인소유 기업을 말한다.

◦ 기타로서 주로 삼자기업으로 지칭되는 기업형태로서 중외합자기업, 중외합작경영기업, 외국인독자기업 등이 있다.

3. 대외무역(90년대)

중국은 건국초기 소련식 자급자족 경제체제를 도입하면서 정부가 대외무역을 독점했다. 이런 중국의 무역체제는 대약진운동과 문화혁명을 거치면서 다소 혼란이 발생했고, 1970년대 중반 대외무역제도에 일부 조정이 가해지기는 했지만 1978년까지 무역에 대한 국가독점과 창구단일화라는 기본골격은 큰 변화가 없었다. 이것은 중국이 오랫동안 중앙집권적 국가무역독점체제 아래서 주관주의와 관료주의의 타성에 따라 수입에 연계된 안일한 수출해왔기 때문이다.

이러한 중국이 1978년까지 대서방 국교정상화와 부분적으로나마 무역분권화 개혁으로 인해 비교적 빠른 무역규모를 신장시키는데 성공했지만 이와 같은 무역분권화만으로는 장기적 경제발전에 따른 국내수요를 충족시키는데 한계가 있었다.

중국은 1980년대에 들어오면서 대외무역체제를 새로운 단계로 진입하게 하는 획기적인 계기를 가지는데 이것이 바로 제도개편 작업이다. 이전까지 중국의 대외경제무역기구들은 난립했기 때문에 의사결정권이 분산화되어 정책집행의 혼란을 가중시켰고 업무의 중복으로 불필요한 시간과 예산지출의 낭비를 가져왔다. 그래서 모든 대외경제관련 기구를 통합하여 대외경제 무역부로 일원화시켰다.

대외무역체제 개혁은 크게 두 시기로 나누어 볼 수 있는데 첫 단계는 1979-1986년까지로 대외무역권의 이양과 분산이 주요 내용을 이루었으며, 둘째 단계인 1987년부터는 경영청부제의 실시를 통한 무역기업의 경제효율 향상에 주안점을 두었다.

첫 단계인 1979년부터 1984년 9월까지는 개혁의 시험단계로 주로 1) 대외무역권의 이양과 분산 2) 무역기업의 형태와 무역경영권의 다양화 3) 무역방식의 다양화 4) 무역기업과 지방정부의 수출외화보유 인정 5) 중앙의 무역관리기구 개편 등이 이루어졌다.

이후 1984년부터 1986년 말까지는 개혁의 심화단계라고 할 수 있는데 이 시기에는 1) 정기분리와 무역행정에 대한 관리 강화 2) 수출입대리제 실시 3) 공장과 무역의 결합 촉진 4) 대외무역 계획체제 개혁을 통한 계획내용의 간소화 5) 대외무역 재무체계를 개혁하여 경제조정 수단을 강화 등이 이루어졌다.

이러한 개혁에 힘입어 1986년 중국의 무역규모는 1979년에 비해 5.7배나 증가했으며 국민총수입에서 차지하는 비중도 1979년 6.3%에서 13.4%로 확대됐다.

이후 중국은 1990년대에 무역체제에 일대 혁신적 전환이 일어났는데 즉, 중국은 1992년에 〈국유제 공업기업의 경영메커니즘 전환 조례〉에 따라 〈대외경제무역기업 경영메커니즘 전환 실시세칙〉을 제정하고 10개의 목표를 설정했다. 이 무역기업 경영메커니즘의 전환은 거의 계획경제 체제적 비효율적 경영관행을 타파하여 세계무역환경에 대응할 수 있는 무역기업경영체제를 정착시키려는 기업내적 개혁으로 평가된다.

1) 무역관리 기구

중국의 무역관리 기구체제는 매우 복잡하고 다층적 구조로 되어 있다. 중국의 무역체제 개혁에서 항상 무역관리 기구의 개편이 포함되어 있는 다층적 기구 구조의 비효율성 문제 때문이다. 이런 복잡한 관리체계에도 불구하고 무역관리 조직체계는 중앙의 거시적인 통제, 지방당국의 행정관리, 그리고 무역기업의 경영관리로 3원화되어 있다.

중앙의 전담부서인 대외무역경제합작부는 대외무역, 대외경제원조, 외자 및 기술의 도입, 해외도급사업 참여, 국제노무 등 국제활동에 관련된 당중앙과 국무원의 방침과 정책을 집행하고 이에 관련된 법규와 계획의 이행 여부를 감독한다.

이외에도 무역합작부는 성급 대외무역회사의 설립에 대한 심사 및 허가권을 가지고 있으며, 무역회사 경영권을 취소할 수 있다. 지방 무역기구는 무역합작부의 하급부서가 아닌 지방정부에 속한 기구로서 무역합작부에는 각 지역별로 무역합작부로부터 권한을 위임받은 업무상황만을 보고할 뿐이다. 무역합작부의 하급부서로서 지방무역기구와 함께 지방의 수출입허가에 관한 업무를 맡는 기구는 특파원판사처이다.

무역기구는 대체로 7가지 형태로 구분되는데 즉, 국무원, 대외경제무역부 산하 무역기업, 지방의 대외무역 관련부서 소속의 무역기업, 각 공업부 직속 무역기업, 직접수출이 가능한 생산기업 및 공장, 상품수출 전문연합기업, 공임연합에 의한 무역기업, 생산과 판매가 일원화된 대형기업 등이다.

무역관리에 관한 포괄적 정책 심의기구로서 국가계획위원회와 1993년 3월 정부조직 개편으로 국무원 경제무역판공실을 확대하여 승격시킨 국가경제무역위원회가 있다.

이 두 위원회는 중국의 경제 및 무역에 관한 정책을 포괄적이고 종합적으로 심의하기 때문에 순수한 무역관리 기구는 아니다. 그러나 이

두 위원회는 중국의 수출입계획과 무역관리를 포함하는 주요 무역정책의 결정에 깊이 관여하고 특히 무역합작부와 함께 수입허가품목에 대한 심의와 인가권을 가지고 수입유효증서를 발급한다.

2) 관세제도

중국의 관세제도는 국내산업의 보호, 수출입의 조정, 외국의 경제적 제재조치에 대한 무기 및 국가재정수입의 주요 원천으로서의 여러 기능을 발휘할 수 있게 하는 데 목적을 두고 있다. 중국의 관세정책은 대외무역관리정책과 성질상 완전히 일치하고 정책도구로서 상호 보완적 기능을 수행한다.

대외개방 이후 계속된 일련의 관세체제 개혁으로 1980년 관세업무를 담당해 온 대외무역부 해관국을 해관총서로 독립시켜 국무원 직속기구로 하고 1987년 7월에는 새로운 〈중국해관법〉을 공포했다. 현재 중국의 관세법 체계는 이 법과 1985년 3월 제정하고, 1987년 1월에 일부 개정한 〈수출입관세조례〉 그리고 〈수출입세제〉 등으로 이루어져 있다.

관세 조직으로 대표적인 것은 관세제도를 제정, 심의, 시행하는 정부기구로서 국무원 산하의 관세세칙위원회가 있으며, 국가계획위원회, 대외무역경제합작부, 기전부, 재종부, 상업부, 물자부, 국무원 법제국, 국무원 경제조절판공실, 해관총서, 국가물자국 등의 책임자로 구성되어 있다.

관세세칙위원회는 매 분기마다 한 차례 이상 회의를 소집하며 관세세칙을 수정해야 할 경우, 국내의 생산부문과 사용부문 또는 대외무역부문이 수정안을 제출하면 관세세칙위원회에서 이를 검토한 후 국무원의 수정안을 거쳐 결정한다.

중국의 관세제도에서 특이한 것은 관세의 2중세율 구조이다. 하나는 보통세율이고 다른 하나는 보통세율보다 세율등급이 1-2 단계가 낮고 적용세율은 최저 5%에서 최고 30%까지 낮은 최저세율이다. 중국과 무역협정이나 그에 상응하는 조약이 체결되어 있는 경우에는 최저세율이 적용되지만 그렇지 않은 나라의 상품에 대해서는 상대적으로 높은 세율이 적용된다.

90년대의 세율은 대외개방정책 추진, 수출촉진, 생필품 수입 확대, 세수확보 등의 관점에서 설정된 것이다. 특히 사치품과 비필수품에 대해서는 50-200%의 최고 관세율을 적용한다. 수입관세는 일반관세와 최저관세 또는 상호관세로 구분되는데 수출관세는 일반관세와 최저관세 구별없이 일반적이며 10-60%로 6단계이다.

수출입 관세 외에 1985년 6월부터 수입품목에 대하여 수입 조절세를 부과했는데 이는 국내 동종 산업을 보호하기 위해서였다. 그러나 교역대상국으로부터 악성적 무역장벽으로 지적받자, 1992년 1월 1일부터 225개 품목에 대한 수입관세를 인하했다. 또한 12월 31일에는 3,371개 품목의 관세율을 평균 7.5% 정도 낮추었으며, 1992년 4월 1일에는 다시 16종 168개 품목에 대해 수입 조절세를 폐지시키기도 하였다.

3) 무역환 관리제도

중국의 무역환은 중앙정부 보유 외환과 지방정부 및 기업보유 외환에 의해 조달된다. 중앙정부 보유외환은 중국인민은행에 위탁되어 주로 수입결제 대금으로 쓰이고, 지방과 기업 보유외화는 자체적으로 벌어들인 외화의 일정부분을 정부에 상납하지 않고 중국은행에 예치한 뒤에 무역대금의 결제나 외환조절시장에서 매각된다.

중국의 무역환 관리에서 중요한 기능을 담당하고 있는 것은 외환조절시장이다. 1985년 외환조절센터가 개설된 이래 무역규모의 증가와 함께 외환조절시장을 통한 거래규모는 빠른 증가를 나타냈다. 1993년

4월 15일에 국가외환관리국이 공포한 <외환조절시장 관리규정>에 의하면 중국 인민폐와 미국 달러, 홍콩 달러, 일본 엔, 영국 파운드, 독일 마르크, 프랑스 프랑 등의 거래가 가능하다.

중국의 무역환관리 제도의 커다란 특징은 지방정부의 수출 청부제이다. 이 제도는 1987년말 전국 수출외화수입계획에 따라 1988년부터 중앙정부가 지방정부에 대해 외화 수입액, 외화 상납액 등의 계획목표를 할당하는 것을 내용으로 하고 있다. 연간 수출 외화 청부액은 매월 분할 정산되며 계획목표를 초과하는 외화수입은 우대 유보율이 적용되지만, 계획에 미달하는 수출 외화수입액에 대해서는 지방의 기존 유보외화로써 충당하게 하고 있다.

4) 외환관리

중국은 1992년 10월에 개최된 중국 공산당 14차 전당대회에서 체제개혁의 방향으로서 사회주의시장경제를 채택한 바 있다. 이를 달성하기 위해 대내적으로는 각종 개혁을 추진하고 있으며, 이런 대외개방정책을 표방한 이래 무역관리제도의 개혁도 서두르고 있는데 주로 수출을 촉진하고 수입을 억제한다는 원칙아래 각 지방의 무역권한과 무역기업의 경영자율권을 대폭 확대하는 한편, 수출보조금제와 수출청부제를 도입했다. 이러한 무역관리제도의 변화에 따라 수출입규모가 대폭 확대되어 기업의 외환수요도 급격히 증가했다.

무역관리제도의 변화에 따라 외환관리제도에 있어서도 큰 변화가 나타났다. 외화보유제도를 대폭 개선하여 일부 지역에 부여했던 우대조치를 대폭 축소하고 무역기업과 지방의 유보비율을 상향조정했다. 또한 행정적인 수입규제 수단의 철폐에 따른 무역수지 악화를 방지하기 위하여 관리변동환율제도를 도입하고, 지속적으로 공정환율을 평가절하하는 등 환율에 의한 수출입관리를 도모하고 있다.

특히, 중국정부는 무역관리방식을 종래의 행정적인 규제에서 관세와 환율 등 시장조절메커니즘에 의한 관리로 전환하고 있다. 이것은 향후 외환관리제도와 외환정책이 무역관리의 핵심이 될 것임을 시사해 주고 있는 것이다.

중국은 계획경제를 기초로 수출입관리정책의 보조수단의 하나로 외환관리를 실시하고 있기 때문에 자본주의 국가들의 외환관리제도와는 상당한 차이점을 가지고 있다.

우선 중국정부는 외환이라는 희소자원의 관리와 수출입의 효율적인 관리를 통한 국내건설자금의 조달이라는 차원에서 외환관리를 실시하고 있다. 국내 건설에 필요한 자금과 기술, 설비의 부족을 보충하기 위해 해외의 자금과 설비를 도입해야 하는 과정에서 가장 부족한 자금이 바로 외환이다. 그러므로 한정된 외환자금의 효율적인 이용이 요구되고 있는 것이다. 또한 무역기업의 확대에 따라 외환관리체제의 변화가 요구되고 있는데, 이는 무역기업에 용이하게 외환을 조달할 수 있는 제도적인 장치가 필요하기 때문이다.

이러한 필요에 따라 나타난 외환관리상의 조치가 외화보유제도와 외환조절시장이다. 중국은 경제운용 수단을 종래의 행정규제에서 점차 경제조절수단에 의한 관리체제로 전환되면서 외환관리의 중요성이 더욱 커지기 시작했다.

중국 외환관리의 대상은 외환의 수입과 지출, 보유, 거래에 관한 부분과 외환정책 부분으로 크게 나누어 볼 수 있다. 외환의 수입과 지출에 관한 관리는 무역외환관리와 무역외 외환관리로 나누어 볼 수 있는데 무역외환관리에는 수출입에 의한 외환의 수입과 지출이 포함되며, 비무역 외환관리에는 개인의 외환과 해외건설 청부, 노무수출, 리스업무 등이 포함되나, 개인과 외국인에 대한 외환관리가 중심이 되고 있다.

중국은 외화현금에 대해서는 국가가 집중관리하고 있으나, 기업과 기구에 대해 무역 또는 무역외거래로 획득한 외환의 일부에 대해 사용할 수 있는 권리를 부여하는 외화보유제도가 실시되고 있다. 그러나 기업 등이 보유하고 있는 외환사용한도와 외화현금은 은행에 예입하거나, 외환시장을 통해 매매할 수 있도록 하고 있다.

이외에 중국은 대외무역이 급격히 확대되면서 고도의 집중된 계획과 행정적인 규제만으로는 효율적인 외환관리가 불가능하다는 판단아래 경제조절수단에 의한 외환관리를 도모하고 있다. 특히, 중국의 환율은 외환관리국이 공포하는 공정환율과 외환조절시장에서의 수급상황에 의해 결정되는 이중환율제도가 핵심을 이루고 있다.

중국의 외환관리의 특징은 살펴보면, 1) 모든 외환관리는 집중관리·통일경영을 원칙으로 하고, 외환관리기구는 국가외환관리국과 그 분국으로 한다. 2) 외환의 수입과 지출에 대한 계획은 연도별 계획과 분기별 계획이 작성되고 있으며, 분기별로 외환관리국과 국가계획위원회가 계획에 대한 집행상황을 분석하여 수정여부를 결정한다. 3) 외환수입의 안정적인 확보를 목적으로 전술한 외환계획에 따라 1988년부터 모든 지방정부와 각 수출입공사에 대해 수출액과 외환관리액을 하달하는 경영청부책임제를 실시하고 있다. 4) 외환관리면에서 경제특구와 보세구역 등 특정지역에 대해 일반지역보다 우대하는 정책을 취하고 있다. 5) 외국인 투자기업의 경영여건을 개선하기 위한 일환으로 국내기업에 비해 외자계 기업에 대해서는 상대적으로 유리한 외환관리정책을 실시하고 있다.

외환관리 주요 기구로는 중국인민은행, 국가외환관리국, 중국은행이 있는데, 중국인민은행은 중앙은행으로서 외환과 금 보유량을 결정 관리하며 외국 통화에 대한 인민폐의 환율을 결정한다. 나아가 국가외환관리국과 외환은행에 해당하는 중국은행을 지도 감독한다.

국가외환관리국은 외환에 대한 제 규정을 실시하고 모든 외환거래를 국가의 정책에 따라 관리하는 책임을 진다. 또한 중국은행은 국가외환관리국의 허가를 받은 외국환업무 전문취급 은행으로 중국 내에 있는 모든 국내외 기관 및 개인의 외국환 수취는 별도의 규정이 없는 한 중국은행이 취급하고 있다.

한편 중국의 경제인들은 중국정부의 통화정책에 대해서도 몇 가지 문제점이 있음을 지적하면서 개혁을 요구하고 있는 실정이다.

첫째는 통화정책 실시과정에서의 문제다. 정부는 작년 초 상업은행들에게 악성여신 비율을 2-3%로 낮추도록 지시했다. 이에 따라 은행들은 대출을 꺼리고 있는 실정이다.

둘째, 은행은 여전히 국내 개인투자자들에게는 금지된 구역이다. 일부 지역의 외국계 은행들은 외환거래를 하는 한편 인민폐 업무를 할 수 있으며, 세계무역기구의 가입 5년 후부터 모든 외국계 금융기관이 중국 국민들을 상대로 여수신 업무를 할 수 있는 반면 국내투자자들에게는 여전히 닫혀 있어 불공평한 실정이다.

셋째, 협동조합 등 지방금융기관의 역할이 미약하여, 불법 사채업자들이 활개치고 있다.

넷째, 정부가 결정하는 경직된 이자율도 문제다. 합리적인 경제운용을 위해서는 이자율을 시장기능에 맡겨야 한다.

그러므로 정부는 이러한 문제점을 개선하는 한편 국채를 지속적으로 발행하여 재정지출을 늘려야 하며, 유효수요를 창출하고 특히 농촌발전에 치중해야만 한다고 주장하고 있다.

4. 2010년 장기 발전전략

1) 대외개방 정책 견지

5대 경제특구와 상해 푸동 경제개발특구에 대한 기본정책을 견지하며, 금융, 유통 등 전 분야의 국내시장에 대한 단계적 개방을 확대한다. 단, 국내기업 특히 국유기업의 경쟁력 약화를 방지하기 위하여 외자기업에 대한 우대조치를 축소하며, 선별적 외자도입 정책을 병행한다.

2) 국유기업 개혁

국유기업의 경영체질을 시장경제 체제에 맞게 개선하고, 기업의 대형화와 그룹화를 통해 국제 경쟁력을 배양한다. 또한 외국기업에 위탁경영을 의뢰하는 방안도 검토한다.

3) 농업정책

세계 인구의 22%를 차지하는데 비해 경지면적은 7%에 불과함으로 농업의 산업화를 통한 농업생산성을 제고한다.

4) 대형사업 추진

장강, 3협댐, 황하댐, 남북도수로, 북경과 상해간 고속철도 등 대규모 프로젝트 사업을 추진한다. 동시에 재정적자의 누적을 완화시키기 위하여 다각적인 외자도입을 검토한다.

[중국의 국유기업 개혁과정]

	1979-1984	1984-1992	1992-현재
경제 체제	계획경제 시장경제 조절	계획적 상품경제	사회주의 시장경제
경제 이론		사회주의 초급단계론	사회주의 초급단계론
개혁 모델	사회주의 체제내 인센티브제 도입	제도내에서 개혁	체제개혁 시도
기업 위상	생산단위	국영기업	국유기업
주요 방식	기업자주권 확대 이윤유보제	경영책임제 공장장책임제	주식제 개혁 임대제 도입 소유제 개혁
당.정.기업의 역할	당·정·기업합일 체	당·정·기업 역할분담시도	당·정·기업 역할분리추진

5) 3차 산업의 육성

균형있는 고용구조 형성 및 산업발전에 부흥하기 위하여 3차 산업을 대폭 육성한다.

6) 기타 정책

군수기술의 산업화를 활용하며, 내륙진출 외자기업에 대한 우대정책 확대 및 인프라를 우선 건설한다. 한편 2010년에는 2000년의 GNP보다 2배로 증가시킨다. 그리고 안정된 국민생활수준 및 사회주의 시장경제 체제를 달성한다.

제 3 절 경제현황

1999년 GDP는 1979년 3,642억 원에서 약 23배가 증가된 82,054억 원으로 연평균 9%의 성장률을 보여, 세계 7위에 올랐다. 1인당 GDP도 6,517원으로 증가하여 연평균 8%의 실질증가율을 보였다. 한편 산업구조도 개혁개방 이래 경공업 발전과 고급소비품 수입의 확대, 기초산업 및 기초시설 건설 강화, 제 3차 산업발전 정책 등으로 큰 변화를 보이고 있다.

경제 주요지표(2000년)를 살펴보면 다음과 같다. 경제성장률은 8%이며, GDP규모는 $1조 700억(최초로 1조 달러 초과)이고, 1인당 GDP는 $805, 외환보유고는 $1,656 억, 외채는 $1,466억(2000년 6월 말)이다. 현재 교역액은 수출 $2,492억, 수입 $2,251억이다.

무역수지는 $241.1억 흑자(97년 403억달러, 98년 436억달러, 99년 291억달러)를 기록하였으며, 환율은 $100 = ¥8,277.4이다. 또한 외자유치 금액은(2000.12 현재) 약 3,500억달러이며, 실질실업률은 10%를 상회하고 있다.

중국의 산업유형과 생산량이 차지하는 비율을 살펴보면, 제1차 산업종사자는 전체의 50%(15.9), 제2차 산업종사자는 22.5%(50.9), 제3차 산업종사자는 27.5%(33.2)로 나타났다. 그리고 제1차 산업종사자의 분포는 농업 55.7%, 임업 3.7%, 목축업 29.7%, 어업 10.9%로 나타났다(국가통계국, 2001년 중국통계연감).

[중국경제 주요지표(1996-2006)]

구 분	1997	1999	2002	2006
GDP(억원)	74,772	82,054	102,000	209.407
실질GDP 증가율(%)	8.8	7.1	7.3	10.7
공업생산 증가율(%)	11.6	8.1	12.6	16.6
소매물가 상승률(%)	0.8	-3.0	-0.8	1.5
총무역액(억$)	3,251	3,607	6,208	17.607
수출(억$)	1,827	1,949	3,256	9.691
수입(억$)	1.424	1,658	2,952	7.916
무역수지(억$)	403	291	304	1.775
외국인투자 (억$)	452	404	527	630
총외채(억$)	1,309	1,518	1,704	
환율(원/$)	8.28	8.28	8.2773	7.61
외환보유고 (억$)	1,399	1,547	2,864	10.663
실업률	3.1	3.0	3.2	4.1
인구(만명)	123,947	125,909	129,533	

자료 : 국가통계국, 중국통계연감(2006)

현재 중국의 세계적인 산업자원 현황을 살펴보면, 세계 1위의 자원으로는 철강, 석탄, 시멘트, 화학비료가 있으며, 전기는 세계 2위, 원유는 세계 5위로 알려져 있다. 그리고 산출량으로는 곡물, 연초, 면화, 과일, 고기류, 유채, 땅콩 등이 세계 1위이며, 차잎은 세계 2위, 설탕은 세계 3위, 콩은 세계 4위로 알려져 있다.

한편 중국의 2002년 경제성장률은 정부의 고정자산투자, 외국인투자, 공업생산 및 전자정보제품을 중심으로 하는 수출이 경제성장 주도 8%에 달하였으며, 2002년 말 세계무역기구(WTO)가입 및 달러화 약세 등으로 전체 무역액은 전년대비로 크게 증가(21.8%)하였으며, 연중 총 6,208억불에 달하였다. 수출은 3,256억불(22.3%), 수입은 2,952억불(21.2%), 무역수지는 304억불(34.6%)에 이르렀다.

2002년 공업생산액은 12.6% 증가한 3조1,482억 위엔에 달하였으며, 전자통신, 자동차 등 소비증가 및 공업제품 수출 증가가 공업생산의 증가를 주도하고 있다. 한편 기업형태별로 보면 민간기업 생산액이 크게 증가(국유 11.4%, 주식제 14.4%, 외자 13.3%) 하였다.

소비자물가는 서비스부문 가격 상승에도 불구하고 농수산물, 공업제품 가격의 하락세가 지속되어 전년대비 0.8% 하락하였는데(2001년 9월 이후 하락추세 지속), 소비재판매액은 자동차, 통신장비 판매호조로 8.7% 증가한 3조6,506억 위엔에 달하였다.

2002년 고정자산투자액은 16% 증가한 4.3조 위엔에 달하며, 특히 상반기 중 중국 경제성장을 주도하고 있으며, 외국인투자를 보면 실제 유치액은 12월말 현재 전년동기대비 12.5% 증가한 527억 불을 기록하였는데(외국인투자 기여도: 고정자산투자 12%, 수출 51%, 취업 10%, 조세 15%), UNCTAD는 중국이 세계 최대 외국인 투자유치국이 될 것으로 전망하고 있기도 하다.

2006년 중국 GDP는 20조 9,407 억위엔(약 2조3,684억불)으로 전년대비 10.7% 증가, 안정적이면서도 비교적 빠른 경제성장 추세를 유지한 것으로 평가된다. 1차산업 : 24,700(억위엔), 2차산업 : 102,004(억위엔), 3차산업 : 82,703(억위엔). 국가별 순위는 미국, 일본, 독일에 이어 세계 4위이며, 1인당 GDP는 2,042불에 이른다.

제 4 절 경제전망

1. 9-5 기간(1996-2000) 대외경제 발전현황

1) 9-5 계획 기간은 중국의 대외경제 발전에 있어 매우 중요한 시기였으며, 동기간 아시아 금융위기 등 불리한 외부요인에도 불구하고, 중국의 대외경제는 지속적인 성장세를 유지하여 왔다.

2) 대외무역은 '95년의 2,808억 달러에서 2000년에는 4,743억 달러로 증가하여 68%의 성장을 보였으며, 매년 11%의 성장률을 기록하였다. 이로써 중국은 총무역액의 전세계무역액에서의 비중이 1995년 11위에서 '99년에는 9위로 뛰어올랐는 바, 2000년에는 그 비중이 이보다 좀 더 상승했을 것으로 예상하고 있다.

그리고 외국인 직접투자에 있어서는 매년 400억 달러를 유치하여, 동기간 총투자 누계(실제사용액)가 2,134.8억 달러에 달하였다. 이는 8-5 기간 대비 87% 증가한 액수로, 1993년이래 중국은 외국인의 직접투자를 가장 많이 유치하는 개발도상국이 되었다.

2. 10-5 기간(2001-2005) 대외경제발전 현황

1) 개방형 경제 발전 가속화와 대외경제의 지속발전 추구

중국은 10-5 계획기간 중 경제개방을 가속화하고, 지속적인 발전을 추구하여 2005년 총무역액 6,800억 달러를 달성할 수 있을 것이며, 수출입이 대체적인 균형에 이른 것으로 본다.

또한 수출상품 중 전기전자 제품의 비중은 50%로, 첨단기술 제품의 비중은 약 20%정도로 상승할 것으로 보며, 매년 400억 달러 규모의 외국인 투자를 유치하고 가급적 이를 증가시키기 위해 노력할 것으로 보인다. 그리고 주출거전략(해외진출전략)을 강화하고, 해외건설 하청과 노무협력 및 대외원조 등 대외경제무역활동을 활발히 하게 되었다.

2) 국제경쟁력 강화

경제개방 가속과 지속적인 경제발전 추구를 위해서는 10-5 기간 중 대외경쟁력 강화가 중요하다고 인식하고 있다. 이를 위해 중국은 품질개량, 시장 다원화 및 과학과 기술에 의한 무역촉진을 기본전략으로, 무역관리체제, 수출상품, 무역방식, 교역시장에 대한 조정과 부가가치 제고의 방법을 통해, 양적인 발전에서 질적인 발전위주로 대외교역을 발전시켰다.

3) 새로운 대외무역관리체제 수립

WTO 가입을 계기로 중국은 새로운 대외무역관리체제를 수립할 계획이며, 이를 위해 관련법률과 규정을 기초로 하는 개혁을 원동력으로 삼을 예정이다. 또한 발전을 목표로 하여 대외적인 조약을 고려하면서, WTO 가입 이후의 과도기를 충분히 이용하여 국제규범과 국제정세에 맞는 대외무역관리체제를 수립하였다.

4) '주출거'의 개방전략 본격화

중국은 지금까지 자본과 기술을 외국으로부터 끌어들이는 것을 위주로 하던 정책에서(투자유치전략) 벗어나, 투자 유망 지역에는 적극적인 투자도 장려하고, 국제경쟁과 합작에도 적극 참여하는 등 중국의 해외진출전략도(주출거) 본격화하였으며, 양 정책간의 조화를 이루면서 경제발전을 이룰 수 있도록 노력하였다.

5) 대외교역 발전 촉진을 위한 기본적 보장체계 수립

대외교역 발전 촉진을 위해, 수출입시 세금 환급규정을 개혁하고, 안정된 세금환급 시스템을 구축하였으며, 아울러 수출신용보험과 수출신용대출을 위주로 하는 수출 금융지원체계도 완비하였다.

6) 전자상거래 발전 촉진

전국의 세관을 온라인(on-line)화하여, 수출입 관련 정보와 통관관련 정보를 공유하고자 추진중인 '금관공정' 완성. 건전한 대외무역관리 시스템을 구축하고, 대외무역의 관리. 경영. 정보체계를 초보적으로 온라인(on-line)화하며, 전자상거래와 전자메일 등에 있어 중요한 발전을 이룩하게 될 것이다.

7) 지역경제협력에의 적극적인 참여와 아울러 일정한 지역내의 무역 및 투자자유화에 적극 참여할 것으로 보인다.

8) 10-5 계획 기간 경제정책 운용방향은 다음과 같다.

지속적인 고도경제성장 지향, 경제구조조정의 지속추진, 서부대개발 전략추진, 과학기술의 진보 및 교육에 역점, 전방위적인 대외개방형 경제추구, 국민생활수준의 제고 등이다.

중국의 경제전문가들은 10-5 계획 기간에, 중국의 경제발전은 새로운 차원에서 시작될 것이며, 그러한 변화와 발전은 다음 3개 방면으로 표현될 수 있다고 전망하고 있다.

첫째, 중국의 경제총량이 세계 경제의 앞자리를 차지했고 생산력 발전의 수준이 한 단계 높아졌으며 국내총생산(GDP)은 1조달러를 돌파했다는 것이다. 경제부문의 생산총량을 보면, 주요 공업제품의 생산량은 대부분 세계 생산량의 앞자리를 차지하고 있다. 석탄・철강・시멘트・건축자재・가전제품・방직제품 등의 생산량은 세계 1위이며, 발전량・화학섬유・화학비료 등은 세계 2위로 올라섰다. 또한 곡물・면화・유료작물・육류・달걀・각종 수산물 및 과일 등 주요 농부산물은 세계 1위를 차지하고 있다.

이러한 통계숫자는 중국의 종합 경제실력이 현저하게 상승되었음을 의미하는 동시에 21세기 사회경제 발전과 현대화 실현의 든든한 기반을 제공해주는 것이다.

둘째, 새로운 사회주의 시장경제 체제가 초보적으로 확립되었고, 경제운행 방식에 중대한 변화가 발생했으며, 자원배치에서 시장메커니즘이 발휘되는 기초적 역할이 갈수록 뚜렷해지고 있다고 한다.

이와 같은 변화는 주로 국유경제・집단소유경제・사유 및 개인경제 등을 비롯한 다양한 성질의 경제가 병존하면서 공동 발전하는 소유제의 새로운 구조가 이미 형성되었음을 보여준다. 또한 정부와 기업 간의 관계에 근본적인 변화가 발생했고, 기업은 시장경제의 주체로 등장하고 있으며, 따라서 공급 및 수요의 관계와 가격 신호가 투자방향을 유도하고 기업의 생산경영 활동을 조절하는 지렛대의 역할을 하고 있으며 적자생존의 경쟁 메커니즘이 기업의 생사존망을 결정하고 있다.

경제 운영과정에서 정부의 조정은 행정 위주에서 점차 경제 위주로 전환됐으며, 기업의 생산경영 활동에 대한 직접적인 간섭으로부터 간접적인 조정 방식으로 전환했다. 이러한 경제체제의 변화는 21세기의 발전에 있어 더욱 효과적인 제도적 기반이 되고 있다.

셋째, 다각적인 대외개방의 새로운 구조가 형성됐다. 이러한 신 구조는 중국이 국제분업과 국제교환에 광범위하게 참여하는데서 나타나고 있다는 것이다.

통계에 따르면 중국의 수출입 무역총액은 지난 1978년 2백억 달러에서 2000년 4천억 달러로 증가했다. 그 중 수출은 1978년 97억 달러에서 2000년 2천억 달러에 달해 연평균 16%의 증가율을 기록하고 있다. 외자 이용방면에서 중국은 지난 20여 년 간 총 4천억 달러의 외자를 유치했으며, 30여 만 개의 중외합자 또는 외국 독자기업이 설립되었는데 그 종업원 수는 2천만 명에 이르고 있다.

한편 중국이 세계무역기구(WTO)에 가입하게 되면 경제운행 방면에서 더욱 광범위하게 국제 통용의 규칙을 따르게 될 것이라고 말하면서, 이상의 중대한 변화들은 새로운 세기의 중국 경제발전의 새로운 기점으로서 중국 경제는 여전히 고속 안정성장의 국면을 유지하게 될 것으로 비교적 밝게 전망하고 있다.

2001년 중국정부는 실질적으로 서부대개발을 통한 동서부 균형발전, 부패부조리 척결 및 과학기술개발을 적극적으로 추진해왔다. 또한 세계무역기구(WTO) 가입과 활동의 실제적 시작이 되는 2002년을 기점으로 지속적으로 중국정부는 행정개혁, 국유기업개혁, 금융개혁을 꾸준히 추진하여 국가경제의 발전을 도모하고 있다.

3. 11-5 기간(2006-2010) 대외경제발전 전망

최근의 제11차 5개년 계획(2006-2010)의 주요 목표를 살펴보면, 다음과 같다.

GDP년 평균 성장률 7.5%, 2010년 1인당 국민소득 2000년 대비 2배 증가, 이 기간 중 도시 신규취업자 및 도시유입 농촌취업자 각 4,500만 명 증가, 2010년까지 도시지역 실업률 5%이내로 통제, 2010년 총 교역액 2조 7천억불(상품 : 2조 3천억불, 서비스 : 4천억불)을 목표로 한다.

산업구조 조정면에서는 2010년까지 서비스업의 GDP 비중 3%, 서비스 취업자의 전체 취업자 비중 4%, 연구개발비(R&D)의 GDP 비중 2%로 증가목표로 한다.

자원 및 에너지 절약면에서는 2010년까지 단위 GDP당 에너지 소모율 20% 절감, 단위 공업생산의 용수소모량 30% 절감, 공업고체폐기물 종합이용율 60% 제고, 전도시에서 점토벽돌사용을 금지한다. 또한 2010 년까지 도시오수처리율 70%, 도시생활쓰레기 무해화처리율 60% 이상을 유지한다.

생산안전수준 제고면에서는 2010년까지 안전사고 사망율 35%, 공업 광업 상업취업인원 안전사고 사망율 25%로 감소시킨다.

도시와 농촌의 균형발전 차원에서는 도시화율을 47%로 제고하며, 인프라건설면에서는 2010년까지 철로건설 1.7만㎞(그 중 여객전용선 7천㎞), 총도로 연장 230만㎞(그 중 고속도로 6만 7천㎞)를 건설한다. 또한 2010년까지 국민 평균 교육년한을 9년으로 상승, 도시 기본 양로보험 가입자수 2,23억명, 농촌의료 수혜율 80% 이상을 목표로 한다.

한편 총인구를 13.6억명 내 통제하며, 총 경작지 면적 1.2억헥타르, 삼림률 20% 유지를 하고, 주요 오염물 배출총량 감소율 10%를 달성한다. 그리고 이 기간 중 매년 도시주민 및 농촌주민 소득 증가율 5% 달성함을 목표로 하고 있다.

현재 중국정부가 당면한 과제들을 정리해보면, 다음과 같은 것들을 들 수 있다. a. 삼농(三农) 문제 b. 재정투입 증대 c. 제도기반 확충 d. 실업문제 e. 에너지 수급 불균형 문제 f. 금융기관 부실채권 g. 국유기업 개혁 문제 i. 환경오염 문제

한편 11-5 계획 기간 중에 농업, 첨단기술, 장비제조업, 교통 인프라 건설, 에너지 절약, 생태 환경, 과학기술분야, 교육, 공공설비에서 중국

정부가 중점적으로 추진해야 할 사업들을 방대하게 제시하고 있다.

(1) 농업의 현대화 및 주민소득 증대, 농촌지역의 SOC 개선, 사회보장체계 확립, 의무교육의 확대 및 직업교육 강화 등을 통해 "사회주의 신농촌" 건설을 목표로 한다.

a. 1차적인 목표인 농업 현대화를 위해 생산성 제고, 농산물 및 농촌지역 유통체계 개선, 농산물의 고부가 가치화(가공식품 · 화훼재배 등)등을 추진

b. 중점사업으로서 대형 농지정리(대상지역 : 484개 현), 도로신설 및 보수(120만 ㎞), 전기공급 확대(350만 가구), 중서부지역 농촌교사 50%에 대한 교사양성 전문교육 실시

(2) 신형공업화전략아래 자원절약형 산업의 육성, 노동집약형 비교우위 산업의 경쟁력 강화, 제품구조 고도화 및 기술력 제고에 노력함으로써 단순한 세계의 공장이 아니라 진정한 공업 강국으로 변화를 목표로 한다.

a. 전자 · 정보산업 고도화(90나노(㎚)집적회로, 디지털 TV 의 전국확대), 바이오산업 육성(생물의약, 백신개발), 항공우주산업 촉진(기상 · 통신 위성), 신소재 개발 등 첨단산업 발전의 가속화

b. 핵심설비기술 육성(대형 원전설비, 1,000만볼트급 송 · 배전설비 개발), 자동차산 업고도화(독자엔진 모델개발), 조선산업 경쟁력 제고(대형 석유시추선, 30만톤급 원유선박건조)등 장치산업의 진흥

c. 탄광시설의 대형화, 전력망 확대(西电东送), 석유 · 천연가스발전 가속화(西油东 送 · 北油南运)

d. 대체에너지 개발(풍력 · 태양열) 등 안정적인 에너지 공급체계 구축

e. 저에너지소모율 · 저공해 위주의 원자재산업 육성차원에서 야금공

업·석유 화학공업의 구조조정, 건축자재산업의 건전한 발전과 품질 제고

f. 식품·가전기기·플라스틱류의 신상품 개발, 방직제품의 고부가가치화 등 독자브랜드 개발, 품질개선을 통한 경공업 고도화

g. 제조업 정보화(디지털·지능화된 생산설비), 다양한 정보자원개발, 3대 네크워크의 유기적 결합(통신망·인터넷·차세대 이동통신망)을 통한 지식인프라 개선, 정보보안체계의 강화 등 정보화 촉진를 통한 서비스산업의 수준 및 전체 산업 내 비중 제고

h. 교통·운송서비스의 최적화(철도 17,000km·도로 230만km 건설, 상해·천진·대련 등을 국제중심화), 물류전문기업의 육성, 금융서비스산업 발전, 전자상거래 등 정보서비스산업 장려, 제도개선(주식상장·자산관리방식)등 생산형 서비스산업의 개발 확대

i. 유통 등 상업서비스 고도화, 부동산산업의 발전(대형고급분양주택의 엄격한 통제), 관광산업 육성, 공공서비스 강화, 민생관련 보건위생·치안 강화, 스포츠 산업 발전 등 소비형 서비스산업을 통한 내수 확대

j. 독점 타파, 투명성·공정성 건립을 통한 비공유제경제의 비중을 제고하는 등 서비스산업발전을 위한 정책 추진

2007년 상반기(1월-7월)의 중국의 경제통계를 살펴보자.

GDP는 07년 상반기 GDP는 동기대비 11.5% 상승한 106,768억위엔(0.5%)이며, 그 중 1/4분기와 2/4분기의 성장률은 각각 11.1%, 11.9%로 나타남.

대외무역은 빠르게 증가, 외자이용 안정적인 증가추세 보임. 07년 상반기 수출입총액은 9,809억불(23.3%)로 증가폭은 전년동기대비 0.1% 하락하였으며, 그 중 수출 5,467억불(27.6%), 수입 4,342억불

(18.2%), 무역흑자는 전년동기대비 511억불 증가한 1,125억불에 달한다.

외국인직접투자를 보면, 상반기 중국의 FDI 유치액은 318.89억불로 전년동기대비 12.17% 증가하였으며, 중국에 신설된 외상투자기업은 18,683개(5.4%감소)에 달한다. 이 기간 투자국 순위를 보면, 홍콩, 영국령 버지니아제도, 한국, 일본, 싱가포르, 미국, 케이만제도, 사모아, 대만, 모리셔스공화국 순으로 실제 외자투자 금액이 전체의 86.48%를 차지하고 있다.

중국의 외환보유액은 6월말 전년동기대비 41.6% 증가한 1조 3,326억불로 지속적으로 급성장세 유지하고 있으며, 상반기 중국의 외환보유고 증가액은 2,663억불로, 이는 2006년 전체 외환보유액 증가액(2,473억불)을 초과한 것이다.

2007년 6월말 기준으로 환율은 7.6155위엔/1＄(05.7월 환율개혁이후 6.2% 평가절상)이며, 2005.7.21, 인민폐환율 2.1% 절상 및 바스켓통화를 기초로 하는 관리변동환율제 도입한 상태이다.

주민생활을 보면, 07년 상반기 도시주민의 1인당 가처분소득은 7,052위엔으로 가격요소를 배제할 경우 실제증가율은 14.2%, 증가폭은 전년동기대비 4%상승하였으며, 농민의 2인당 현금수입은 2,111위엔으로 전년동기대비 314위엔 증가하였으며, 가격요소를 배제할 경우 실제 증가율은 13.3%로 전년동기대비 1.4%상승, 1/4분기대비 1.2%상승하였다.

소비자물가지수(CPI)는 3.2% 상승, 상승폭은 전년동기대비 1.9% 상승(6월중 4.4%, 전월대비 0.4%)하였다. 그 중 식품가격 7.6%(양식 6.4%, 달걀 27.9%, 육류 및 기타제품 가격이 20.6%상승하였으며, 상품소매가격은 2.4%, 공업품 출하가격(PPI)은 2.8%, 원재료, 연료, 동력의 구매가격은 3.8% 상승하였다.

상반기 고정자산투자액은 54,168억위엔(25.9%, 증가폭 3.9%)으로

1/4분기대비 2.2%상승하였으며, 도시지역 고정자산투자 46,078억위엔(26.7%증가), 증가폭은 4.6%에 달하고, 농촌지역 고정자산투자 8,090억위엔(21.5%증가)에 달하고 있다.

07년 상반기 중국 전국의 재정수입은 전년동기대비 30.6% 상승한 2조 6,117.84억 위엔에 달하며, 중앙 재정수입은 14,502.19억 위엔(32.6% 상승), 지방 재정수입은 11,615억위엔(28.1% 상승), 03년 2조위엔, 04년 2.5조위엔, 05년 3조위엔, 04년 4조위엔 상회로 지속적인 증가세를 나타내고 있다.

제7장

중 국 사 회

제1절 개 요

중국사회란 중국민족의 상호작용의 결과로 이루어진 구성체이며, 중국사회에 대한 연구 역시 중국민족과 관련하여 중국문화를 구성하는 중국학 연구의 중요한 분야이다.

중국사회학이란 학문적으로 사회체제의 정체에 대한 연구로부터 출발하여 인간의 사회관계와 사회행위에 대한 연구하는 학문이다. 또한 사회조직과 사회의 기능, 사회의 발전 등에 대해 전문적으로 연구하는 종합적인 과학이라고 할 수 있다.

현재 중국사회학 연구의 주된 관심분야는 인구정책과 교육정책이다. 구체적으로는 계획생육을 통한 산아제한, 도시인구 억제, 가정윤리와 이혼문제, 사회문제와 범죄, 청소년 대학생 사회심리 문제 등이다.

본 장에서는 먼저 중국 국민경제와 사회발전 9-5 계획기간(1996년-2000년)에 실시되었던 사회정책과 현황들을 간략히 살펴보고, 10-5

계획(2001년-2005년)과 11-5계획(2006년-2010년)에 대해 소개하고자 한다. 다음으로는 인구정책, 법률정책, 언론출판, 체육정책, 종교정책 등에 대해 서술하고자 한다.

현재 중국의 사회현실을 단편적으로 보여주는 것이 최근 중국 정부가 밝힌 정보화 지수다. 중국 정보(信息)산업부는 국가정보화사업팀의 후원아래 유관기관(国家统计局, 质量技监局, 商国家计委, 国家经贸委, 国家广电总局, 国务院 新闻办公室) 등과 협조하여 통계를 수집하고, 2002년 3월 18일 중국의 1994-2000年 7개 정보화 지수를 발표하였는데 다음과 같다.

- o 인터넷 사용자수 : 2250만(2000)
- o 100가구당 PC 보유대수 : 5.9대(99)→9.7대(2000)
- o 100가구당 TV 보유대수 : 104대(99)→106대(2000)
- o 정보산업 부가생산액이 국내 총 부가생산액에서 차지하는 비중 : 8.7(99)→8.9(2000)
- o 총 GDP중 R&D 비중 : 0.83%(99)→1.00%(2000)
- o 정보산업투자비중 : 33.62%(99)→33.40%(2000)
- o 1만명당 대학생 숫자 : 207명(95)→361명(2000)

한편 중국 국무원 발전연구중심은 중국의 향후 3년 이후 중국의 사회발전에 영향을 가져다 줄 주요산업의 전망에 대한 보고서를 발표했는데, 이 보고서에서는 먼저 중국 산업발전의 2가지의 변화를 지적하였다. 이는 전자·통신산업 등 신기술산업의 성장과 아울러 산업간 균형적인 성장의 제고이다.

이 보고서가 밝힌 중국의 향후 3년 후, 중국 사회에 중대한발전과 변화를 가져다 줄 6개 산업은 다음과 같다.

(1) 전자통신산업

○ 전자통신 제조업의 성장은 연평균 25% 이상, 특히 통신설비 및 컴퓨터 등 설치산업의 경우 연평균 40% 이상의 성장을 예상한다.

○ 전자부품분야는 연평균 22%, 소비류 전자제품은 연평균 18% 이상 성장을 지속하여 공업성장을 주도할 것으로 예측한다.

(2) 자동차공업

○ 10·5계획기간 동안 국민경제수준이 제고되어 교통수단의 발전이 가속화되고 승용차 보급이 확대되어 자동차 공업이 지속적으로 성장할 것을 예측한다.

○ 자동차공업은 연평균 13% 이상의 성장을 유지하고, 특히 승용차 부분은 연평균 15% 이상 성장할 것으로 본다.

(3) 건축 및 주택산업

○ 삼협댐 등 에너지, 도로 및 수리설비 확충으로 건축산업이 활기를 띠고, 또한 국민경제수준의 제고로 주택산업의 성장도 크게 제고될 것으로 예측한다.

○ 2005년까지 1인당 10평방미터의 거주공간 확보할 예정, 20억 평방미터의 도시주택 건설, 80억 평방미터의 농촌주택 건설, 24억 평방미터의 도시 주택개량 및 농촌주택 25%가 개량화될 것으로 예측한다.

(4) 통신서비스업

○ 통신서비스업은 매년 25% 이상 성장하여, 향후 3차 산업의 성장동력이 될 것으로 예측한다.

○ 2005년까지 통신서비스업의 총 규모가 1조 2천억 위엔, 총수입은 1조 8백억위엔에 달하고, 유무선 통신망 규모 및 용량이 세계 1위가 될 것으로 전망한다.

(5) 기계공업

ㅇ기계공업은 국민경제 각 부문의 현대생산수단을 제공하는 중요한 산업이므로 설비투자 확대 등 중점육성 정책을 통해 연평균 2% 이상 성장할 것으로 예측한다.

(6) 관광산업

ㅇ국내 소득수준이 높아질 뿐만 아니라 국제경제가 회복되는 추세로 돌입할 것이므로 여행수요가 확대될 것으로 본다. 특히 서부대개발사업 추진과 연계하여 중국내 관광산업을 육성할 필요가 있다.

ㅇ2005년까지 매년 15%이상 성장하여 GDP의 1%를 차지할 것으로 전망한다.

한편 철강, 금속, 석탄, 석유, 화학, 전력, 운수업 등 원재료 및 기초산업은 상대적으로 완만한 성장세를 유지할 것으로 보고 있다. 특히 석유공업은 국제원유가격의 불안정 및 WTO 가입 등으로 침체가 우려되며, 화학과 철강, 금속공업도 향후 3년간 구조조정 등으로 인해 어려움을 겪을 것으로 본다.

1. 9-5 계획 성과

1) 취업상황과 취업구조

취업상황은 기본적으로 안정을 유지하였으나, 취업구조에 커다란 변화가 발생하였다. 취업총량은 계속 확대되어 5년간 도시신규취업은 3,560만 명에 달하였으며, 누계 1,300여만 명의 국유기업 정리해고자가 재취업되었고 도시신고실업률은 3.1%로 억제되었다.

그리고 취업구조는 1차 산업의 취업자가 처음으로 50% 이하로 하락했고, 3차 산업의 취업 증가속도가 2차 산업을 초과하는 커다란 변화가 발생하였다. 한편 농촌노동력 중 3,000만 명이 비농업으로 이전하였다.

2) 2개의 확보

'2개의 확보'란 제도를 통하여 현저한 성과를 거두어 국유기업 정리해고자 및 퇴직자의 기본생활 보장에 기여하였는데, 1998년 이래 국유기업 정리해고자의 기본생활을 보장하고, 퇴직자의 양로금을 기일 내 전액지급을 보장하는 제도를 실시하였다.

그 결과로 2000년 말까지 전국에서 누계 2,100만명의 국유기업 정리해고자가 재취업센터에 들어갔으며 기본생활비 지급비율이 95% 수준을 유지하였다. 또한 기업 퇴직자 양로금의 기일내 전액지급률이 98% 수준을 유지하였으며, 지급 보장수준이 안정적으로 제고되었다. 또한 국유경제의 전략적 조정 및 국유기업의 3년 개혁에 필요한 조건을 마련하였으며 국민생활 보장 및 사회안정에 중요한 역할을 발휘하였다.

3) 사회보험제도 실시

사회보험제도의 기초를 수립하여 대다수 도시근로자로 확대하게 되었다. 국무원은 기본양로보험, 실업보험, 기본의료보험 등 관련 결정방안 및 사회보장시스템 시범방안을 발표하여 제도 및 주요정책을 확정함으로써 사회주의 시장경제에 부합되는 중국 특색의 사회보험제도를 마련하였으며, 산재보험, 출산보험 및 농촌사회 양로보험의 정리, 규범화업무가 진전을 거두었다.

2000년 말 현재 보험가입자는 기본 양로보험 10,448만 명, 실업보험 10,408만 명, 기본의료보험 4,300여만 명, 공상보험 4,350만 명, 생육보험 3,002만 명이며, 사회보험기금에 대한 관리력이 강화되었다. 현재 기본양로금의 사회지급률이 92%에 달한다.

4) 수입분배제도 개혁

기업의 수입분배제도 개혁이 적극 추진되어 근로자 임금수준이 안정적으로 제고되었다. 시장을 제외한 전국 30개 성, 자치구, 직할시에서 최저임금제를 실시하였으며, 일부 지역에서는 임금지도제도, 노동력시장 임금범위지도제도 및 인건비 예측, 경고제도를 시범적으로 실시하였다.

국가의 거시적인 조정지도하에 기업내부의 수입분배제도를 기업이 생산경영특성에 따라 자율적으로 결정하도록 하였으며, 일부기업에서 임금단체협상제도 및 기업경영자 연봉제를 시범적으로 실시하였다. 또한 5년간 근로자 임금수준이 비교적 큰 폭으로 인상되었으며 연 평균 5.8%의 실질성장을 이루었다.

5) 노동관계조정제도 구축

노동관계조정제도가 기본적으로 구축되고, 노동관계가 기본적으로 안정되었다. 노동계약제도가 보편적으로 실행되었고, 단체협상과 단체계약업무가 진전을 거두었다. 일부 지역에서 지역적인 3자 협조메커니즘을 시범적으로 실시하고, 성시급에서 3자 노동관계협조조직을 구축하였다.

노동쟁의처리업무가 점차로 규범화, 법제화됨으로써 노동쟁의중재제도가 실효를 거두게 되었고, 각 지방에 집단노동쟁의를 예방, 처리하는 업무기관을 설립하였다. 5년간 전국에서 노동쟁의 안건 총 48만 건을 접수하여 95% 이상 해결하였으며, 최저임금, 근무시간, 휴식, 휴가, 노동정액제 등 노동표준을 수정, 개선하였다.

6) 노동보장법제의 건설

노동보장법제의 건설이 적극적인 진전을 거두었다. 또한 노동보장 입법 시기가 적절했고 국무원에서 '실업보험조례', '사회보험료 징수 잠정조례', '국무원의 통일 도시기업근로자 기본양로보험제도 건설에 관한 결정', '국무원의 도시근로자 기본의료보험제도 건설에 관한 결정'을 공포하였다. 노동보장 감찰제도가 수립되었고, 전국 현급 이상 노동사회보장행정부문에서 감찰, 법 집행기관을 설립하였다.

7) 노동사회보장사업 실시

노동사회보장사업의 기초업무가 착실한 성취를 거두게 되었다. 또한 노동사회보장 통계지표시스템이 지속적으로 개선되었고, 표본조사, 사례조사 등 시장경제에 적합한 통계조사방법을 강력하게 추진하였다.

노동사회보장 정보화 구축사업이 안정적으로 추진되고, 노동력 시장 정보화 건설작업은 대부분 도시에서 전면적으로 전개되었으며, 사회보험관리 정보시스템이 일부 도시에서 초보적인 규모를 갖추고, 주요계획 및 기준성 표준정립업무를 완료함. 노동사회보장 과학연구, 국제교류협력 등을 강화하였다.

2. 10-5 계획 제정

중국 노동사회보장부는 향후 5년이 중국경제와 사회발전의 중요한 시기로 여기고, 노동사회보장사업의 발전을 지도하고 추진하기 위하여 중국공산당 중앙위원회의 10-5 계획 제정에 대한 건의정신과 국가 '국민경제와 사회발전 제10차 5개년 계획강요'의 요구 이행에 근거하여 노동사회보장사업발전 제10차 5개년 계획강요(劳动社会保障事业发展第10次 5个年 计划纲要)를 제정하였는데, 내용은 아래와 같다.

1) 10-5 계획의 당면과제

(1) 유리한 조건

① 10-5 기간은 노동사회보장사업의 발전에 있어 유리한 조건을 구비하고 있다. 당과 국무원이 노동사회보장업무를 매우 중시하고 있고, 10-5 기간동안 노동사회보장사업의 전체적인 발전방향을 제시하기 위하여 시장에 의한 취업메커니즘 건설, 취업 확대, 사회보장시스템 개선 및 소득분배제도 개혁 등에 대한 명확한 요구를 제기하였다.

② 사회주의시장경제체제가 기초적으로 구축되고, 개선됨에 따라 노동력 자원배치에서 시장메커니즘의 역할이 더욱 확대되었으며 새로운 상황 하에서의 문제점을 해결하는 기초를 마련하게 되었다.

③ 경제구조 조정과 아울러 WTO가입 및 서부개발전략의 실시에 따라 중국 경제구조 특히 산업구조의 합리화, 국유기업의 위기상황 극복, 국민경제의 빠른 성장 등으로 종합적인 국력이 지속적으로 제고될 것이다.

④ 국민생활은 소강단계(小康 : 기초문화생활)에 들어간 상태에서 비교적 부유한 소강사회로 향하고 있고, 사회구성원의 노동취업, 사회보장 등에 대한 관념이 바뀌었으며, 시장의식 및 법제관념이 초보적으로 형성되었고, 개혁에 대한 대응능력 및 자아 보장능력이 지속적으로 제고되었다.

(2) 당면과제

① 취업모순 및 구조적 실업문제가 심각함. 이 기간에 중국 도시의 노동력 공급은 5,200만 명으로 예측되고 있으며 도시의 신규노동력, 경제구조조정으로 인한 실업자, 노동력시장에 진입한 정리해

고자, 농촌에서의 잉여노동력 등을 합하면 도시취업문제가 심각하다. 현재 농업잉여노동력은 1.5억명 이상으로 다소 늘어날 것으로 예상되어, 농업잉여노동력의 이전은 더욱 어려워질 것으로 전망하고 있다.

② 노동력시장메커니즘이 건전하지 않고, 노동력자원의 합리적 배치에 장애가 존재한다. 전국적인 통일과 개방, 경쟁 및 질서 있는 노동력 시장시스템이 완전히 구축되지 않았고, 도시와 농촌 지역간 격차가 여전히 존재하고 있어 사회보장제도 개선 및 호적제도의 개혁이 필요하다.

③ 노동력의 전반적인 능력이 경제발전, 과학기술 진보 및 경제구조조정의 요구와 적합하지 않고, 근로자의 직업기능수준이 낮은 편임. 현재 전국의 취업자 중에서 중학교 이하의 교육을 받은 자가 84%이고, 고급 기술자가 전체 기술자의 3.5%에 불과하여 산업구조조정 및 산업발전 요구에 수용하지 못하고 있다.

④ 인구노령화 및 실업자의 증가가 사회보장에 압력을 주고 있는 바, 사회보장시스템을 개선하여야 한다. 인구노령화로 인해 사회보장, 특히 기본양로보험과 기본의료보험에 준 압력이 매우 큼. 경제체제개혁, 경제구조조정 및 WTO가입에 따라 국유기업의 잉여노동력 및 구조적 실업자의 증가와 함께 실업보험이 큰 도전에 직면하고 있다.

⑤ 사회보장자금이 부족하고, 자금조달 압력이 크다. 사회보험기금의 수입과 지출간의 차로 인해 자금 부족의 압력을 받고 있고 특히, 양로보험료 징수가 날로 증가되고 있는 양로금 지불을 충족시키지 못하고 있으며, 기금누적은 주로 몇몇 소수 지역에 분포되어 있고, 수준이 낮아 아직까지 상호보완기능을 충분히 발휘되지 못하고 있다.

⑥ 기업의 임금분배방식 및 분배관계에 불합리한 문제점이 존재하고 있으며, 기업내부의 평균주의와 일부 독점산업의 고수입 문제로 인해 임금분배 거시통제시스템과 임금결정메커니즘을 수립하지 못하고 있다.

⑦ 노동관계가 다양화되고 있으며, 노동계약 관리가 규범화되지 못하여 노동쟁의 및 분규가 증가하는 추세다. 특히 집단 노동쟁의 규모가 다소 확대되고, 노동쟁의의 예방처리업무가 취약해 노동관계조정메커니즘의 조속한 개선이 시급하며, 또한 노동사회보장 법률, 법규시스템이 완비되지 않고, 특히 사회보험 관련법규가 완비되지 않다.

2) 10-5 기간의 발전목표

이 기간 중 노동사회보장사업발전의 전체목표는 중국 생산력발전수준에 부응하고, 사회주의시장경제요구에 부합하는 노동사회보장제도를 구축하여 도시근로자들이 충분한 취업기회 및 기본적인 사회보장을 받도록 하는 것이다.

(1) 시장이 인도하는 취업메커니즘을 구축하고, 취업규모를 확대하며, 취업구조를 개선하고, 근로자의 능력을 제고함. 시장이 인도하는 취업메커니즘 및 사회주의시장경제요구에 부합하는 취업서비스시스템을 구축하여 노동력의 질서 있는 이동 및 합리적인 배치를 실현함. 이 기간 중 전국 도시의 신규취업자 4,000만명, 농업노동력 4,000만명을 비농산업으로 전이시켜, 도시신고실업률을 5% 수준으로 억제하고, 이 기간 말의 산업별 취업비율을 44 : 23 : 33으로 조정할 예정이다.

또한 노동예비제도 및 직업자격증제도를 구축하고, 근로자 능력을 현저히 제고하며, 국가에서 규정한 직업(업종)에 종사하는 근로자가 직업자격증을 취득토록 하고, 고급이상의 직업자격증 소지자를 자격증 취득자의 20% 이상이 되도록 할 예정이다.

(2) 기업사회보장사업은 독립하여 재원이 다원화되고, 보장제도가 규범화되며, 관리가 사회화된 사회보장시스템을 기본적으로 형성하여 도시근로자가 기본사회보장을 받도록 함. 기본양로보험, 실업보험, 기본의료보험, 공상보험, 생육보험 등 사회보험제도를 개선하고, 사회보장시스템 개선 시범작업을 적극 진행할 것이다.

(3) 현대 기업임금분배제도를 구축하고, 근로자의 수입수준을 안정적으로 제고함. 기업이 노동력시장의 자주적인 가격결정에 의거하여 임금수준을 결정하고 근로자의 직무책임에 의해 봉급이 결정되는 새로운 메커니즘을 구축하고, 국유기업경영자 소득분배방법을 개혁하고, 국유기업 고위관리자를 대상으로 연봉제를 시범적으로 실시할 것이다. 또한 임금단체협상제도를 실시하며, 수입분배 거시조정시스템을 개선하고, 합리적인 수입분배관계를 유지하고 근로자의 실질적인 평균임금을 연평균 5% 정도 인상할 것이다.

(4) 새로운 노동관계조정시스템을 구축하여 시스템을 개선하고, 노동관계의 조화와 안정을 유지할 것이다. 또한 노동계약제도의 보편적인 실시를 기초로 노동관계 자주협상메커니즘이 기초적 역할을 발휘토록 하고, 비교적 완비된 노동쟁의중재체제 구축 및 노동쟁의처리제도를 개선하게 될 것이다.

(5) 비교적 건전한 노동사회보장법률, 법규시스템을 구축하고, 노동보장사업발전이 법제화 궤도에 전면적으로 들어가도록 하며, '사회보험법' 및 그 부속법규를 조속히 제정하고, '노동법' 및 '사회보험법'을 기초로 하는 노동사회보장법률, 법규시스템을 구

축하며, 노동보장감찰제도를 개선하고, 노동보장감찰기관을 건전화하며, 감찰기구의 전문조사 및 유관기관 및 사회조직이 협조하는 업무체제를 구축하여 노동사회보장법률 및 법규의 실시를 보장할 것이다.

(6) 노동사회보장 정보서비스시스템을 구축, 개선하여 노동사회보장 관리서비스의 정보화를 초보적으로 실현함. 사회주의시장경제체제에 상응한 노동사회보장 통계지표시스템을 구축하고 통계제도 및 통계방법을 개혁, 개선하여 표본조사의 사용을 확대할 것이다.

3) 10-5 기간 주요 정책

(1) 취업과 재취업

① 적극적인 취업정책을 계속 실행하고, 취업문호를 확대하며, 취업경로를 개척함

② 노동력시장을 진일보 육성, 발전시키고, 취업서비스 시스템을 개선함

③ 농촌경제구조조정 및 도시화 가속화 과정에 부응하여 농촌노동력의 개발과 취업사업을 개선하고, 농업잉여노동력 취업문제를 다양한 방법으로 해결함

④ 각급 정부재정의 예산중의 정리해고자 기본생활보장의 자금규모를 확대하여 합병 전 국유기업의 정리해고자 기본생활보장과 합병 후 실업보험기금 부족분의 보충 및 재취업 촉진에 사용함.

(2) 취업훈련

① 취업전 훈련, 재직자 훈련 및 재취업 훈련 강화에 주력

② 직업훈련제도의 개혁을 가속화함

③ 직업자격증서제도를 전면적으로 추진함.

(3) 양로보험

① 사회통주(종합계획 및 배려)와 개인구좌를 결합하는 원칙에 의거하여 도시 기업근로자 기본양로보험제도를 더욱 조정하고 개선함

② 법에 의해 기본양로보험 적용범위를 확대함. 또한 도시의 국유, 집체, 외국인 투자, 사영 등 각종 기업 및 그의 근로자가 모든 기본양로보험 통주 범위에 포함되도록 함

③ 다원적인 양로보험시스템을 점차적으로 구축

④ 농촌양로보험사업의 정리정돈 및 규범화 추진을 강화함.

(4) 실업보험

① 정리해고자 기본생활보장을 실업보험제도가 담당하도록 추진함

② 실업보험조례를 전면적으로 이행하고 실업보험제도를 완비함

③ 실입보험 관리서비스업무를 강화함

④ 실업보험의 실업자 재취업 촉진기능을 발휘케 하고, 실업보험기금을 실업자 직업훈련과 직업소개보조에 대한 사용 효율을 제고하여 실업자의 조기 취업을 지원함

⑤ 각급 재정이 이미 결정된 정리해고자의 기본생활보장 예산자금 규모 내에서 실업보험기금의 불충분을 보충하는데 사용하고, 정리해고자 기본생활보장을 실업보험이 담당하는 것이 순조롭게 진행되도록 함.

(5) 의료보험

① '국무원의 도시근로자 기본의료보험제도 수립에 관한 결정'을 철저히 이행하고, 도시근로자 기본의료보험제도를 개선, 기본의료보험 적용범위를 안정적으로 확대함 ② 다양한 의료보장시스템을 구축함 ③

기본의료보험관리를 강화하고, 사회화관리서비스 수준을 향상시킴.

(6) 공상(산재)보험 및 생육(출산)보험

① 공상보험정책(工伤保险政策)을 개선하고, 규범화된 기업근로자 공상보험제도를 수립하며, 적용범위를 확대함 ② 생육보험정책(生育保险政策)을 더욱 규범화하고 개선하며, 전국 통일의 도시근로자생육보험제도를 점차적으로 구축하여 적용범위를 확대함.

(7) 사회보험자금 조달 및 관리

① 사회보험료의 전액징수 실시 및 징수관리 강화로 사회보험기금의 전액징수를 보증함 ② 재정 예산지출구조를 조정하고, 중앙재정 및 지방 각급 재정의 사회보장지출을 조정하며, 재정지출에서 차지하는 사회보장지출의 비중을 15%-20%까지 단계적으로 늘려나감 ③ 자금조달경로를 확대하고, 사회보장자금을 보충함 ④ 사회보험기금관리수준을 제고함 ⑤ 사회보장기금 투자운영의 실행가능 방식을 적극 모색하고, 기금의 가치유지 및 가치증식을 실현함.

(8) 사회보험기금의 감독

① 사회보험기금감독시스템을 구축함 ② 사회보험기금 감독을 강화함 ③ 노동보장, 재정, 심계 등 정부부문과 고용단위, 노동조합, 전문가로 이루어진 사회보장감독위원회를 조직하여, 법에 의해 사회보장정책의 집행 및 기금관리상황에 대한 사회 감독을 강화함 ④ 재정 기율을 엄격히 집행함.

(9) 사회보험관리서비스의 사회화

① 사회보험금사회화 지급을 실행함 ② 사회보험대상자 관리 및 서비스의 사회화를 추진함.

(10) 기업 임금의 수입분배

① 노동 및 노동가치에 대한 이론적 인식을 심화하고, 수입분배 장려 및 제한메커니즘을 구축하여, 현대기업 임금분배제도를 구축함 ② 국유기업 경영자 및 기술자의 수입분배방법을 개혁하고, 국유기업 고위관리자 및 기술자의 임금보수를 제고함 ③ 기업임금결정메커니즘을 개혁함 ④ 시장경제요구에 부합한 기업임금분배의 지도·감독·억제시스템을 구축하고, 완비함.

(11) 노동관계의 조정

① 국유기업 정리해고자의 노동관계문제 해결에 주력함 ② 노동계약제도를 공고히 하고, 개선함 ③ 단체협상 및 단체계약제도를 중점 추진함 ④ 노동관계 3자의 협조메커니즘을 모색함 ⑤ 노동쟁의처리제도를 더욱 개선함 ⑥ 집단적인 돌발사건에 대한 보고·감독·예방 및 처리업무를 더욱 강화함 ⑦ 국가 기본노동표준의 제정·수정 및 개정 직업을 적극 진개힘.

3. 11-5 계획 제정(2006-2010)

1) 10.5 기간 주요성과

가. 취업 및 재취업의 뚜렷한 성과

- 적극적 취업정책 실시, 취업목표책임제 도입 및 '근로자는 선택, 시장은 취업조정, 정부는 취업촉진' 기제확립
- 10.5 기말에 도시·농촌의 취업인구 7억6천만명, 도시지역 등록실업률 4.2% 유지. 5년간 신규증가취업 4,200만명, 정리해고자 재취업 1,800만명, 농촌노동력 전이 4,000만명

나. 직업교육의 상당한 진전

- 시장화·사회화된 직업훈련체제 도입, 고기능 인재양성 강화, 재취업교육·창업교육·농촌노동력 전이교육 착실히 추진
- 정리해고자 연인원 총 2,500만명 교육, 전국 100개 도시에서 창업교육 실시
- 기능평가와 취업을 초보적으로 연계하였으며 10.5 기말에 6,000만명이 자격증 취득

다. 사회보장사업 장족의 발전

- 사회보험범위의 지속확대 및 보장강화. 10.5 기말 가입자는 기본양로보험 1억75백만명, 기본의료보험 1억38백만명, 실업보험 1억600만명, 공상보험 85백만명, 생육보험 54백만명, 농촌사회보험 54백만명. 2005년 사회보험기금 수입 6968억위엔, 지출 5401억 위엔
- 기업연금제도 실시 및 동북3성 도시지역 사회보장체계 개선 시범사업 실시

라. 노동관계조정기제 기초적 형성

- 노동계약제도, 단체협약제도 순조추진 및 전국주요도시 노동관계조정 3자회의 설립
- 노동쟁의 업무처리 강화로 90% 이상 쟁의 종결
- 최저임금제도와 임금가이드라인제도 정립 및 근로자 임금수준향상

마. 노동쟁의법제의 새로운 진전

- "경제수준에 대응하는 사회보장제도 건립"을 헌법에 삽입
- 국무원에서 '아동공 사용금지 규정' 개정발표, '산재보험조례', '노

동보장감찰조례' 제정·발표

- 노동사회보장부는 '공상인증방법', '최저임금규정', '단체협약규정', '기업연금 시행방법' 등 16개 부문 규장발표. 전국 각지에서 110여 개 지방노동법규와 규장발표
- 노동보장감찰기구는 사회보험료 징수, 노동시장 질서개선, 건설부문 농민공 임금체불 조사, 기타 위법사항 조사 등 실시

2) 11.5 시기의 여건

가. 취업여건의 어려움 지속

- 인구과다로 현재도 취업압력이 크며 미래에도 노동력 공급이 수요 초과 지속
- 2010년 총노동력은 8억3천만명, 도시지역 신규증가 노동력 공급은 5천만명, 수요는 4천만명으로 1,000만명 공급초과

나. 사회보장제도 지속개선 필요

- 중국은 이미 고령화 사회로서 양로보험·의료보험 등 사회보장기금이 막대한 지불압력에 직면
- 실업보험의 취업촉진기능은 아직 취약하며 안전생산 미비로 산재보험에의 요구가 증대
- 도시지역 개체호 근로자, 유동취업자, 농민공, 농민 등의 사회보장 문제 대두

다. 노동관계 모순 심화·표출

- 도시화·공업화, 경제구조 조정, 취업형식 다양화로 노동관계가 복잡해지고 이해조정의 어려움 증대

- 임금배분의 비합리성 증가, 임금결정기제의 불완전, 일부기업의 임금인상저조 등 임금문제 대두
- 연장근로시간 한도초과, 임금체불 · 공제 등 근로자 권익침해 심각
- 노동쟁의 지속증가로 쟁의예방과 처리업무의 압력 증대

3) 11.5 시기 발전목표와 주요업무

가. 발전목표

(1) 지속적인 취업 확대
- 적극적인 취업정책 지속실시, 정리해고자 재취업 문제 해결, 도시지역 신규취업 및 농촌노동력 취업추진, 장기적 취업촉진 기제 설립 등
- 11.5 기간 도시지역 신규증가 취업 45백만명, 도시지역 등록실업률 5%이내, 농촌 노동력 45백만명 전이

(2) 근로자 능력제고
- 시장지향적이고 효과적인 도시와 농촌의 직업교육 및 기능인재 평가제도 구축
- 11.5기말에 기능근로자 1억 1천만명, 그 중 기사와 고급기사는 노동자 전체의 5%, 고급공은 20% 달성

(3) 사회보장체계 완비
- 사회보장제도와 관리서비스체계를 건립하고 자금조달방식의 다양화, 보장방식의 다층화, 관리서비스의 사회화 실현
- 사회보장범위 확대, 취업자의 평등한 사회보장 향유 등 구현
- 11.5기말에 도시지역 가입자는 기본 양로보험 2억 23백만명, 기본 의료보험 3억명, 실업보험 1억 2천만명, 공상보험 1억 4천만명, 생

육보험 8천만명

(4) 노동관계 조화·안정 유지

- 노동관계 조정기제 개선, 노동계약제도 보편적 시행, 단체협약 지속 추진, 노동쟁의처리 체제 개혁 등
- 기업임금 소득분배 질서 규범화, 근로자 임금 지속 상승

(5) 노동보장 법제 건실화

- 노동보장 법률·법규체제 건립 가속화, 법에 의한 행정 강화
- 법률보급 업무 강화를 통한 권리수호 의식 확대

나. 주요 업무

(1) 취업촉진의 장기적 전략 및 정책 실시

- 경제발전과 취업촉진을 동시에 달성하는 전략을 실시하고 취업확대에 유리한 경제성장방식 확립. 노동집약산업·서비스업종·중소기업 발전, 취업구조 개선, 교육·취업·권익수호의 3위1체 모델 추진 등
- 적극적 취업정책 지속 실시, 정리해고자 재취업 촉진. 양호한 취업 및 창업환경 창출, 공익성 일자리 개발, 각종 취업보조정책 실시, 취업·실업보험·도시주민 최저생활보장 등 연동 기제 구축 등
- 시장취업기제를 지속 개선하고 도시·농촌 전면 취업계획 촉진. 농촌노동력 도시유입과 타지역취업의 제한 철폐, 농민공 도시유입 취업환경 개선. 구인·구직과 직업중개 행위 규범화, 대졸 실업자 서비스와 관리강화, 채용등록제·취업등록제 개선, 노동시장 질서 강화 등
- 제도화·전문화·사회화된 공공취업서비스 체계 건립
- 기업의 감원지도 강화 및 규범화, 실업예방 기제 건립 등 실업조

정 강화

- 해외취업 확대 및 관리제도 개선, 외국인의 중국내 취업 관리 강화

(2) 직업교육훈련 강화, 근로자 기능개발 가속화

- 경제발전에 부응하는 기능근로자 배양 강화. 실용기능훈련 강화, 정리해고자 재취업 능력 제고, 창업훈련, 농민직업기능훈련 실시, 학교와 기업이 협력하는 기능근로자 양성제도 건립 등
- 직업자격제도 개선, 기능근로자 평가 · 선발 · 사용 · 격려 기제 형성, 국가직업분류 · 직업표준체계 개선, 직업훈련교재 개발 등

(3) 사회보장체계 개선 가속화, 보장능력 확대

- 경제사회발전 수준에 근거하고 지역 집단간 소득차이, 고용주와 개인의 부담능력을 고려하고 기본생활과 기본의료수요에 맞게 사회보험제도 개선
- 양로보험은 동북3성에서의 시범개선을 적극 추진하고 개체호와 유동취업자의 기본양로보험 가입 추진. 기업연금 설정을 권장하고 기본양로보험 · 기업연금 · 개인저축양로보험이 결합되는 다층 연금 체계 기초적 형성
- 의료보험은 도시지역 기본의료보장 정책 · 관리 지속 개선, 도시지역 의료구제제도 구축, 보충의료보험 규범화, 기본의료 보장범위 확대
- 실업보험은 실업자 구직과 직업훈련을 연계하고, 실업보험과 취업촉진 연동 기제 구축, 재취업촉진 기능 활성화
- 산재보험은 보험정책과 표준체계 개선, 다양한 형태의 기업 · 자영업자 산재보험 가입 추진, 보상과 예방 · 회복이 결합되는 효과적 방안 모색
- 생육보험은 범위확대, 생육보험 의료서비스 관리체계와 비용결산

방법 정립

- 사회보험자금을 다양한 방식으로 조달하고 징수관리 강화, 사회보험 기금예산결산제도 구축, 기금 감독관리 강화 및 개선

(4) 노동관계 조정기제 완비 및 조화로운 노동관계 구축

- 노동계약제도 전면 실시, 단체협약제도 추진, 지역·업종별 단체협상 전개, 노동관계 3자회의 역할 강화
- 기업연금 소득 분배 조정, 임금분배 질서 규범화. 임금단체협상제도 추진, 최저임금제확립 및 최저임금 지속 인상, 임금지불 감독관리제도 및 임금지불 보장제도 실시
- 노동쟁의처리 체제개혁 및 업무처리 강화. 예방과 조정중시, 지방에 노동쟁의 중재기구 설치확대, 지역·업종의 노동쟁의 조정조직 설립 추진

(5) 노동보장 법제강화 및 법에 의한 행정 견지

- 노동계약법, 취업촉진법, 사회보험법, 노동쟁의처리법 등 법률 제정. 장애인취업, 직업기능훈련 및 검정, 노동시장, 기업임금, 기본양로보험, 의료보험, 사회보험기금감독관리 등 행정 법규 연구제정. 실업보험조례 수정, 지방노동보장 입법업무 지도 강화
- 노동표준 제정·수정업무 강화. 특수 노동시간 심사제도와 근로자 휴게·휴가제도 개선, 여성 및 미성년 근로자 특수 노동보호 강화
- 노동보장감찰제도와 체제 구축 강화. 감찰절차 규범화, 감찰업무제도 개선, 노동과 관련 부문 위반을 공동 조사하는 종합처리 기제 개선, 근로자 권익 침해 행위 조사 강화
- 법에 의한 노동보장사무처리, 행정심사와 행정허가 행위 규범화, 법률보급 및 교육업무제도 구축

중국 2006년 노동사회보장사업 통계 발표를 살펴보면, 다음과 같다.

① 노동취업 분야

- 2006년 말 전국 취업인구는 7억 6,400만명으로 전년대비 575만명 증가. 1차산업 3억 2,561만명, 2차산업 1억 9,225만명, 3차산업 2억 4,614만명으로 점유율은 각각 42.6%, 25.2%, 32.2. 2006년 도시지역 신규증가 취업인원 1,184만명, 정리해고자 재취업 505만명
- 연말 도시지역 등록실업자 847만명, 등록실업률 4.1%. 도시지역 취업인구는 2억 8,310만으로 전년 대비 979만명 증가
- 직업소개기구는 2006년말 37,450개로 전년대비 1,703개소 증가. 공공직업소개기구는 24,777개소이며 한 해동안 1,845만명 취업시킴

② 사회보험

㉮ 양로보험

- 2006년말 도시지역 기본양로보험 가입자는 1억 8,766만명으로 전년 대비 1,279만명 증가. 그중 재직자 1억 4131만명, 이직 · 퇴직자 4,635만명으로 전년 대비 각각 1,011만명, 268만명 증가. 기본양로보험 가입한 농민공은 1,417만명
- 2006년 도시지역 기본 양로보험 기금 총수입 6,310억위엔으로 전년 대비 23.9% 증가. 기금 총 지출은 4,897억위엔으로 전년 대비 21.2% 증가, 연말 기본양로보험 기금 누계 잔고는 5,489억위엔, 기업연금은 년말까지 2,4만개 기업(964만명)에서 구축하였으며 기금 누계 잔고는 916억위엔, 농촌 양로보험 가입자는 5,374만명이며 기금 누계 잔고는 354억위엔

㉯ 실업보험

- 실업보험 가입자는 1억 1,187만명으로 전년 대비 539만명 증가.

실업보험금 수령자는 327만명으로 35만명 감소

• 실업보험기금 수입은 385억위엔으로 전년 대비 15.8% 증가. 기금 지출은 193억위엔으로 6.9% 감소하였으며 연말 기금 누계 잔고는 708억위엔

㉰ 의료보험

• 기본의료보험가입자는 1억 5,732만명으로 전년대비 1,949만명 증가. 그 중 재직자 1억 1,580만명, 퇴직자 4,152만명으로 전년 대비 각각 1,558만명, 391만명 증가. 기본 의료보험 가입 농민공은 2,367만명

• 의료보험 기금 수입은 1,747억위엔, 지출은 1,277억위엔으로 전년 대비 각각 24.3%, 18.3% 증가. 기금 누계잔고는 1,752억위엔이며 그 중 사회통합기금 잔고 1,077억위엔, 개인계좌누계 675억위엔

㉱ 산재보험

• 산재보험가입자는 1억 268만명(농민공 2,537만명)으로 전년 대비 1,790만명 증가

• 산재보험 기금 수입은 122억위엔, 지출 68.5억위엔으로 전년 대비 각각 31.7%, 44.2% 증가

• 연말 기금 누계 잔고는 193억위엔

㉲ 생육보험(출산보험)

• 생육보험 가입자는 6,459만명 전년 대비 1,051만명 증가

• 생육보험기금 수입은 62억위엔, 지출 373억위엔으로 전년 대비 각각 41.9%, 36.8% 증가. 년말 기금 누계 잔고는 97억위엔

③ 노동관계

• 각급 노동쟁의 중재위원회에 접수된 노동쟁의는 44.7만건으로 전년 대비 9.9% 증가. 그 중 안건처리전 해결이 13만건, 안건 성립 노동쟁의는 31.7만건에 관련 근로자 68만명. 근로자 3인 이상 관

련된 집단 노동쟁의는 1.4만건, 관련 근로자 35만명. 노동쟁의 안건 처리율 91.6%

④ 임금분배

- 2006년 도시지역 근로자 연 평균 임금 21001위엔으로 전년 대비 14.4% 증가(물가상승률 감안한 실질 증가율 12.7%). 국유기업근로자 연 평균 임금 22,112위엔, 집체기업 13,014위엔, 기타 기업 20,755위엔

⑤ 노동법제와 감찰

- 2006년 말 현재 전국의 노동보장감찰기구는 3,201개, 감찰원 2.2만명으로 감찰기구 건립률은 94.5%
- 노동시장질서 확립, 고용관계, 아동근로자사용, 농민공 임금 체불 등을 중심으로 감찰활동을 실시. 141만개 고용단위 검사 실시, 122만개 고용단위 서면 심사, 39.9만건의 고발사건 조사처리, 노동보장 위법 사건 40만건 조사 처리
- 감찰집행을 통하여 1,243만 근로자의 노동계약을 체결하도록 하고, 770만명의 근로자 임금 58억위엔 지급받도록 함. 19만개 고용단위의 사회보험으로 56억위엔 납부토록 하고 11만 개 고용단위에 대해 사회보험 가입을 신고토록 하였음.

제 2 절 인구정책

1. 개 요

중국의 인구에 대한 역사문헌을 보면, 기원전 2,100년 경 하(夏) 우왕시대의 중국 인구는 1,355만 명이라고 기록하고 있다(帝王世纪). 그

리고 주(周) 성왕 통치시기(기원전 1,115-1079년)에는 1,371만 명, 그리고 서한평제 통치시기(서기 2년)에는 5,959만 명이라고 기록하고 있다(汉书地理志).

그 후 진·수·당·송·원을 지나는 동안에는 전쟁과 재해 등으로 말미암아 4,000-6,000만명의 인구를 유지했었다가, 1685년 청조의 강희황제 24년에는 1억 170만명을 돌파했다고 한다. 곧이어 80년이 지난 1763년경에는 3억 1,328만명으로 늘어났다고 한다.

1949년 신중국이 창립되기 전에는 약 5억 4,167만 명을 기록했으며, 1964년에 7억 명을 돌파하였고, 1969년에는 8억 명을 기록했다. 이러한 인구증가에 대한 여러 문제와 부작용이 발생하자 중국정부는 1974년부터 계획생육을 실시하여 인구증가를 통제하기 시작하였으며 그 결과 1996년에 12억명 정도에 머물게 되었다.

현재는 지난 5년에 동안 꾸준한 계획생육과 한 자녀 낳기 운동의 결과 인구증가율이 점점 감소하는 추세에 있다. 그러나 한 자녀양육의 부작용으로 인해 도시에서는 다시 두 자녀를 선호하는 경향이 있으며, 농촌은 생산력 문제 인해 한 자녀 이상을 출산하고 있다.

한편 중국의 호구제도는 지난 1958년 계획경제의 목적을 달성하고 도시지역의 지나친 인구증가를 통제하기 위한 주요 수단으로 활용되어 왔다. 그러나 이 제도 역시 시장경제체제의 전면실시와 관련하여 거주이전의 자유를 보장한다는 중국 정부의 의지에 따라 변화를 모색하고 있다.

중국 정부는 앞으로 5년에 걸쳐서 호구제도를 취업등록제도로 전환해나갈 것이라고 밝혔는데, 이 취업등록제도란 개인에게 사회안전번호를 부여하여 실업자의 취직을 돕고자 하는 것이다.

최근 중국 정부의 호구제도 개혁은 중국의 경제상황이 노동력의 대도시 이동과 도시화를 공식적으로 인정하는 조치라고도 할 수 있다.

그래서 대도시에서는 대도시에 필요한 과학자나 전문인 대학원 졸업자들을 중심으로 임시 거류증을 주고 있으며, 전국의 중소도시들도 도시지역에 거주를 두고 있거나 안정된 수입이 있는 외지인에게도 도시호구를 발급하고 있는 실정이다.

현재 중국은 인구의 30% 정도가 도시지역에 살고 있는데, 앞으로 수년동안 지속적으로 1만여 개의 중소도시와 향을 건설하여 9억명의 농촌인구 가운데 약 4천만명 이상을 도시로 이주시킬 예정이라고 한다. 전문가들은 현재 2억명 정도의 농촌유동인구가 도시에서 생활하고 있다고 밝히고, 아직도 1억 5천만명 이상의 농촌인력이 취업을 대기하고 있다고 한다. 동시에 그들은 북경과 상해와 같은 대도시들은 정치적 요인들과 사회간접시설의 부족 등으로 인해 도시호구를 주거나 취업기회를 마련하기란 어려울 것으로 보고 있다.

최근 중국사회의 큰 변화를 주고 있는 도시인구의 증가에 대하여 살펴보도록 하자.

서부대개발과 중국도시발전 5개년 규획 등 굵직한 정책의 실시에 따라 중국의 도시화가 급속도로 진행되면서 농촌 인구의 도시 유입이 늘어나 2015년 중국 내 도시 인구가 8억 명을 돌파할 것이라고 신화통신 등이 전망했다. 그동안 고도성장 위주의 선부론(先富论) 정책을 펼쳐온 중국이 '조화로운 사회' 건설이라는 기치를 내걸고 균형성장과, 사회적 평등을 강조하는 '공부론(共富论)'을 들고 나온 것은 지나친 도시화로 인한 부작용을 우려한 때문이다.

중국 전문가들은 1993년 28%에 그쳤던 도시화율이 2003년 40.5%로 크게 증가한데 이어 2020년이면 56%에 달할 것으로 예측하고 있다. 하지만 자원의 지나친 개발로 자원 고갈, 맹목적인 인프라 건설, 생활질 저하, 도시 노동력 집중 등 많은 문제를 낳고 있다. 특히 농촌에서 도시로 몰려온 오갈 곳 없는 구직자들은 중국의 큰 사회 문제로 대두되기도 했다.

통계에 따르면 2006년 중국의 도시 인구는 5억7700만 명에 달했으며 도시화율은 43.92%에 달했다. 현재 중국 농촌의 잉여 노동력은 1억 5000명에 달한다고 처우바오싱 부부장이 말했다. 이런 속도대로라면 향후 20~30년 내 매해 1500만~1800만 명의 노동자가 도시로 이주하게 될 것으로 분석된다. 중국 정부는 농촌 인구의 도시 유입을 막기 위해 '호구(户口) 제도' 등을 실시해 법적으로 막고 있지만, 농촌 노동자들에게 이중고를 주는 결과만 초래했을 뿐 문제 해결의 열쇠는 되지 않고 있다.

중국은 향후 10년간을 도시 인프라건설의 주요시기로 보고 개발하고 있으며 2015년께는 9000만 대의 차량이 보급될 전망이다. 또한 도시인구는 8억 명에 달하게 돼 환경 문제, 교통 문제 등 심각한 부작용이 일어날 것으로 보고 있다.

2. 인구정책

1978년 12월에는 인구증가율을 1985년까지 5% 이하로 억제하여, 2000년의 인구를 12억명 이내로 억제한다는 목표를 설정했었다. 그리고 1979년 1월부터는 1가구 1자녀 낳기 정책을 실시하여, 1자녀에 대한 고교졸업시까지의 학비면제 등 혜택을 부여하고, 2자녀 이상 가구에 대해서는 10%의 감봉, 벌금징수, 승진제한 등 불이익을 부과하기도 하였다.

[인구증가 추이]

구 분	1995	1996	1997	1998	1999
총인구(억명)	12.11	12.24	12.40	12.48	12.59
전년대비 증가인구(억명)	0.13	0.13	0.16	0.08	0.11
출산율(%)	1.712	1.698	1.657	1.603	1.523
사망률(%)	0.657	0.656	0.651	0.650	0.646
자연증가율(%)	1.055	1.040	1.006	0.953	0.877

1980년 3월에는 혼인법을 개정하여 결혼연령을 상향조정하였는데, 남자는 20세에서 22세로, 여자는 18세에서 20세로 높였다. 그리고 1982년 12월의 신헌법에서는 가족계획 의무화를 명시하였으며, 9-5계획 기간(1996-2000) 중에는 총인구를 2000년에 13억명, 2010년에는 14억명 이내로 억제한다는 목표를 세워 실시 중이다.

3. 1999년 인구 현황

중국 인구의 현실을 살펴보면, 지속적인 계획생육 정책의 실시와 인구증가율의 감소에도 불구하고 총인구는 꾸준히 증가하고 있다는 것이다. 그리고 연령분포에 있어서는 인구의 노령화 속도가 급속히 가속화되고 있어서 향후 2025년경에는 전 인구의 25%가 노령인구로 변하게 될 것으로 예측하고 있다.

중국의 인구분포는 동밀서소의 형태라고 할 수 있다. 동부의 평원지대와 경제개방지역을 중심으로 인구가 밀집하고 있다는 것이다. 그리고 도시화와 산업화의 확대로 대도시의 인구가 점점 증가하고 있다.

그럼에도 불구하고 여전히 농촌지역의 인구가 전체의 70%를 차지하고 있는 실정이다.

1999년말 조사에 따르면 전체인구는 약 12억6천만 명이었고, 그 가운데 도시거주자는 3억9천만 명이며(31%), 향촌거주자는 8억7천만 명(69%)이었다. 한편 0-14세의 인구는 3억2천만명이며, 15-64세는 8억5천5백만 명이고, 65세 이상은 8천7백만 명이다.

그리고 남자는 6억4천만 명이고, 여자는 6억2천만 명이었다. 현재 매일 출생하는 인구는 5만3천 명이며, 사망자는 2만2천명 정도이다. 결혼하는 숫자는 하루에 2만4천쌍 정도이며, 이혼은 3300쌍 정도로 나타났다. 남자의 평균수명은 69세, 여자는 73세이다.

중국은 현재 도시화와 도시거주자가 지속적으로 증가하고 있으며, 남녀의 성비는 점차 균형을 이루어가고 있는 것으로 나타났다.

4. 제5차 인구조사(국가통계국 2001년 중국통계연감)

1) 인구조사

중국 정부는 2000년 11월1일 국무원의 결정에 따라 시작되었던 인구조사 결과를 2001년 3월 28일 발표했다. 이번 조사는 중화인민공화국의 건설 이후 1953년 제1차, 1964년 제2차, 1982년 제3차, 1990년 제4차에 이어 5번째로 행해진 인구조사로, 대만지역을 제외한 전국의 31개 성, 자치구, 직할시 및 홍콩, 마카오지역을 포함하여 건국이래 최대규모로 진행되었다. 발표된 내용은 아래와 같다.

2) 총인구

① 전국 총인구 : 12억 9,533만 명

② 31개 성, 자치구, 직할시, 현역군인 : 12억 6,583만 명(복건성의

금문, 마조 등의 섬 불포함)

③ 홍콩 특별행정구 : 678만 명

④ 마카오 특별행정구 : 44만 명

⑤ 대만과 복건성의 금문, 마조 등의 섬 : 2,228만 명

3) 인구증가율(1990년 제4차 조사와 비교)

① 총 1억 3,215만 명 증가(11.66%의 증가율)

② 연평균 1,279만 명 증가

(1.07 %의 연평균 증가율-1980년대 말에 비해 0.4% 감소)

4) 가구와 가족 규모(1990년 제4차 조사와 비교)

① 가구 수 : 3억 4837만 호

② 가구당 평균 인구 수 : 3.44명(1990년에 비해 0.52명 감소)

5) 남녀 성비

① 남성 인구 : 6억 5,355만 명(총인구의 51.63 %)

여성 인구 : 6억 1,228만 명(총인구의 48.37 %)

② 역대 인구조사 남녀 성비(여성이 100일 때)

1953년 제1차 인구조사, 총 인구 5.82억 명, 성비 107.6

1964년 제2차 인구조사, 총 인구 6.95억 명, 성비 105.5

1982년 제3차 인구조사, 총 인구 10.08억 명, 성비 106.3

1990년 제4차 인구조사, 총 인구 11.34억 명, 성비 106.6

2000년 제5차 인구조사, 총 인구 12.66억 명, 성비 106.7

6) 연령구성

① 총인구 중에서

0~14세 : 22.89%,

15～64세 : 70.15%,

65세 이상 : 6.96%

② 노령화 추세의 가속화 :

0～14세 인구는 90년 대비 4.8% 감소,

65세 이상 인구는 90년 대비 1.39% 증가

7) 민족구성

① 한족 : 11억 5940만 명(총인구의 91.59%)

② 소수민족 : 1억 643만 명

(총인구의 8.41 %-1990년 보다 0.37% 증가)

③ 한족의 인구증가율은 11.22%, 각 소수민족의 인구증가율은 16.70%

8) 교육정도

① 학력수준

대학교육 이상 : 3,611명/10만 명(1990년 대비 약 154% 증가)

고등학교 이상 : 11,146명/10만 명(1990년 대비 약 39% 증가)

중등학교 이상 : 33,961명/10만 명(1990년 대비 약 45% 증가)

초등학교 이상 : 35,701명/10만 명(1990년 대비 약 4% 감소)

② 문맹률 : 15세 이상 인구 중 6.72%(1990년에는 15.88%)

9) 도시화의 정도

① 도시거주 인구 : 4억 5,594만 명

(총인구의 36.09% - 1990년 대비 9.86% 증가)

② 농촌거주 인구 : 8억 939만 명 (총인구의 63.91%)

10) 제5차 인구조사의 특징과 의미

제5차 인구조사의 특징은 다음과 같다.

① 대상의 규모와 조사 항목, 동원된 물자와 인원 면에서 인류 역사상 가장 규모가 크고 광범위한 인구조사이다.

② 인구조사에서 사용된 신기술도 선진국의 수준에 달하였다.

③ 각 급 수준의 정부와 당, 언론, 조사원을 비롯한 각 부문이 협력하여 조사가 진행되었다는 것 등이다.

또한 중국 국가통계국이 밝힌 이번 인구조사의 의미는 다음과 같다.

1. 불법 출생, 미등록 인구, 고의 누락 등 중국 인구 현황에 관한 억측과 유언비어를 근절시킬 수 있는 근거를 제공하였다.
2. 중국의 구직문제의 심각성을 확인할 수 있었다. 취업 연령에 달하는 5-64세까지의 인구의 비중이 70.15%로, 이는 현재 전 세계에서 가장 높은 수준을 나타내 주는 것이다. 따라서 구직문제가 매우 중요한 문제로 대두하고 있음을 알 수 있다.
3. 도시인구의 비율, 문맹률의 감소 등을 통하여 개혁개방정책의 성과를 확인할 수 있었다.
4. 인구조사를 통해 국가 정책의 중요한 자료를 제공해 주었으며 세계에서 가장 많은 인구를 가진 국가로서 중국은 세계 인구에 대한 각종 통계나 자료를 작성할 때 중국의 인구를 정확히 파악하는 것은 매우 중요한 일이다.

제3절 법률정책

1. 개 요

중국은 노농(劳农)연맹에 기초한 인민민주독재의 사회주의 국가이다(1982년 신헌법 제1조). 그러므로 사회주의 이념에 따라 법률을 제정하고 시행하는 나라이다. 이 사회주의 법제란 '국가의 주체인 노동자와 인민계층이 국가를 통해 제정된 법률을 집행하는 원칙이며, 이는 곧 국가기관, 공무원, 각 정당과 사회단체와 공민들이 법에 따라 일을 처리하는 제도'라고 한다.

중국법률의 기원은 춘추전국시대 위국(魏国)에서 법경(法经)을 제정하면서이다. 진(秦)나라 시대에 이르러서는 진시황이 천하를 통일하고 법가사상에 근거하여 강력한 법을 시행하였는데, 이를 통해 황제의 권한을 세우고 사상과 문자의 통일을 기하기도 하였다.

중국은 여러 왕조를 겪으면서 법률제도를 정비하게 되는데, 특히 당(唐)나라시대에는 당태종의 정관율(贞观律, 637년), 당고종의 영휘율(永徽律, 651년)이 제정되었는데, 이는 당율(唐律)이라 부르며 후대 봉건왕조 법제의 근거가 되었다. 그 후 청(清)나라 시대에는 건륭(乾隆)황제 5년에 완전한 법률체계로서의 대청율례(大清律例)가 제정되었다.

중국의 현대화된 법률은 1911년 신해혁명 이후 손중산에 의해 세워진 남경임시정부에서 제정한 중화민국임시약법(中华民国临时约法)이다. 그 후 국민당 정부는 이 법에 기초하여 육법(六法) 즉, 헌법, 민법, 형법, 행정법, 민사소송법, 형사소송법을 제정하여 시행해왔다.

2. 법률정책

신중국 성립이후 중국은 과거의 사법제도를 폐지하고 공산당 주도의 사회주의식 법률체제를 구축하게 되었는데, 1954년에는 신중국 '제1부 정식헌법'이 제정되어 문화대혁명기간까지 시행되어 왔다.

1978년에는 현대화와 경제건설을 목표로 하는 중국식 실용주의 법률체제를 형성하게 되었는데, 1982년에는 이러한 시대적 상황을 반영하는 신헌법이 제정되어 중국의 현대화를 주도하는 기틀이 되어 왔다. 그 후 1988년에는 1차례 개정이 있었으며, 1993년에는 등소평의 전면적인 시장경제체제 도입의 선언과 중국식 특색있는 사회주의 건설의 목표를 반영하여 2번째의 전면적인 개정과 정비를 통해 완전한 법률체계로서 지금에 이르고 있다.

현재 중국의 법률체계는 헌법과 법률, 행정법규, 성(省)법규와 경제특구 법규, 특별행정구의 법률 등으로 구성되어 있다. 한편 중국 법률의 입법권은 전인대(全人大)와 전인대 상무위원회에 있다. 특이한 점은 행정기관인 국무원이 수권입법(授权立法)의 형태로서, 자체적으로 경제개혁과 대외개방 문제를 해결하기 위한 규정과 조례를 제정하여 반포할 수 있다는 점이다.

중국의 사법기구로는 인민법원과 인민검찰원이 있다. 중국의 인민법원은 최고인민법원과 그 산하에 특별인민법원과 고급(성급)인민법원, 중급(지구급)인민법원, 기층(현급)인민법원이 설치되어 있으며, 인민검찰원은 최고인민검찰원과 그 산하에 특별인민검찰원과 성급인민검찰원, 성급인민검찰원분원 및 지구급인민검찰원, 현급인민검찰원이 설치되어 있다.

제4절 언론출판

중국의 언론은 공산당 중앙선전부가 총괄통제하고 있다. 신문잡지의 행정적 관리는 중앙정부기관인 국가신문출판서에서 하고 있으며, 주요 신문과 잡지로는 인민일보, 광명일보, 문회보, 중국청년보, 경제일보, 북경완보, China Daily 등이 있다.

1998년 말 신문은 총 2,022종, 잡지는 7,905종이 발간 중이다. 현재 신문발행 부수는 201억 부이며, 잡지 발행부수는 29억 권이다.

중국의 방송은 중앙정부기관인 광파전영전시부(广播电影电视部)에서 전국의 라디오, TV 방송을 관리한다.

현재 라디오는 전국에 1,210개의 방송국 및 2,334개의 중계국이 설치되어 있으며, TV는 전국에 980여 개 방송국 및 37,732개의 중개국이 설치되어있다. 그리고 라디오 청취가능지역은 90.4%이며, TV는 91.6%라고 한다.

주요 통신관련 기관으로는 신화사(新华社)와 중국신문사가 있다. 신화사는 국무원 직속기관으로서 모든 내외신 뉴스를 총체적으로 관할하며, 전국에 약 29개, 해외에 100개국에 지사가 있다. 그리고 직원 6,000여명이며, 해외특파원은 약 500여명이다. 중국신문사는 중신사라고도 하며, 해외화교에 대한 선전을 주목적으로 1952년 10월에 창립되었다.

제 5 절 체육정책

체육정책은 사회주의 공민육성을 위한 전 민족의 사상과 도덕 및 과학문화소질을 계발, 제고시켜 사회주의 정신문명을 건설함을 목적으로 한다. 그리고 국민건강 증진 및 정치외교 수단으로서 체육을 장려하고 있다. 최근에는 북경이 2008년 하계올림픽 유치에 성공한 것과 중국 축구가 2002년 월드컵에 진출한 것을 계기로 스포츠에 정부와 온 국민이 뜨거운 관심과 지지를 보내고 있다.

국가산하의 체육관련 조직으로는 국가체육총국 내에 국장 1인, 부국장 3인, 산하 20개 경기종목별 협회를 두고 있다. 그리고 중국올림픽위원회가 설치되어 있다.

주요활동은 다음과 같다.

◦ 1978-제8회 아시안게임 참가
◦ 1979.11-모스크바 올림픽 불참(소련의 아프가니스탄 침공항의)
◦ 1984-미국 로스엔젤레스(LA) 올림픽 참가
◦ 1986.9-제10회 서울 아시안게임 참가
◦ 1988.9-제24회 서울 올림픽 참가
◦ 1990.9-제11회 북경 아시안게임 유치
◦ 1996-하얼빈 동계 아시안게임 개최
◦ 1998-제11회 북경 아시안게임 개최
◦ 2001.7-2008년 하계올림픽 북경 유치
◦ 2001.9-제21회 세계 대학생운동회 개최

제6절 종교정책

1. 개 요

중국은 세계 3대 종교를 모두 가지고 있으며, 여러 종교를 신봉해오던 다종교국가였다. 현재 중국의 종교는 전통적으로 내려오던 도교를 포함하여 모든 종교(회교, 불교, 기독교, 천주교, 도교)가 존재하고 있다.

중국문명은 농경문명이라고 할 수 있다. 그래서 중국의 원시종교는 농업을 위주로 하는 현실적인 삶의 필요에 의해 모든 만물에 신이 있음을 인정하고 만물을 숭배하는 다신교 신앙이 존재했었다. 이러한 다신교 신앙은 봉건왕조를 형성하면서 천지인(天地人) 즉 하늘과 땅, 조상을 숭배하는 종교로 발전하게 되었다.

그 후 고대중국에는 천지산천(天地山川), 조상(祖先), 군사성현(君师圣贤)의 3대숭배가 있었다. 중국인들은 천신을 황천상제(皇天上帝)로, 지신을 후토지저(后土地祇)라고 불렀으며, 후에는 합하여 황천후토(皇天后土)라고 하였다.

또한 천지에 대한 숭배와 함께 조상숭배의 문화가 형성되었는데, 고대시대의 종법제도(宗法制度)와 남근숭배(男根崇拜) 사상은 바로 이러한 조상숭배를 반영한 것이었다.

이와 함께 군사성현숭배(君师圣贤崇拜)와 제사가 이루어졌는데, 이는 고대인들의 관념 속에는 왕과 위대한 스승과 성현들을 모두 비범하고 신성한 사람들로 여기고 있었기 때문이었다. 군(君)으로는 역사상의 실제인물인 삼황오제(三皇五帝), 주무왕(周武王), 한고조(汉高祖), 한무제(汉武帝), 당태종(唐太宗)을 비롯한 15인이 숭배되었으며, 사(师)로는 존경받을 만한 성인들로서 공자(孔子)와 관공(关公)이 대표적이며, 후에는 선현들이 추가되어 굴원(屈原). 한신(韩信). 제갈량(诸葛亮) 등이 숭배의 대상이기도 하였다.

도교는 중국 고유의 전통종교라고 할 수 있는데, 도교 1) 원시종교와 무속신앙 2) 춘추전국시대의 방술(方术), 신선사상, 장생불로의 사상 3) 음양오행학설 등의 영향을 받아 형성되었다고 한다.

도교는 소위 도(道) 혹은 대도(大道)를 신봉하는 종교로서, 이러한 사상은 도가사상에서 차용한 개념이다. 그러나 노자가 말한 도와는 차이가 있다. 도교의 도란 신명(神明)의 근본이며, 천지의 으뜸으로 만물을 생성하고 오행을 이룬다고 한다. 즉 우주와 음양, 만물은 모두 도에 의해 생겨난 것이라는 것이다. 또한 도는 무소부재하며 만물과 추상적인 모든 것을 포함한다고 말한다.

도교의 기본 특징은 비교적 많은 민간신앙과 방술 즉 중국의 전통문화와 생활풍속과 밀접하게 적응해왔다는 것이다. 이는 역사적 자연종교의 특징이기도 한데, 대개는 미신적인 요소들을 많이 내포하고 있다.

도교는 창립된 후 서기 170년-183년의 10여년의 기간에 신도 10만을 이룰 정도로 발전하여, 한나라 시기에는 도교와 정권이 결합하여 30여년 동안 나라를 지배하는 종교로까지 발전하기도 하였다. 이렇게 도교가 발전하게 된 이유는 1) 도교의 철학사상이 중국의 고유한 사상이라는 것 2) 도교의 전파수단이 각계 각층의 실제적인 이익을 도모하는 것이었다는 점 3) 도교의 신성사상 등이 당시 사람들에게 상당한 호감을 주었다는 점 등이다.

그 후 도교는 조조(曹操)의 등장으로 잠시 쇠퇴하게 되었다가, 당나라 시기의 고종에 이르러 봉건통치자의 종교정책에 일환으로 통치수단으로 사용되면서 다시 한번 번성하는 계기를 가지게 되었다. 송나라에 이르러서는 당시 교육기관인 태학(太学)에서 도덕경(道德经) 박사를 설치하여 교육하기도 하였으며, 원나라에서도 도교와 정치가 친밀한 관계를 유지하기도 하였다. 그러나 명대 중엽에 이르러 도교는 점점 귀족들로부터 멀어지기 시작하여 쇠퇴하게 되었다. 반면 도교는 민간종교로서 다시 활발하게 전개되기도 하였다.

중국의 전통종교인 도교는 토속종교와 융합되어 현재에 이르고 있으며, 소수민족 지역 일부에서 신봉하고 있는 실정이다. 그리고 중국의 대부분의 소수민족들은 도교 외에도 각기 전통과 문화를 배경으로 토속적인 종교의식들을 가지고 있다.

불교는 인도에서 중국으로 전래되었는데, 전래경로에 따라 장전(藏传)불교와 한전(汉传)불교, 소승불교의 3가지로 나누고 있으며, 주요 종파로는 천태종, 화엄종, 율종, 정토종, 밀종, 선종 등이 있다. 그 중 중국화된 불교의 전형적인 종파는 선종이라고 할 수 있다.

여기서 한전(汉传)불교란 서기 1세기경부터 주로 한족에게 전파된 불교로서 대승(大乘)불교 혹은 북전(北传)불교라고도 부른다. 그리고 중국불교는 7세기 전반기에 전성기를 갖게 되었다. 또한 장전(藏传)불교도 7세기에 중국에 들어오기 시작하였으며, 라마교(喇嘛教)라고도 부르는데 주로 중국의 서장(西藏)지역과 장족(藏族)에게 전래되었다. 그리고 남전(南传)불교는 서기 10세기말엽에 중국의 남방인 운남(云南)지역을 중심으로 전래된 불교로서 소승(小乘)불교라고도 부른다.

중국의 불교는 사실 위진남북조시기에 이르러 상당한 발전을 이루기 시작하였는데, 그 이유는 대체로 다음과 같다. 1) 동한 말기시대의 사회적 혼란과 경제적 어려움 2) 노장사상을 기초로 형성된 현학의 영향 3) 통치자들이 불교를 통치의 수단으로 이용함 등이다.

그 후 중국 불교는 수당시대를 거치면서 전성기를 맞이하게 되었는데, 특히 당나라에 이르러서는 국가의 통일, 경제적 부흥, 문화번영, 무력의 강성 등을 배경으로 종교에 대해서도 관용정책을 실시하여 대형 불교사원을 짓고, 불경을 번역하는 등 많은 발전을 이루게 되었다. 또한 중국 불교는 송명시대를 거치면서 여러 종파를 이루는 발전을 이루었고, 청나라에 이르러서는 변방 소수민족을 융합하기 위하여 서장자치구와 내몽고자치구 지역에 불교를 장려하는 정책을 펴기도 하였다.

현재 중국의 불교는 중국화된 라마불교 혹은 티벳불교로 시장 자치구를 중심으로 분포하고 있으며, 일부가 서북지역 일대와 내몽고 자치구와 사천성 등의 소수민족 지역에 퍼져있다.

회교는 서기 622년에 마호멧이 이슬람교를 세운 지 얼마 되지 않아서 아랍의 상인들이 중국에 들어오게 되면서 전래가 시작되었다. 중외사학자들은 651년에 아랍제국의 특사가 장안에 와서 당고종을 접견한 때부터라고 하는데, 이것이 중국내 최초의 이슬람교의 전래시기라고 주장한다.

회교는 오랜 시간에 걸쳐 중국에 정착하게 되는데, 대개 3단계로 나누어진다. 제 1차 단계는 당송시기에 아랍의 상인들이 바다와 육지를 통해 중국의 서부와 각 지역에 들어와서 교류하게 되면서 개종자들이 생겨난 시기이다. 제 2차 단계는 본격적으로 회교가 전래된 시기로 원나라시대의 몽고족이 서역전쟁을 전개했던 시기이다. 이때부터 자연스럽게 아랍사람들이 중국으로 건너와 중국의 각지에 퍼지게 되었으며, 중국내 신자의 숫자가 확대되는 시기라고 할 수 있다. 제 3차 단계는 명나라 시대에 이르러 회교가 신장지역의 대부분의 위구르족에게 전파되었던 시기이다.

회교문화의 특징은 회교가 중국의 전국 각지에 분포되어 있지만, 기본적으로 회교도들만의 독특한 종교문화가 이루어지고 있다는 것이다.

그리고 회교는 전래되면서, 중국의 천문학과 건축, 의학의 발전에 기여하였다. 현재 중국의 회교는 영화 자치구와 신장 자치구 등 서북부 지역을 중심으로 하여 전국에 퍼져있으며, 회교도들은 주로 청진사라는 사원을 중심으로 종교문화를 이루어 나가고 있다.

기독교는 개신교를 지칭하는 기독교와 천주교, 동정교 등으로 나누어지는데, 중국의 기독교는 당나라 시대에 경교가(635년경) 처음 전래된 것을 시작으로 하고 있다.

동정교(东正教)는 가톨릭교회가 1054년에 동서교회로 분열되면서 생겨난 것으로 희랍정교회 혹은 정교회라고 부른다. 동정교가 중국에 들어오게 된 것은 1685-1686년에 중국과 제정러시아의 전쟁에서 북경으로 잡혀온 45명의 포로 중의 하나였던 동정교제사장에 의해 전래되었다고 한다. 또한 중국의 천주교는 주로 명청시대에 걸쳐 예수회의 선교사들에 의해 전래되었다.

한편 19세기 초에는 개신교가 중국의 개화기와 맞물려 중국에 들어오기 시작하였다. 그리하여 20세기 초까지 서방선교사들은 열강의 침략과 청조의 신교자유의 윤허라는 역사적 배경 하에서 중국선교를 활발히 전개하였다. 그리고 1911년 손문의 신해혁명에 의한 청조의 멸망과 중화민국의 등장으로 포교활동의 자유와 서방의 종교활동에 대한 보호아래 신속하게 발전해나갔다.

당시 기독교는 각종 학교와 병원, 사회시설들을 설립하여 중국의 발전과 현대화에 많은 영향을 주었으며, 서양의 의학과 과학들은 중국의 전통적인 학문들과 결합하여 새로운 학문적 발전을 이루어왔다. 한편 개신교는 1921년 당시 신자가 200만을 헤아릴 정도로 많은 부흥이 있었다.

또한 1949년 이후에는 중국공산당의 삼자애국운동으로 인해 등장한 삼자교회와 전통적인 가정교회의 형태로 나누어져 현재에 이르고 있다. 중국교회는 문혁시기에 주춤하였다가, 개혁개방이후에 다시 활발하게 성장하고 있으며, 현재는 전국적으로 큰 부흥이 일어나고 있다.

2. 종교정책

신중국이 성립된 후 1954년에 제정된 헌법에서는 종교신앙의 자유를 보장하고 있었다. 그러나 1958년 대약진 운동이후에는 종교와 사상에 대한 철저한 제제가 실시되었고, 문혁기간 중에는 4구운동(구사상, 구문화, 구풍속, 구습관)을 전개하여 모든 사원과 교회가 파괴되기도 하였다.

1982년 제정된 신헌법에는 법적으로 종교신앙의 자유를 존중하며 보호한다고 되어 있으나, 실제로는 종교활동의 제제를 강화하고 있다. 이는 헌법 제34조, 제36조, 민법통칙 제36조, 제37조, 제71조, 제77조에 의거하고 있으며, 중국은 종교와 정치, 종교와 교육의 분리 원칙을 주장하며, 종교계 인사의 단결 및 교육을 강화하고 있다.

주요 조직으로는 국무원 직속기관으로 국가종교사무국을 두고 있는데, 국가종교사무국에는 국장 1인과 부국장 3인 및 6개국으로 이루어져 있다. 산하에 종교연구중심, 중국종교 잡지사, 종교문화출판사 등을 보유하고 있다.

현재 중국에는 애국적인 종교조직으로서 8개의 종교기관이 존재하고 있다. 먼저는 중국도교협회, 중국불교협회, 중국이슬람교협회가 성립되어있으며, 천주교는 3개의 종교조직을 가지고 있는데 중국천주교애국회, 중국천주교교무위원회, 중국천주교주교단이 있다. 그리고 기독교는 2개의 종교조직을 가지고 있는데 중국기독교삼자애국운동위원회, 중국기독교협회가 있다.

1) 기본 정책

중국은 1982년 제정 '신헌법' 36조에서 종교신앙의 자유 및 정상적인 종교활동에 대한 국가의 보호를 규정하는 등 중국 공민에 대한 기본적인 종교의 자유를 인정하고 있다.

그러나 종교를 믿지 않을 자유를 보장하고, 종교를 이용하여 사회질서, 공민의 신체건강 및 국가 교육제도를 방해하는 활동을 할 수 없다고 규정하는 등 국가와 사회질서의 틀 속에서 종교활동을 할 것을 의무로 하고 있다.

2) 외국인의 종교활동 관련 정책

중국은 기독교계는 '삼자신학원'을 통해 목회자를 독자적으로 양성, 운영하는 등 종교문제에 관한 외세 개입을 배격하고 있다. '신헌법' 36조는 "종교단체와 종교사무는 외세의 지배를 받지 않는다"고 규정하고 있으며, '외국인 종교활동 관리규정 시행세칙'에서는 외국인의 중국인에 대한 선교활동 등을 불법으로 규정하고 있다.

3) 중국의 종교 관련 법령

종교관련 법령에는 다음과 같은 법규들이 있다.

◦중화인민공화국 헌법 제36조

◦외국인 종교활동 관리규정 시행세칙
(국가종교사무국령, 2000.9.26),

◦종교활동 장소 등기판법
(종교활동 장소 등기 규칙, 국가종교사무국령, 1994.4.13),

◦외국인 종교활동 관리규정(국무원령 제144호, 1994.1.31),

◦종교활동 장소 관리조례(국무원령 제145호, 1994.1.31),

◦각 지방 종교사무국에서 제정한 조례

(1) 중화인민공화국 헌법 第36조

중화인민공화국의 공민은 종교신앙의 자유를 가진다. 어떠한 국가기관, 사회단체 또는 개인도 공민이 종교를 믿도록 혹은 믿지 않도록 강제할 수 없고, 종교를 믿는 공민과 믿지 않는 공민을 처벌할 수 없다. 국가는 정상적인 종교활동을 보호한다. 어떠한 개인도 종교를 이용하여 사회질서를 파괴하거나 공민의 신체건강을 해치고 국가교육제도를 방해하는 활동을 할 수 없다. 종교단체와 종교사무는 외세의 지배를 받지 않는다.

(2) 외국인 종교활동 관리규정

외국인 종교단체 설립 및 예배를 위한 집회소, 종교학원 등의 운영을 금지한다. 또한 중국 공민중 신도의 확대 발전이나, 성직자의 임명 등 선교활동을 금지한다. 그리고 개인적 용도 외의 종교관련 서적, 녹음물, 비디오의 반입을 금지한다.

(3) 종교활동 장소 관리조례

사원, 교회 내에서의 정상적인 종교활동만 인정하며, 내외국인의 집회장소에 대한 사적 설치와 관리는 불가하다. 또한 종교활동 장소를 설치하려면 반드시 사전에 등록의무를 마쳐야 한다.

(4) 외국인 종교활동 관리규정 시행세칙

외국인은 중국 내에서 다음과 같은 선교활동을 할 수 없다. 중국인을 종교 교직자로 위임하는 행위, 중국인을 대상으로 종교신도를 확장하는 행위, 허락받지 않은 장소에서 자의적으로 강론, 설교하는 행위, 허락을 받지 않고, 법에 의거해 등기된 종교활동 장소 이외의 다른 장소에서 강론, 설교하거나 종교집회 활동을 진행하는 행위, 허가되지 않은 임시장소에서 중국공민이 참가하는 종교활동을 거행하는 행위(초청받아 종교활동을 주재하는 종교 교직자는 제외), 종교 간행물. 종교 음향. 영상기기, 종교 전자출판물 등 종교용품을 제작 또는 판매하는 행위, 종교 홍보물을 배포하는 행위 등이다.

현재 중국사회는 급속한 변화를 경험하고 있다. 중국의 경제사회 분야의 전문가들은 현 시기를 가리켜 기회와 위기가 공존하는 시기로 전망하고 있다.

지금은 개혁개방 정책의 정점에 서 있는 시기인 동시에 정치적으로는 중화인민공화국 성립 이후 사회주의 통치의 최대 전환기라고도 할 수 있다. 왜냐하면 경제위주의 대외정책은 필수적으로 제도의 개혁과 체제의 변화를 요구하고 있기 때문이다.

2005년 3월에는 온가보 총리가 국무원령으로 '종교사무조례'를 공포하였는데, 이는 기존의 종교인의 등록과 관리를 공고히 하는 동시에 종교활동장소와 종교재단 및 종교재산에 대한 합법적 권익을 보호하는 한편 불법적인 종교활동과 종교행위에 대하여 법적 통제와 처벌을 명문화하고 있다.

제8장

중 국 교 육

제1절 개 요

중국은 고대로부터 교육을 중시해 온 나라이다. 이러한 교육 중시의 사상은 교사에 대한 존중의식, 사회가 학문을 신성하게 여기는 전통들에 의해 잘 표현되고 있다.

중국 고대교육의 특징은 유교경전을 주 교재로 한 '유가(儒家)' 교육사상이 지대한 영향을 미치었다는 것이다. 이는 유교가 역사적으로 치국의 근본이며, 인간심신의 발달에 큰 영향을 미치는 학문의 기초로 보았기 때문이었다. 한편 이러한 중국 전통사상에 기초한 고대교육의 기본 정신은 바로 도덕을 중시하고 인격을 배양하는 것이었다.

중국 교육의 시작은 고대왕조의 하나로 씨족사회 후기에 해당되는 하(夏)나라로부터 시작된다. 그 후 상(商)나라 시대에 들어와서는 대학(大学), 소학(小学), 교(校), 서(序), 상(庠) 등의 교육기관 명칭이 사용되어 왔다. 이러한 중국의 고대교육은 관학, 사학, 서원 등의 3가지 유형으로 나누어 발전하여 왔다.

송나라 초기에 이르러서는 서원이 교육서원으로 발전하여 흥왕하게 되었는데, 이는 송명이학(宋明理学)의 등장과 밀접한 관련을 가지고 있다. 당시 서원의 교육내용은 역대의 관학과 큰 차이가 없을 정도로 이학을 발전시키는 중요한 교육기관으로서의 역할을 감당하였다.

중국의 유교중심의 전통적인 교육은 명대에는 국자학(国子学), 청대의 태학(太学) 등을 중심으로 발전하여 왔으나, 1840년 아편전쟁의 패배로 청왕조의 쇠퇴와 함께 근대교육으로 접어들게 되었다. 이는 청왕조의 과거제도의 폐단과 관학의 무기력화, 그리고 현실과 동떨어진 유가경전중심의 사학교육 등에도 원인이 있었다.

이러한 역사적 흐름과 함께 중국교육의 개혁을 주장하는 양무(洋务)운동이 일어나게 되었고, 1862년에는 북경에 중국 최초의 근대식 학교인 경사대학당(京师大学堂)을 세우기에 이르렀다.

20세기에는 점차로 서양문화의 유입과 함께 중국에도 많은 근대식 교육기관이 들어서게 되었으며, 1912년에는 신해혁명을 계기로 봉건교육제도를 폐지하고 새로운 근대화된 교육방침을 세우게 되었다. 한편 1921년에는 중국 공산당이 창건되면서 공산당이 주도하는 혁명근거지 교육과 국민당 통치지구가 이끄는 교육으로 양분되기도 하였다.

1949년 10월에는 중화인민공화국이 성립되면서, 사회주의 사상에 근거한 새로운 교육정책이 실시되게 되었다. 이때부터 중국은 전통적인 교육의 형식들과 국민당 정부에 의해 주도해온 모든 교육정책을 전면적으로 개혁하고 중국적인 과학적이며 민족적인 교육의 현대적 틀을 세우게 되었다.

제 2 절 교육정책

중화인민공화국 교육법 제5조를 보면, 교육은 반드시 사회주의 현대화 건설을 위해 노력해야 하며 반드시 생산노동과 결합하여 지덕체 등 다방면을 두루 갖춘 사회주의 사업발전의 건설자와 계승자로 양성해야 한다고 규정하고 있다.

이는 중국교육이 개인의 전인적 발전과 계발을 통한 인간성 함양보다는 사회주의 실현을 위한 도구적 인간을 기르는데 목적이 있음을 보게 한다.

중국의 기본 교육제도는 취학전 교육, 초등교육, 중등교육, 고등교육을 나눌 수 있다. 취학전 교육은 우리나라의 유치원 교육에 해당하며 유아원교육, 가정교육, 사회교육의 3가지 경로를 통해 실시한다.

그동안 초등교육은 6년제, 중등교육은 초급중학 3년과 고급중학3년으로 나누어 실시되어왔다. 그러나 내년부터 시행될 교육정책에는 소학교 5년제, 초중학교 4년제, 고중학교 3년제, 대학교 4년제, 대학원 2년으로 규정하고 있다.

현재 1년 수업일수는 소학교 38주, 초중학교 39주, 고중학교 40주로 규정되어 있으며, 1995년부터는 소학교와 중학교 모두 5일제 수업을 실시하고 있다. 학기는 매년 2학기로 구성되어 있으며, 새 학년이 되는 시기는 매년 9월이다.

[중국의 현행 교육체계]

<table>
<tr><td></td><td></td><td colspan="7" rowspan="2">대학원(석사, 박사, 박사후 과정)</td></tr>
<tr><td>23</td><td></td></tr>
<tr><td>22</td><td>17</td><td rowspan="6">대학과정
전문학원
(4-5년)</td><td colspan="2" rowspan="2">대학과 전문학원</td><td colspan="4">대학원</td></tr>
<tr><td>21</td><td>16</td><td rowspan="3">대학</td><td rowspan="7"></td><td colspan="2" rowspan="2">교육학원
직공대학
야간대학
통신대학</td></tr>
<tr><td>20</td><td>15</td><td>대학</td><td rowspan="3">전문
학교
(2-3년)</td></tr>
<tr><td>19</td><td>14</td><td rowspan="2">전과</td><td rowspan="2"></td><td rowspan="2"></td></tr>
<tr><td>18</td><td>13</td><td rowspan="3">중등
직업
학교</td></tr>
<tr><td>17</td><td>12</td><td rowspan="3">고중

직업
고중
(3년)</td><td colspan="2" rowspan="3">중등
직업학교
(기술, 사범,
의약, 농업 등)</td><td rowspan="5">직
업
중
등
전
과
학
교</td><td rowspan="5">농
업
광
파
학
교</td></tr>
<tr><td>16</td><td>11</td></tr>
<tr><td>15</td><td>10</td><td rowspan="4">초중</td></tr>
<tr><td>14</td><td>9</td><td rowspan="4">초중
(3-4년)</td><td colspan="2" rowspan="3">초중</td><td rowspan="9">9
년
의
무
교
육</td></tr>
<tr><td>13</td><td>8</td></tr>
<tr><td>12</td><td>7</td><td></td><td></td></tr>
<tr><td>11</td><td>6</td><td colspan="3" rowspan="6">소학
(5-6년)</td><td colspan="2" rowspan="6">문화기술
보습반</td></tr>
<tr><td>10</td><td>5</td><td rowspan="5">소학</td></tr>
<tr><td>9</td><td>4</td></tr>
<tr><td>8</td><td>3</td></tr>
<tr><td>7</td><td>2</td></tr>
<tr><td>6</td><td>1</td></tr>
<tr><td>5</td><td colspan="5" rowspan="3">유아원</td><td colspan="3" rowspan="3"></td></tr>
<tr><td>4</td></tr>
<tr><td>3</td></tr>
</table>

중국의 고등교육 즉 대학교육은 전문대학, 본과, 석사, 박사과정을 개설하고 있다. 전과는 2-3년제이며, 본과는 4-5년, 석사는 2-3년, 박사는 3년으로 구성되어 있다.

여기서 특이한 점은 중국은 일반 대학 안에 본과와 함께 전문대학 과정인 大专(3년제), 中专(2년제)의 예과 혹은 전문대 과정이 개설되어 있으며, 성인교육기관(본과와 전과포함)도 별도로 존재한다는 사실이다.

매년 각 대학에서 입학생을 모집할 때에도 한 대학에서 본과와 함께 모든 과정을 함께 선발하고 있다. 이외에도 평생교육의 정책에 따라 다양한 성인교육기관 혹은 방송대학을 운영하고 있으며, 각종 직업기술학교와 직업훈련센터를 운영하고 있다.

중국은 1986년 중국교육법 제정이후, 전국민에게 교육의 혜택을 주기 위해 9년제 의무교육을 실시하며 보급하는 중이다. 이는 소학교와 초중학교 9년간 국가가 무상으로 교육을 실시하는 제도이다. 또한 1994년에는 장애인 교육조례 개정 이후, 장애인, 아동 및 소년교육을 의무교육대상으로 편입하였다.

중국의 학비는 78년 이후 국비로 지급되었는데, 1997년 9월부터는 학비를 납부하게 되었으며, 졸업 후에 국가가 직장을 분배하던 제도가 바뀌어 스스로 직장을 선택하게 되었다. 처음에는 학비가 연간 2천원(약 30만원 정도)였으나, 지금은 5천원(80만원)으로 점점 오르고 있다.

한편 현재 중국의 문맹률은 90년 15.8%에서 1999년 말 11.5%로 계속 감소하여 남자의 6.5%, 여자의 16.8%가 문맹으로 나타났으며, 2000년 말에는 6.7%로 나타났다.

2001년 통계에 의하여, 중국의 각급 학교 수와 학생 수를 살펴보면 다음과 같다.

◦ 유치원: 17.6만개, 2244만 명(진학률 99.1%)

◦ 소학교: 55.4만개, 1억 3013만 명(진학률 94.9%)

◦ 초중학교: 7.7만개, 7369만 명(진학률 51.2%)

◦ 고중학교: 9.3만개, 8851만 명(입학 3184만 명)

◦ 대학교; 1,041개, 556만 명

1999년의 경우 전체 각급 학교별 비율을 살펴보면, 문맹자 11%, 소학교 62.2%, 중학교 35.9%, 대학교 1.9%였다. 그러나 2001년의 통계에 따르면, 문맹자 6.7%, 소학교 59.3%, 중학교 38.1%, 대학교 2.6%였다. 중국은 점차로 상급학교의 진학률이 상승하고 있으며, 특히 중국 정부의 정책에 따라 대학교의 진학률이 급상승하고 있음을 알 수 있다.

2000년 말 중국 대학교의 현황을 살펴보면 다음과 같다. 보통 대학교는 1,041개교이며, 전체 교수는 46.3만 명, 입학생은 221만 명, 재학생은 556만 명, 졸업생수는 95만 명, 연구생 모집인원은 12.9천 명, 전체 연구생수는 30.1만 명, 연구생 졸업생수는 5.9만 명이다. 또한 인구 1만 명당 대학생수는 2.6명으로 나타났다.

한편 대학생들의 대학교 본과과정의 전공별 분류를 살펴보면, 다음과 같다. 1999년 당시 전체 대학생 약 409만 명을 전공별로 보면, 공학계 161만 명(40%), 경제학계 61.4만 명(15%), 문과 56.4만 명(14%), 이과 42.1만 명(10.4%), 의과 32.9만 명(8.1%), 법과 17.4만 명(4.3%), 교육 16.7만 명(4.2%), 농업 14.2만 명(3.5%), 역사5.6만 명(1.35%), 철학 0.5(0.15%)만 명으로 나타났다(국가통계국, 2000년 중국발전보고). 이 통계에 의하면, 중국 대학생들이 국가정책에 맞추어 공과계통과 경제관련 학과에 많은 관심을 가지고 있음을 볼 수 있다.

중국의 유학생 규모는 1978년-1997년까지 약 100여개 국가에 약 27만 명이 있는 것으로 본다. 그 중에서 귀국하지 않은 학생은 17만 8천 명으로 약 66%를 차지한다.

현재 중국의 290여 개 대학에 유학 중인 외국 학생은 약 4만명 정도로 추산하고 있으며, 이 중 일본은 1.5만 명, 한국 1.3만 명으로 보고 있다.

제3절 시기별 구분

신중국이 성립된 후 중국의 교육사업은 크게 4단계에 걸쳐서 발전되어 왔는데, 다음과 같다.

① 기초시기(1949-1957) ; 신중국을 건립한 후 사회주의 체제의 기초를 닦던 시기로 중국정부는 과거의 학교조직과 교학과정 및 교학내용을 전면적으로 개혁하고 과학적이고 대중적이며 민족적인 교육의 기반을 다졌다.

② 실천시기(1957-1965) ; 초보적인 교육발전 시기로 1958년-1960년에는 교육혁명을 전국적인 범위로 실시하여 새로운 학교를 건립하는 등 노력을 기울이게 된다. 그러나 중국정부의 지도이념의 부재와 정치적 불안으로 학교질서가 문란해지고 교육의 질이 더욱 악화되는 경향을 보였다.

③ 파괴시기(1966-1976): 문화대혁명의 시기로서 중국의 교육이 철저히 붕괴되는 시기였다. 문혁시기는 사상을 개조하는 시기였으므로 지식인을 향한 대대적인 숙청과 함께 교육의 전면적인 붕괴를 가져오게 되었다. 대학은 4년여 이상 학생을 모집할 수 없었고, 10년 동안 모두 200여만의 전문대생과 100만 이상의 대학생, 10만 이상의 석사생을 줄이는 정책을 실시하였다.

④ 발전시기(1977-현재) ; 개혁개방의 시기로 1978년 4대 현대화 정책과 함께 중국의 모든 학교가 정상적으로 운영되는 시기이다. 1978년 3월에는 전국의 대학들이 전국 학생들을 대상으로 학생을 모집하게 되었고, 체계적인 교학규정과 학사제도 등을 회복시켜 정상적인 교육을

가능케 하였다.

⑤ 연구생교육(대학원) ; 중국은 일찍이 1950년대 초 일부 대학에 연구부(대학원에 해당)를 설치하고 연구생을 선발하여 1~2년간 연구케 한 다음 곧바로 대학교수를 맡게 했다. 즉, 일종의 속성 대학원 과정이었다.

1955년, 중국과학원(中国科学院)이 4년제 부(副)박사 연구생제도를 실시한 것이 중국학위제의 시발이 되며, 국가가 법령을 통해 공식적으로 시행한 것은 1956년, 고등교육부가 〈대학副박사연구생모집잠정조례〉를 공포하면서부터이다.

이후 4년제를 3년제로 단축하였고 1960년의 중소대립 격화 직전까지는 대학 학부졸업생과 일부 교수요원 중에서 연구생을 선발하여 주로 소련인 전문가들로부터 연구지도를 받게 한 다음 논문을 쓰게 했다. 연구생은 일반적으로 2년내 필수과정을 이수하고 고시를 통과하면 3년째 되는 해에 학위논문을 완성한다. 논문이 통과되면 구술시험을 치르고 여기서 합격한 자에게 부(副)박사학위를 수여했다.

문혁 중에는 모택동교육노선에 따라 연구생 양성이 중단되었다. 그 후, 1978년 8월 교육부는 북경에서 연구생배양공작회의를 개최하여 〈대학연구생배양공작잠정조례(초안)〉 등의 주요부분을 수정하였고, 2년제·3년제·4년제 연구생제도를 병행하되 4년제 연구생은 2년제를 졸업한 연구생 중 학업성적이 우수한 자를 선발토록 하는 것과 학점제(学分制)의 시행을 골자로 하였다.

1981년에 와서 교육부의 주최로 전국 연구생 모집 공작 좌담회를 열고, 1981년에 국내에서 취득하는 〈석사학위연구생 및 해외유학 예비연구생모집 공작규정〉을 재확정하게 되었다.

그 후 1982년 2월에는 중국 문혁 후 학사가 졸업하였으며, 82년 3월에는 석사생이 모집되어 85년 3월 석사가 배출되었고, 85년 3월에 모집한 박사생은 88년 3월 처음으로 박사가 배출되었다.

또한 실사구시(实事求是)와 과학흥국(科学兴国)의 정신으로 경제화 전문화 과학화 인재들을 기르는 교과편성과 교육목적을 수립하여 경제 발전과 국가번영에 도움을 주고 있다.

제4절 교육현황

1. 교육현실

중국은 1995년 전까지 고교졸업생 연령의 7%만이 대학에 진학했으나, 2000년 현재는 10-15% 증가한 상태이며, 2010년까지 15-20%선까지 대학생 선발을 늘릴 계획이다. 그리고 교수의 수준을 향상시키기 위해서 석사나 박사출신으로 교체하고 있으며, 현재 해외에서 5,000명의 과학기술연구원을 초빙하고 있는 상태이다.

대학생들은 과거 졸업과 함께 국가에서 직업이 분배되었으나, 지금은 많은 변화가 있다. 그리고 현재 대학생들은 스스로 직업을 찾고 취직해야만 하는 경쟁사회가 되어버렸다. 그래서 대학생들은 토플(TOEFL) 시험을 보고 유학 가기를 제일 선호하고 있으며, 다음으로는 외자기업에 취직하여 고소득을 얻는 것이며, 그 다음이 공산당에 가입하는 것과 석박사 과정에 진학, 그리고 마지막으로는 국가기관이나 국영기업에 취직하는 것을 선호하고 있다.

최근 중국은 대학생들의 입당열이 상승추세에 있다. 물론 공산당이 대학 1-2학년 학생시절에 지식과 열정을 가진 동시에 중국 공산주의의 미래를 짊어질 젊은 당원을 확보하겠다는 의지와 정책이 있기도 하다. 한편으로는 현대 중국 대학생 개인의 공리화(개인의 공명과 이익을 추구) 때문이라고 지적하고 있다.

그리하여 북경시 교육사업위원회에 따르면, 지난 13년간 북경시 53개 대학교에서 대학생 9만여 명이 중국공산당에 가입했다고 한다. 또한 2002년 상반기에는 지난해 한해 입당인원인 9천3백69명에 거의 맞먹는 8천5백64명이 입당했다.

현재 북경시 소재 대학의 학부생 중 6.1%, 연구생 중 31%가 당원인 것으로 밝혀졌다. 특히 중국인민대학의 경우 1997년 이후 지금까지 적극적으로 입당을 원하는 5천 5백 명을 교육해 그 절반 이상이 입당하는 성과를 올려 현재 학부와 대학원 졸업반의 40%가 당원인 것으로 알려졌다.

중국은 과학화와 현대화 그리고 개혁개방의 추진으로 현재 실업률이 급상승하고 있는 실정이다. 대학생들이 이렇게 공산당에 가입하는 비율이 급상승하는 것은 몇 가지 이유가 있다. 먼저는 졸업 후 직장 배치와 직업 선택 경쟁에서 우세를 선점하기 위함이며, 또한 대학생들의 입당이 매우 쉬운 편이기 때문이다. 일반적으로 재학 중 학급 간부나 학생회 간부가 되거나 학생 당교 활동에 적극적이고 성적이 우수하면 가능하다. 게다가 석박사생의 경우에는 신청서를 씀으로 입당이 가능하다.

2. 중국교육부 중점사업

중국교육부는 최근 2001년 사업계획을 발표하였다. 교육체제와 운영기제개혁의 심화, 교육구조의 조정으로 교육의 질 제고, 교육현대화, 정보화사업의 시행 등을 골자로 하는 2001년 교육사업은 10-5 계획으로 교육개혁의 안정적 실시를 위한 기반작업인 그 구체적 사업으로 각급 교육행정부처에 각 지역 교육 상황에 부합하는 지역교육사업을 확정, 지역별 발전목표와 실시 가능한 조치를 확정하도록 하고 있다(중국교육부, 제10차 5개년 계획).

1) 기초교육의 발전강화, 양기사업(두 개의 기초사업)의 성과 제고, 직업교육, 고등학교 및 대학교육의 발전에 총력

(1) 9년 의무 교육제의 지속적 보급

국가 빈곤지역 의무교육제 실시로 서부 빈곤지역, 소수민족지역 및 벽지에 의무교육 보급 ; 양기(两基) 사업실시로 이미 의무교육이 실시되고 있는 농촌지구에 대해서는 교육적 질의 강화와 교육환경 개선, 대도시 지역 및 산업 발달지역의 의무교육에 대해서는 교육수준의 선진화, 현대화 추구 문맹 퇴치 작업, 취학 전 교육의 발전 추구한다.

(2) 고등학교 교육의 발전

보통고등학교와 중등직업교육의 지역특성별 합리적 배치와 발전추구, 직업 교육의 강화, 특히 농촌지역 중등 직업교육의 발전 강화, 대도시 지역의 고등학교 교육의 수준 강화한다.

(3) 대학교육의 적극적 발전

각 지역의 상황에 맞춰 개방적, 신축적이며 다양한 발전 모델의 채택, 지역경제와 사회발전에 부응하는 직업고등교육 및 지역대학의 발전 촉구, 원격 교육 및 방송통신교육, 학사고시제도의 개선 및 완비, 2001년 일반대학교 학생 250만 명 모집, 성인대학 신입생 167만 명 모집, 대학원 및 학위교육의 확충으로 전문학위교육의 적극적 발전 추구, 2001년 연구생 16만 명을 모집한다.

2) 교육구조의 조정

(1) 각종 직업교육 및 직업훈련의 발전 추구

인재 양성 모델의 수립 가속화로 각 유형의 교육체계간 융합과 상호교류 확대, 국가현대화 건설을 위한 인재양성목표에 부합하는 기초교육, 직업교육 성인교육, 대학교육의 유기적 결합을 추구한다.

(2) 대학의 전공학과와 인재양성구조의 조정

신흥학과, 즉 정보기술, 생물기술 등 첨단과학기술 분야의 인재양성 모델의 우선적 발전, WTO가입에 따른 수준 높은 경영관리인재의 양성, 정책 지도방항의 개선을 통한 신규 교육재원의 확보, 중점학과의 설립, 모집계획 등 조정, 응용형 인재의 배양, 고등직업교육과 대학교육의 협조적 발전 촉진, 대학은 시장경제에 대한 적응능력을 강화하며 취업시장의 수요에 따른 전공학과의 구조 개선과 인재양성모델의 신축적인 운영을 기함

(3) 서부교육 발전 정책에 대한 지지

교육방면의 자매결연 사업의 촉진, 다양한 방식의 서부지구 중등 직업교육의 발전 지원. 서부 각 지역의 대학 건설에 대한 협조, 시장반(西藏), 신장반(新疆) 등의 설립을 통한 소수민족 지역 교육지원. 도시, 향촌지역 교육의 구조배치의 조정을 통하여 도시지역 교육과 농촌지역 교육의 협조적 발전 촉진

3) 소양교육의 강화, 교사인력의 건설로 교육수준의 향상 추진

(1) 덕육의 강화

지육, 체육, 미육의 개선, 특히 덕육은 각 학교 교육의 각 부분과 융합 추구, 교육과 생산노동 및 과학기술 활동의 유기적 결합 촉진, 교외 활동장소의 건설 및 학교주변환경의 정돈 강화로 전사회의 교육에 대

한 관심과 지지 촉구

(2) 초중학교 교과과정 및 교재개혁 가속화

각 학과 과정계획, 표준의 제정 및 실험교재의 집필작업 완성, 개방성, 신축성 및 자주적 학습공간의 제공을 목표로 하는 교과과정내용, 초. 중학생의 학업부담 경감, 다양한 형식의 교육개혁으로 학생의 창의력 계발, 과학적 사고의 배양, 분석 및 문제해결능력의 배양, 2001년부터 전국의 보통중학과 대도시 지역 중학교에 정부기술교육을 필수과목으로 채택, 도시 초등학교 3학년부터 외국어교육 실시, 소수민족지역 학교의 외국어교육 실시.

(3) 직업 교육의 구조개선

사회적 수요에 부합하는 특성화 교육 실시, 직업교육의 전공학과 설치, 교과과정교재의 제작, 학생의 창업능력 및 직업적 기능의 고양, 학생의 직업도덕 및 종합적 소양의 배양, 교육수준의 강화 직업교육교사 양성기관의 건실, 학력증서와 직업자격증시의 동시수여 실시

(4) 대학교의 인재양성 수준강화를 중점으로 하는 교육개혁

인재양성 전략 계획에 대한 연구, 소양교육의 강화, 교학개혁의 심화로 학생의 과학연구, 사회적 실천을 촉진; 학생의 창의력과 실천능력의 배양, 교학 관리 및 교학질서의 강화, 연구생, 양성수준의 강화, 전체 대학교육 수준의 강화, 효과적인 감독, 관리 및 평가체계 수립.

(5) 시험제도의 진일보한 개혁 추진

초등학교 졸업생의 중학입학 시험 면제, 지방특색에 따른 중학입시제도와 고등학교 입시제도의 개혁, 고등학교 입시고사의 지속적인 개혁, 18개 성에 수학능력 시험 시행, 대학 신입생 모집의 인터넷 합격발표 실시, 2차 입학시험 시범지역 실시.

(6) 교사의 소양교육능력 강화, 교사의 덕육교육 실시

교사의 교육관점 변화 유도, 사범교육의 개선, 강화; 교사양성훈련의 강화, 초중등교사의 교사연수, 교육프로그램 실시, 핵심교사의 국가적 양성, 교사자격제도의 전면적 실시, 인사 및 배치제도 개혁위주의 학교 내부관리 체제개혁 실시, 중서부 지역 교사간의 교류와 공동활동 추진, 재직교사의 도시, 농촌, 벽지의 유동적인 배치, 전문대학교, 과학연구기관 소속의 전문직 인원의 초중학교 교사 겸직에 대한 지원, 교사의 주거조건, 의료보험 및 권익향상 추진

4) 제도 및 체제개혁의 심화

(1) 학교 설립체계 개혁, 교육발전을 위한 새로운 기제의 도입

정부의 의무교육제도 확대실시, 정부 각급 재정의 공공교육에 대한 투자 확대, 사회 각 방면의 학교 설립에 대한 참여 유도로 사학의 건강한 발전에 대해 격려, 각 지역 특색에 맞는 지역 교육사업의 확립.

(2) 대학교육관리제도 개혁의 공고화

성급 대학교육관리체제 개혁 및 배치구조의 조정으로 중앙과 지방의 양극 관리제의 도입으로 지방위주의 새로운 관리 실시, 지역에 적합한 대학교육 구조, 발전모델 및 배치계획을 확정, 합병대학의 내부관리제도 개혁을 통한 실질적 융합 추구, 대학당국의 자주적 설립운영권 확립, 졸업생 취업제도의 개혁

(3) 대학 부대시설 서비스의 사회화

대학 부대시설체계와 운영에 대한 개혁작업으로 서비스의 질을 높이며 현재 진행되고 있는 학생아파트건설을 계기로 사회 각 분야의 자원과 자금 참여를 유도

(4) 교육분야의 대외개방확대

유학, 귀국 등의 장려, 다양한 해외의 우수인재에 대한 흡인 및 고용정책의 실시, 외국 합작설립 학교에 대한 적법한 관리, 국외의 우수한 교육자원을 활용한 국내 낙후분야에 대한 인재 양성, 중국의 WTO 가입에 따른 교육에 미치는 영향에 대한 연구와 적시의 정책 제정으로 교육의 국제경쟁력 강화

(5) 교육정책의 적절한 운영 추진

새로운 정세하의 교육 법제화작업 추진, 교육의 보급 및 집행에 대한 감독 교육 우선 발전의 전략적 지위 보장, 행정심사 비준과 규정의 정돈으로 교육행정의 집행력 강화

5) 교육정보화 가속화, 평생교육체계 건설, 교육현대화 수준강화

(1) 교육정보화 수준 강화

교육정보화 기초설비 설치, 중국교육과학연구소의 운영기제의 개선, 고속 광케이블망과 위성교육전송시스템의 건설, 서부대학 인터넷 건설, 방송통신, 위성, 인터넷 등 각종 방식을 통한 학교간 통신망(校校通) 설치사업 실시, 초·중학교 교사의 정보기술훈련 실시, 멀티미디어기술 중심의 현대 교육기술의 운영, 인터넷교육의 발전, 인터넷 교육센터의 점진적 설립, 교육용 CD-ROM의 적극적 개발로 인터넷 교육자원을 풍부히 함

(2) 평생교육의 적극적 활성화

평생학습센터의 건설, 직업훈련 및 기타 각종형태의 성인교육, 다양한 인재성장의 방향을 제시하는 평생교육체계의 수립, 각종 사회교육자원의 활용을 통한 횡적, 종적 연계체계가 있는 사회교육연계시스템 수립, 평생교육의 시범지역 설립

6) 일류대학과 일류학과의 건설

중앙정부의 교육예산 증액과 지방정부 역시 교육예산 증액, 빈곤지역 교육에 대한 투자, 초중학교 낙후 시설 개선대책 실시, 세금징수, 금융지원을 통한 교육재원의 창출로 교육 자금의 다양화 모색, 2001년 대학 납입금표준의 기본적 안정화, 빈곤학생에 대한 보조금 지급 등 국가 학자금 융자제도의 완비, 감독감사제도의 수립으로 교육자금 지출에 대한 엄격한 내부감사 실시

7) 농촌 세비개혁

농촌교육 투자에 대한 우선 순위제 정착으로 교사의 임금보장, 초·중학교 낙후 시설교체, 재정 부문에서의 교사 임금통일 지급제 실시.

8) '국가 통용언어 문자법'의 관철로 언어문자정보의 관리를 강화하고 전사회의 언어문자 규범화 수준을 제고함.

(1) 학교 내 언어문자 교육 및 국가 기관의 표준어(普通话) 사용 캠페인 등 제4차 전국 보통화 사용촉진운동을 조직하고 전국언어문자 사용 상황 조사 작업을 조직화

(2) 언어문자정보의 유효 협조 관리체제의 수립으로 현대 한어 핵심자료집의 제작을 통한 중국 정보화사업의 추진

9) 대학 내 사상 정치작업의 활성화

(1) 우수한 지식인과 청년 학생 당 조직에 대한 사상정치작업의 강화로 개혁과정 중 대학의 발전과 안정유지

(2) 교육관계 공무원의 사상정치와 정책관리 수준의 강화를 통한 건전한 직무 태도와 정신의 함양

3. 북경시의 교육 현대화지표

향후 5-10년 기간 내에 북경시의 교육은 4개 선진화지표의 실현에 박차를 가할 예정이다.

1) 2010년, 북경지역의 신노동인력의 교육정도는 1인당 평균 14년(전문대 졸업수준)에 도달. 이러한 14년 교육보급지표에 도달하게 되면 직업종사자들의 전체적 과학적, 인문적 자질은 비약적 발전을 할 것이며 수도 북경의 경제는 튼실한 인재시장의 기초를 보유하게 될 것이다.

2) 2005년, 북경의 대학의 예정 입학률은 50%에 도달, 현재 40%). 2010년, 중국전국의 대학 예정 입학률은 현 10%에서 15%로 끌어올릴 계획으로 북경시가 그 입학률 향상의 전례를 이룰 것임. 2005년, 북경의 대학생은 50만 명에서 80만 명으로 증가할 것이며 그 중 연구생 12만 명, 본과생은 36만 명, 전문대학생은 32만 명에 도달할 예정이다.

3) 각종 교육의 교류와 함께 연계되는 교육체계를 운용하여 현대 교육의 체계를 수립한다. 앞으로 북경의 현대 교육체계는 다음의 4가지 목표를 지향한다. ① 고도의 표준과 수준을 갖춘 기초교육체계 ② 풍부한 창조능력과 다양한 설립 운영체계를 추구하는 대학교육체계 ③ 개방적이고 신축적이며, 발달된 직업교육과 성인교육체계 ④ 현대교육의 이념 수립과 선진적 교육인터넷시스템의 확립을 목표로 한다.

4) 평생학습제도의 수립을 통해 학습화 사회에 진입하여 사회경제발전에 따른 노동력시장과 개인의 개별적 수요를 만족시킨다. 기초교육과 연계되는 성인교육 및 사회교육단체를 통한 교육시스템을 발전시키는 동시에 첨단과학기술 밀집도시로서의 이점을 활용, 인터넷을 통한 원격교육시스템을 도입하여 평생교육제도를 원활히 정착시킬 것이다.

5) 교육선진화 지표 실현을 위한 북경의 각종 조치

(1) 교육투자의 확대

1999년-2002년까지 북경시 재정지출 중 교육부문 예산 지출규모를 점차적으로 확대할 예정이다.

그래서 1999년부터 5년간 북경시 정부는 매년 인민폐 1억원을 투자하여 60개 국가급 중점학교와 시급 시범보통고등학교를 설립하거나 개축하고, 신 주택지구와 첨단기술개발단지에 새로 30개의 '9년 일관제' 학교, 40개의 국가급 중등 직업시범학교, 60개의 시급 중등 직업핵심학교 및 성인교육시범학교를 설립할 것이다.

(2) 각 항목의 교육개혁 내용의 심화

공산당중앙과 북경시가 공동으로 실행하는 대학교육 분담책임관리제, 교직 임용계약제와 초중학교 교장직급제의 실시, 고입제도 개혁의 가속화, 대학의 연 2회 신입생모집 실시, 대학 부대시설관리의 사회화 개혁 등을 계속적으로 실시할 것이다.

(3) 교육정보화작업의 가속화

북경과학교육정보연구소와 중국교육과학연구소를 연계하는 종합교육정보망을 형성하여 전체 북경시의 교육행정부문과 학교, 학교와 학교간의 연계망을 형성할 것이다.

(4) 2000년부터 교사장려기금 지급

2000년부터 교사장려기금을 마련하여 교육전문가양성 및 전문가의 유치를 통하여 교사의 수준을 향상시키며, 수도경제와 사회발전에 영향을 미치는 20개 학과와 10개의 실험실, 5개의 연구센터를 중점적으로 육성하기로 하였다.

제 5 절 민족교육

신중국 건국 이후 실시된 중국의 민족교육은 50여년 동안 4개의 단계를 거쳐 발전되어 왔다.

(1) 1949년-1966년 ; 민족교육의 기초 수립단계

(2) 문화대혁명시기 ; 민족교육 폐쇄 및 침체단계

(3) 1978년-1984년 ; 민족교육 회복 및 발전단계

(4) 80년대 중반-현재 ; 민족교육 심화와 개혁 및 발전계단

중국에서 민족교육의 개념은 1951년 9월 20일-28일에 개최된 제1차 전국민족교육사업회의에서 정식으로 제출되어 사용되기 시작하였다. 당시 민족교육이란 다민족국가인 중국의 교육현장에서 매우 중요한 부분이었다.

현재 중국 민족교육학의 주요 연구영역은 다음과 같다. 민족교육 기본이론, 민족교육심리, 민족교육사, 민족교육 행정관리, 민족고등교육, 민족학교교육, 민족학전교육, 민족사범교육, 민족사회교육, 민족가정교육, 민족직업기술교육, 민족성인교육, 민족쌍어교육, 이민교육, 과문화교육 비교연구 등이다.

신중국 성립 후, 소수민족의 교육사업은 국가적 중시를 받아오게 되었는데, 전국민족교육회의를 통하여 점진적인 발전을 이루어 오게 되었다. 1951년 9월에 개최된 제1차 전국민족교육회의에서는 민족교육문제에 대해 심도있게 토의하였다. 그리고 점차적으로 소수민족교육의 방침과 필수 교육내용들을 확정하게 되었다. 그 내용은 민족적, 과학적, 대중적 교육, 중국의 민족발전을 위한 진보적 교육형식 등이다.

1952년 4월에 개최된 제2차 전국민족교육회의에서 민족교육 행정기구를 설치하기로 결의하였다. 1981년 2월의 제3차 전국민족교육회의에서는 교육의 4대 현대화 건설사업에 대한 작용에 대해 다루었다. 그리고 1992년 3월의 제4차 전국민족교육회의에서는 민족교육의 개혁적이고 발전적인 방침과 과제들을 다루었다.

중국의 대다수 심리학자들은 중국이 지닌 민족적 다양성에 근거하여 민족심리에도 차이가 있음을 밝히고 있다. 주요 차이점으로는 ① 역사발전의 과정상의 차이 ② 지리환경의 차이 ③ 풍속과 습관상의 차이 ④ 종교신앙상의 차이 ⑤ 각 민족 간의 언어와 문자적 차이 등이다.

또한 민족교육은 교육대상인 특정민족에 따라 교육적 특성을 달리한다고 말한다. 이러한 교육의 특성을 결정하는 요인으로는 1) 학습용어 2) 지리환경 3) 경제생활 4) 문화전통 등이 있다.

중국의 소수민족의 교육은 민족정책의 핵심이 되는 주요한 사항이다. 현대 중국의 가장 큰 정치적 이슈는 민족의 독립운동과 분열이었다. 그것이 소수민족 교육의 중요한 원리가 되어 왔다고 할 수 있다.

실제로 소수민족 학생들의 교육의 심각한 상태에 놓여 있다. 쑤앙위(双语)교육 혹은 한어교수 문제 등을 비롯하여 많은 문제들이 있다. 먼저 심리적으로 보면, 소수민족 학생들의 문화충격과 심리적 불안은 상당히 높은 상태이다.

소수민족 학생들은 태어나면서 시작되어 평생에 걸친 문화충격을 경험한다. 소학교에서부터 민족어 외에 한어를 배우는 조기 2개 국어 교육의 문제, 상급학교에 진학하기 위해서 동일문화 지역을 떠나 주류 민족의 문화에 진입하면서 겪는 문제, 대학에 진학하기 위해서 한어와 영어 혹은 외국어를 다시 배워야 하는 문제 등이 그것이다.

또한 대학 안에서도 한어실력의 부족과 자신의 정체성 문제, 졸업

후 진로에 대한 문제, 어느 민족과 결혼할 것인가와 자녀를 어떤 민족으로 양육할 것인가의 문제 등 평생에 걸친 문제들을 짊어지고 살아가는 현실이다.

최근 소수민족 대학생들의 주요문제는 정체성 고민이다. 민족이냐 국가냐의 문제와 아울러 세계화의 시대에 나는 혹은 우리 민족은 무엇을 해야 하며, 우리 민족은 어떻게 생존해 나갈 것이냐 하는 문제이다. 한마디로 말하자면, 소수민족의 민족정체성과 민족생존의 문제라고 할 수 있다.

제9장

중국의 전통사상

제1절 개　요

중국의 전통사상은 춘추전국(春秋战国)시대를 전후하여 나타난 많은 사상가들, 즉 백가쟁명(百家争鸣)으로부터 연유한다. 이 때 등장한 여러 사상들 중 유가사상과 도가사상은 중국인의 정신세계를 형성한 주된 사상이기도 하다.

당시 사상가들의 공통된 철학과 관심은 분열된 국가와 다양한 문화와 민족으로 구성된 중국을 어떻게 하나로 통일할 수 있는가하는 것이었다. 그래서 후에 등장한 역대 왕조들은 이러한 전통사상을 중심으로 민족의 통일과 국민의 단합을 이루고자 하였다.

유가(儒家)사상은 중국 전통사상 중의 중요부분이자 중국 봉건사회의 전통사상이며, 현대중국과 중국인에게 가장 영향을 미치는 대표적인 전통사상이다. 한편 유가사상은 중국 전통교육의 주된 사상과 내용으로서 중국교육의 핵심이 되는 사상이기도 하다. 본래 유가사상은 선진유가(先秦儒家), 즉 원시유가의 본래 형태는 윤리적 교리로서 공자(孔子), 맹자(孟子), 순자(筍子) 등 3인의 저작과 가르침에 의해 표현되었다.

도가(道家)사상은 사회에 들어가 출세와 입신양명을 꾀하는(入世之学) 유가사상과는 반대로 사회를 벗어나고자 하는 사상(出世之学)이라고 할 수 있다. 도가사상은 당시 국가의 통치자들과 지배계층보다 역경에 처해 있거나 실의에 빠진 사람들을 대상으로 그들에게 쉽게 받아들여져 그들에게 정신적인 피난처가 되었다. 실제로 사회가 혼란하거나 정치적 암흑기 등 천하가 태평치 못한 시기에는 도가사상이 매우 유행했었다.

법가(法家)사상은 중국 전통사상중의 또 하나의 중요한 학파로서 전국(战国)시기에 형성되었다. 춘추(春秋)후기에 노예들의 계속된 폭동과 봉건지주계급 들의 흥성 등으로 기존의 귀족계급의 통치를 유지하던 '예치(礼治)'가 서서히 붕괴되어 그 효력을 상실하는 과정에서, 유가의 예치사상과 대립되어 각 제후국(诸侯国)에서 변법(变法)개혁이 일어나고 법으로써 치국(治国)하는 추세가 발생하면서 형성되었다.

법가사상은 혁신주의자도, 또한 신비로운 도피주의자도 아니었으며, 국가를 번영시키고 유지시키기 위해 그리고 궁극적으로는 중국을 통일하기 위해 오로지 해야 하는 것에만 집중하였다. 또한 법가사상은 이성적이고 냉소적이며 전적으로 윤리와는 무관하였으며, 그리고 국가에 대한 봉사를 위해 사회를 전체주의(全体主义)적으로 조직하는 것을 가르쳐주었다.

묵가(墨家)사상을 세운 묵자는 일찍이 공자의 문하에서 유가학설은 배웠으나 제자들이 공자 정신에서 이탈해서 단순한 의례(仪礼)형식에 대한 전문가 및 장례 감독자로서 편안하게 안주함에 환멸을 느끼고 자신의 철학과 교육체계를 발전시켜서 공자사상에 반대하는 독창적인 묵가학파를 세웠으며, 그의 사상은 묵자(墨子)라는 저서 속에 잘 나타나고 있다.

위의 주요한 사상들 외에도, 중국의 병가(兵家)사상은 춘추전국시대에 출현한 군사 사상학파로서, 대표적인 인물은 손무(孙武), 오기(吴起) 등이 있다. 오늘날에도 대표적 저서인 손자병법은 군사적 가치를 지니고 있으며 군사지휘관들의 필독서로 이용되기도 한다. 최근에는 경제와 사회 여러 방면에서도 상당한 가치를 지닌다.

제 2 절 유가사상(儒家思想)

1. 공자(孔子)

1) 역사적 배경

공자(기원전 551년-479년)의 성은 공(孔), 이름은 구(丘)이며, 자는 중니(仲尼)로서, 그를 공부자(孔夫子)라고 하는데 부자(夫子)는 자의 품위있는 호칭이다. 라틴어로는 'Confucius'라고 칭한다. 공자는 주공(周公)의 후손이 다스렸던 춘추(春秋)시대 노(鲁 : 현재 산동지역)나라 출신으로 중국 고대의 위대한 사상가 및 교육가였다.

공자는 은(殷)왕족의 혈통을 이어 춘추시대 말기 노나라의 수도인 노성(鲁城)에서 태어났다. 당시 사회는 노예제도가 쇠퇴하고 봉건제도가 일어나기 시작하는 시대로 많은 사상가들이 나타났으며 여러 학파가 탄생하는 등 사회가 매우 급변하는 시기였다.

공자의 아버지의 성은 숙량(叔梁), 이름은 흘(纥)이며 어머니는 안씨(颜氏) 집안으로, 이름은 징재(徵在)이다. 아버지는 제(齐)나라와의 싸

움에서 군공(军功)을 세운 부장(部将)이었으나, 공자가 3세 때 별세하여 빈곤 속에서 자랐다. 어려서부터 학문에 힘쓴 공자는 노나라의 창시자로 주왕조(周王朝) 건국의 공신이기도 했던 주공(周公)을 흠모하여 그 전통적 문화습득에 노력했으며, 수양을 쌓아 점차 유명해졌다.

공자는 처음에는 말단 관리였으나, 52세가 되어 노나라의 정공(定公)에게 중용(重用)되어 대사구(大司寇)로 임명되었으며, 정가로서의 탁월한 수완을 발휘하였다. 그의 계획은 노나라의 실력자인 3중신의 세력을 눌러 공실(公室)의 권력을 회복하고, 주공의 정신을 살린 질서있는 문화국가를 건설하려는 것이었다. 그의 계획이 드러나 56세에(BC 497년) 실각하고, 그 후 14년간 문하생들을 데리고 여러 나라를 돌아다니면서, 유세(游说)를 계속하며 이상실현을 꾀하였으나, 69세에(BC 484년) 그 불가능함을 깨닫고 고향에 돌아가 제자들의 교육에 전념하였다.

공자는 이 무렵 아들 이(鲤)와, 고제자(高弟子) 안회(颜回) 및 자로(子路)가 잇달아 죽는 불행을 겪었고, 74세로 자공(子贡)·증삼(曾参) 등 뛰어난 제자들이 지켜보는 가운데 타계하였다. 그의 제자는 모두 3,000여 명이었으며, 특히 육예(六艺 : 礼·乐·射·御·书·数)에 능통한 현인(贤人)이 72명이라고 한다. 그는 '사람을 가르침에는 곤함이 없다(教人不倦)'이라고 술회했던 것처럼, 이상을 미래에 건 위대한 교육자였다.

공자는 그의 통일된 사상체계를 창립하게 되는데, 기본정신은 '수신(修身) 제가(齐家) 치국(治国) 평천하(平天下)'처럼 현존의 사회제도와 국가를 유지하고 발전시키는 것이었다. 이런 연유로 공자사상의 기초 위에서 형성된 유가학설은 후에 역대 봉건왕조들의 통치사상으로 채택되었을 뿐 아니라, 유가학파들에 의해 계승되면서 중국 2천년 봉건사회의 주된 사상으로서 지대한 영향을 미쳤다.

2) 공자사상의 주요 내용

(1) 인(仁)사상

공자사상의 중심사상은 바로 인(仁)이다. 춘추 말기, 주나라의 봉건 질서가 쇠퇴하여 사회적 혼란이 심해지자, 공자는 주왕조 초의 제도로 복귀해야 한다고 생각했다. 그는 위정자는 덕이 있어야 하며 도덕과 예의에 의한 교화가 이상적인 지배방법이라 생각했다. 이러한 사상의 중심에 놓인 것이 인(仁)이다.

공자는 인을 최고의 미덕으로 보았는데, 인에 대하여 "인이란 사람을 사랑하는 것(仁者爱人)"이라고 정의했다. 그의 애인(爱人)사상은 가까운 부모형제에 대한 사랑으로부터 인류전체에 대한 사랑으로 확충되는 성격을 띤다. 부모형제에 대한 골육의 애정 곧 효제(孝悌)를 중심으로 하여 타인에게도 미친다는 사상이다.

모든 사람이 인덕(仁德)을 지향하고, 인덕을 갖춘 사람만이 정치적으로 높은 지위에 앉아 인애(仁爱)의 정치를 한다면, 세계의 질서도 안정을 찾을 수 있다고 생각했던 것이다. 그 수양을 위해 부모와 연장자를 공손하게 모시는 효제의 실천을 가르치고, 이를 인의 출발점으로 삼았으며, 또 충(忠) 즉, 성심을 중히 여겨, 그 옳고 곧은 발로인 신(信)과 서(恕)의 덕을 존중했는데, 이러한 내면성(内面性)을 중시하고 전승(传承)한 것이 증자(曾子) 일파의 문인이다.

공자는 이러한 인간 존중의 사상과 평등사상을 가르치고, 도덕과 인격의 완전함을 추구할 것을 강조하였는데, 이는 중국 민족의 정신 속에 남아 있는 인본주의 사상의 기초가 되었다고 할 수 있다.

(2) 예(礼)사상

공자는 도덕교화의 방법으로 국가를 다스릴 것을 주장하였는데 , 그는 정치에 대하여 인(仁)의 연장이요 실현으로서 보았다. 또한 군주는 예로서 국가를 통치하여야 하며, 대의명분에 의한 바른 정치를 실현해야할 것을 주장하기도 하였다.

공자는 예(礼)를 인(仁)을 이루는 방법으로 중시했다. 인간에게 예가 있으므로 사람과 사람의 감정을 화합함과 동시에 자기절제로서 자아를 실현하는 것(仁)이 예이니, 인(仁)을 물었을 때 공자의 대답이 '자기를 이기고 예로 돌아가 인을 이루라(克己复礼为仁)'라고 한 것이다. 또한 예의 실천세목으로 '예가 아니면 보지 말며 예가 아니면 듣지 말며, 예가 아니면 말하지 말며, 예가 아니면 행동하지 말 것이다'라고 역설하기도 하였다.

공자가 주장하는 예란 전통적·관습적 형식이며, 사회규범으로서의 성격을 가진다. 유교에서 전통주의를 존중하고 형식을 존중하는 것은 바로 이 점에 입각한 것이며, 예라는 형식에 따름으로써 인의 사회성과 객관성이 확실해진 것이다.

공자가 말하는 예란 주례(周礼)를 가리키는 것이며, 그 기본원칙은 '군군신신부부자자(君君臣臣夫夫子子)'로서, 주대(周代)사회의 각 계층간의 관계에서 예를 실천할 것을 말한 것이다. 또 정치의 근본은 통치자의 바름에 있다고 한 덕치주의를 강조하고, 경제관은 빈곤함보다 균등하지 못한 것을 걱정하는 균등경제관을 주장하였다.

이처럼 공자의 사상은 사회적·정치적 인간을 위한 도덕이 중심을 이루고 있는데, 그 보편성을 보증하는 것으로서 하늘의 존재도 생각하고 있었다. 공자로서는 하늘이 뜨거운 종교적 심정으로 받들어지는 불가지(不可知)의 존재였지만, 이는 인간적인 활동을 지원하는 신(神)일지언정, 인간을 압박하는 신은 아니었다. 공자의 사상은 어디까지나 인간중심주의였다고 할 수 있다.

공자는 예(礼)와 인(仁)이라는 이상을 현실생활에서 실현하기 위한 방법이 바로 중용이라고 말했다. 공자는 인(仁)을 무시하고 예(礼)만을 추구해서도 안되고, 예(礼)를 소홀히 하고 인(仁)만을 실행해서도 안되며, 양자는 중용사상에 의해 중화(中和)되고 중정(中正)에 달해서 예(礼)와 인(仁)에 모두 부합되어야만 한다고 했다.

(3) 천(天)사상

공자의 천(天)은 그 윤리의 근본개념인 인(仁)의 근원이다. 그러므로 천(天)을 첫째, 주재자의 하늘(主宰的天), 둘째, 운명적 하늘(运命的天), 셋째, 형체적인 하늘(形体的天), 넷째, 이상적인 하늘(理法的天)의 넷으로 보았다. 공자의 인은 노장(老庄)학파의 자연적 필연의 천(天)과 묵자(墨子)나 순자(笋子)의 무의자연(无意自然)의 천(天)과 다르게 철학과 종교의 미분화의 천(天)이라 할 수 있다.

공자는 인간의 생사와 부귀는 하늘에 달렸으며, 천명에 대해 알 수도 저항할 수도 없음을 인정했지만, 반면 천명은 인간의 정신과 도덕까지 결정할 수는 없다고 생각했다. 즉 인간들은 비록 자신의 운명은 모르지만 학습과 수양을 통해 지고의 경지에 도달할 수 있음을 주장했다.

공자의 학문태도나 대상은 술세정신(术世精神)으로 발단한 인생이었으며, 또한 인생의 문제를 푸는 것이었다. 이로(李路)가 귀신을 섬기는 도리에 대하여 묻자, "미처 사람도 못 섬기는데 어찌 귀신을 섬길 수 있으리요"라고 말하였으며, 또한 죽음에 대하여는 "미처 생(生)조차 모르는데 어찌 사(死)를 알겠느냐"라고 답하였다. 즉 공자는 귀신이나 죽음의 문제보다 인생의 문제에 또 어떻게 사느냐의 문제에 더 큰 관심을 가졌었음을 엿볼 수 있다.

(4) 공자사상의 발전

공자는 위대한 교육가로서 고대 중국에서 최초로 사학을 세워 교육을 실시했던 사람이다. 공자의 지(知)는 인(仁)을 이루는 수단이면서

인으로써 완성되는 것으로 보아 "지(知)가 미칠지라도 인(仁)이 지키지 못하면 비록 얻을지라도 반드시 잃는 것이다. 인(仁)하지 못한 곳에서 어찌 지(知)를 얻겠느냐"라고 하였다.

또한 "너에게 지(知)를 깨우쳐 주겠다. 지(知)를 지(知)라고 부지(不知)를 부지(不知)라고 하는 것이 지(知)이다" 또한 학지(学知) 즉 경험의 지(知)를 중시하여 "때때로 배우고 익히면, 이 또한 즐겁지 아니한가(学而时习之不亦说乎)"라고 한 것이다.

공자가 정리한 유가경전들은 서(书), 시(诗), 예(礼), 악(乐),역(易), 춘추(春秋)들로 후에 '육경(六经)'으로 불려졌으며, 이는 중국 고대사 연구의 중요한 자료들이다.

공자의 언행은 ≪논어(论语)≫를 통해서 전해지고, 그의 사상을 알아보기 위한 확실한 자료도 ≪논어≫밖에 없으며 이는 제자나 제자의 제자들이 기록한 것이지 공자 자신의 저술은 아니다. 오경(五经)을 편찬하였다고 전하나, 이는 교육목적에 따라서 ≪시경(诗经)≫, ≪서경(书经)≫ 등의 고전을 정리했던 것으로 생각된다.

≪논어≫는 중국 유교(儒教)의 근본문헌(根本文献). 유가(儒家)의 성전(圣典)이라고도 할 수 있으며, 사서(四书)의 하나로, 중국 최초의 어록(语录)이기도 하다. 고대 중국의 사상가 공자(孔子)의 가르침을 전하는 가장 확실한 옛 문헌으로, 공자와 제자와의 문답을 주로 하고, 공자의 발언과 행적, 그리고 고제(高弟)의 발언 등 인생의 교훈이 되는 말들이 간결하고도 함축성 있게 기재되었다.

≪논어≫라는 서명(书名)은 공자의 말을 모아 간추려서 일정한 순서로 편집한 것이라는 뜻인데, 서명을 지은 사람은 분명치 않다. 편자에 관해 숭작참(崇爵谶)의 자하(子夏) 등 64제자설(六四弟子说), 정현(郑玄)의 중궁(仲弓), 자유(子游), 자하(子夏)설, 정자(程子)의 증자(曾子), 유자(有子)의 제자설 등 많은 설이 있으나 확실치 않다.

현존본은 〈학이편(学而篇)〉에서 〈요왈편(尧曰篇)〉에 이르는 20편으로 이루어졌으며, 각기 편 중의 말을 따서 그 편명(篇名)을 붙였다. 〈학이편〉은 인간의 종신(终身)의 업(业)인 학문과 덕행을, 〈요왈편〉은 역대 성인의 정치 이상을 주제로 한 것처럼, 각 편마다 주제가 있기는 하나, 용어가 통일되지 않았고 같은 문장의 중복도 있다. 특히 전반(前半) 10편을 상론(上论), 후반을 하론(下论)이라고 하는데, 그 사이에는 문체나 내용에 약간의 차이가 있다.

공자는 많은 제자들을 교육하여 인의 실현을 가르치는 한편, 자기 자신도 그 수양에 힘써, "종심소욕불유구(从所心欲不踰矩)"라고 술회할 정도의 인격에 도달했기 때문에, 생전에도 커다란 영향력을 가지고 있었다. 사후에는 제자들이 각지에서 그 가르침을 전파하였으나, 제자백가(诸子百家)가 일어남으로써 교세가 약해졌다.

이를 다시 일으킨 사람이 맹자(孟子)였으며, 또 전국(战国) 말기에 순자(荀子)가 이파(异派)의 사상도 받아들여 집대성하였다. 그 후 한(汉)나라의 무제(武帝)가 유교를 국교(国教)로 택함에 이르러 공자의 지위는 부동의 것이 되었으며, 사실은 각 시대의 유교 내용에는 큰 변화가 있었는데도 불구하고, 공자 자체는 이 가르침의 비조(鼻祖)로서 청조(清朝) 말까지 계속 존경을 받았다.

2. 맹자(孟子)

1) 역사적 배경

맹자(기원전 385년-304년)는 전국시대(战国时代)의 유교 사상가이며, 성명은 맹가(孟轲), 자는 자여(子舆) 또는 자거(子车)라고 하지만 확실하지 않다. 그는 전국(战国)시대 노국(鲁国) 추인(邹人) 즉, 현재 산동성 추현(邹县)사람이다.

맹자는 공자처럼 귀족 출신이었지만, 공자와는 달리 다혈질이고 행동적이었으며 그 자신은 철저하게 귀족적이었다. 그는 공자의 유교사상을 공자의 손자인 자사(子思)의 문하생에게서 배웠다. 어릴 때 현모(贤母)의 손에서 자라났으며 맹모삼천지교(孟母三迁之教)는 유명한 고사이다.

맹자는 제후가 유능한 인재들을 찾는 전국시대에 배출된 제자백가(诸子百家)의 한 사람으로서 맹자도 약 15년 동안(기원 320년경) 각국을 유세하고 돌아다녔으나, 자기의 주장이 채택되지 않자 고향에 은거하였다. 제후가 찾는 것은 부국강병(富国强兵)이나 외교적 책모(策谋)였으나, 맹자가 내세우는 것은 도덕정치인 왕도(王道)였다. 따라서 이는 현실과 동떨어진 지나치게 이상적인 주장이라고 생각되었다.

(1) 맹자의 인정설(仁政说)

맹자의 사상은 인의설(仁义说)과 그 기초가 되는 성선설(性善说), 그리고 이에 입각한 왕도정치론(王道政治论)으로 나누어진다. 공자의 인(仁)의 사상은 육친 사이에 생기는 자연스러운 친애(亲爱)의 정을 널리 사회에 미치게 하려는 것이며, 이 경우, 소원한 쪽보다 친근한 쪽으로 정이 더 간다는 것은 당연시되었다. 가족제에 입각한 차별애(差别爱)인 것이다.

맹자는 이를 받아들여, 한편으로는 보편적인 인애(仁爱)의 덕(德)을 주장하고, 한편으로는 그 인애의 실천에 있어서 현실적 차별상(差别相)에 따라 그에 적합한 태도를 결정하는 의(义)의 덕을 주창하였다. '인은 사람의 마음이요, 의는 사람의 길'로서, 의는 인의 실천에서 준거할 덕이며, 유교사상은 이로부터 도덕사상으로서의 준엄성을 가지게 되었다.

사실 인정설(仁政说)은 본래 성선설에 의거해서 제기된 것이다. 그는 인간들은 모두 동정심을 구비하고 있으며, 그 같은 동정심이 바로 정치적으로는 인정(仁政)이라고 주장했다.

(2) 맹자의 성선설(性善说)

맹자사상의 핵심은 성선(性善)과 양지(良知)이다. 그의 성선설에 의하면, 맹자는 인간의 본성은 선하다고 인식하고, 인간들은 측은지심(恻隐之心), 수악지심(羞恶之心), 사양지심(辞让之心), 시비지심(是非之心) 등의 본성을 지닌다고 주장했다. 그리고 이 양지의 본성은 인(仁), 의(义), 예(礼), 지(智)의 양심(良心)으로서 인간이 태어날 때부터 주어진다고 하였다.

성선설은 위에서 언급한 인심(仁心)이 누구에게나 갖추어져 있음을 강조한 설이다. 인간의 본성으로서는 악(恶)에 이르는 욕망도 사실은 존재하지만, 맹자는 그 사실을 인정하면서도 도덕적 요청으로서 본성이 선(善)한 것이라고 주장하고, 그렇게 함으로써 모든 사람의 도덕에 대한 의욕을 조장하려고 하였다. 따라서 사람의 수양은 '욕심을 적게' 하여 본래의 그 선성(善性)을 길러내는 일이었다.

맹자가 주장하는 왕도정치는 그러한 인심에 입각한 정치이다. 군주는 민중에 대한 사랑을 바탕으로 정치를 해야 한다고 주장하고, 또 경제적으로 넉넉하게 한 다음 도덕교육을 해야 한다고 주장하였다. 불인(不仁)한 군주는 쫓아내어야 한다는 주장도 했다.

당시의 제후가 맹자를 받아들이지 않은 것도 무리가 아니었다. 유교는 맹자에 의하여 비로소 도덕학(道德学)으로서 확립되고, 정치론으로서 정비되었다. 그 후 유교의 정통사상으로서 계승되어 유교를 '공맹지교(孔孟之教)'라고 부를 정도로 중시되었다.

맹자의 만년에 제자 교육에 전념하였고, 저술도 하였다고 한다. 맹자가 저술한 ≪맹자≫는 공자의 ≪논어≫처럼 유가의 4대 경전이며, 회고록의 형식으로 되어 있고, 맹자 자신에 의해 그의 말년에 편찬되었거나 후에 교정된 듯하다. 이것은 논어처럼 조직적인 내용을 담은

책자는 아니지만, 사상가, 정치가로서의 맹자의 말을 모은 후세의 작품으로서, 내용은 맹자의 사상을 그대로 담은 것이다.

주자학(朱子学) 이후로 ≪맹자≫는 ≪논어≫ ≪대학≫ ≪중용≫과 더불어 '사서(四书)'의 하나로서 유교의 주요한 경전이 되었다. ≪맹자≫는 맹자의 사상을 알 수 있는 유일한 책이며, 또 전국시대의 양상을 전하는 흥미있는 내용으로 가득차 있다. 문장은 변론조이며, 명문으로 여겨진다.

3. 순자(荀子)

1) 역사적 배경

순자(기원전 313년-238년)는 전국(战国)시기 말기의 조국인(赵国人)이다. 순자의 이름은 황(况), 자는 경(卿)으로 손경(孙卿)이라고도 불렸다. ≪사기(史记)≫에 의하면, 순자는 50세 무렵에 제(齐)나라에 유학(游学)하고, 진(秦)나라와 조나라에 유세(游说)하였다고 한다.

또한 제나라 왕건(王建 : 기원전 264년-221년)때 다시 제나라로 돌아가 직하(稷下)의 학사(学士) 중 최장로(最长老)로 존경받았다. 그러나 훗날 그곳을 떠나 초(楚)나라의 재상 춘신군(春申君)의 천거로 산동성 난릉(兰陵)의 수령이 되었다가, 춘신군이 암살되자(기원전 238년경) 벼슬자리에서 물러나 고향에서 문인교육과 저술에 전념하며 여생을 마쳤다.

순자의 사상은 공자(孔子), 자궁(子弓)을 스승으로 하고 유가(儒家)의 실천 도덕을 바탕으로 하지만, 그들보다 한층 합리적이며, 더욱이 전국사상(战国思想)의 여러 유형을 지양한 체계적이고 종합적인 것이었다.

순자사상의 중요한 내용은 공자의 유가사상을 충실히 계승하면서도 유가의 예(礼)사상에 대한 변화를 시도했다는 점이다. 그것이 곧 순자의 예의(礼义)와 성악(性恶)이다. 공자는 주례(周礼)를 말하고 있지만, 순자는 전국(战国)시대의 예(礼)를 말하며 또한 예(礼)와 법(法)을 결합시켰다.

그리고 순자는 인간을 공동체 안에서의 존재로 규정하고, 인간 궁극의 실천목적을 묵가(墨家)의 사상을 취하여 그 공동체, 즉 윤리적 질서체(秩序体)의 이념에 두었다. 또한 그 질서는 법가적(法家的)으로 개인을 타율적으로 규정하는 것으로 보나, 다시 그것을 초월하여 유기적이고 합목적적인 격률(合目的的 格律)과 성왕(圣王)의 제(制)와 예의(礼仪)의 존재를 인정한다.

순자는 맹자의 인정설(仁政说)에 대해서, 제후들이 서로 전쟁을 하는 상황에서 인정(仁政)만으로는 부족하고 반드시 경전(耕战)정책을 시행해서 국력을 강화해야 함을 주장했다. 순자의 그 같은 사상적 관점은 실제적으로 유가의 예치(礼治)사상에서 법가의 법치(法治)사상으로 전이되는 일종의 과도기적 사상으로 간주할 수 있다. 그 결과 순자는 제자 중 한비(韩非)와 이사(李斯) 등과 같은 유명한 법가를 배출시켰다.

2) 순자의 성악설(性恶说)

순자는 정치사상의 이론적 기초로서 맹자의 성선설(性善说)과 상반되는 성악설(性恶说)을 제기했다. 그는 인간의 본성은 악하며, 선함은 위선적인 행위(人之性恶, 其善者伪也)라고 여겼으며, 천성이 악하여 사람은 후천적인 학습을 통해 선하게 될 수 있다고 말했다.

순자는 사람은 태어나자마자 생리적으로 각종의 욕망, 즉 편안함을 좋아하고, 예쁜 색깔을 좋아하며, 일 하기를 싫어하는 등, 맹자가 말하는 바의 '선한 마음'은 결코 존재하지 않는다고 주장했다. 만약 개인의 욕망에 따라 행동하게 되면 필연적으로 싸움이 발생되고 사회는 혼란스럽게 되기 때문에 반드시 예의(礼义)로써 성악(性恶)을 교정해서 사회의 안정과 발전을 꾀할 것을 강조했다.

순자는 전통적인 관념인 '하늘(天)'에 대해서도 비판적이고 현실적이며, 유명론적(唯名论的)인 명가사상(名家思想)에 대하여서 역시 비판적이다. 그리하여 실념론적(实念论的) 입장에서의 종속관계와 범주론(范畴论)을 거론하는 진보된 논리적 사고를 보였다.

순자는 공자와 맹자와 같이 춘추전국시기의 원시 유가학파의 한 사람이었지만, 그의 사상은 공자와는 커다란 차이와 변화가 있었으며, 후에 법가 등 제 학파에 중요한 영향을 미쳤다. 순자의 사상은 모든 고대 중국 철학자 중 가장 논리적이고 이지적이었으며, 당시 춘추전국시기의 제후들에게 직접적인 영향을 주었다.

순자는 그의 철학사상을 순자(笋子)라는 책에서 매우 체계적으로 기술하였는데, 순자(笋子)는 총 32장으로 되어 있으며, 수신(修身), 왕제(王制), 왕패(王霸), 신도(臣道), 치사(致仕), 의병(议兵), 예론(礼论), 악론(乐论)편 등으로, 순자의 정돈되고 통찰력 있는 사상들이 잘 나타나고 있다.

현존의 ≪순자≫ 20권 32편은 한나라의 유향(刘向)이 당시 있었던 322편을 편집하여 ≪손경신서(孙卿新书)≫ 32편으로 편찬한 것을, 당(唐)나라의 양량(杨倞)이 편(编)의 순서를 바꾸고 주(注)를 붙여 ≪손경자(孙卿子)≫라 하였고, 후에 간단히 ≪순자≫라 불리게 된 것이다. 한 부분은 순자의 문인(门人)의 설(说)이 포함되어 있는 것으로 추측된다. 또 ≪순자≫에는 부(赋) 10편의 저작이 있으며 지금은 2편으로 줄여서 수록되어 있다.

중국을 최초로 통일한 진시황은 법가를 중시함으로 분서갱유 정책을 통하여 유가의 서적을 불태우는 등 유생들은 큰 타격을 당하였다.

그러나 서한시대에 이르러서는 중앙집권체제의 강화와 함께 진나라가 멸망된 교훈을 경험삼아 '백가(百家)를 배척하고, 오직 유가(儒家)만을 존숭함(罢黜百家, 独尊儒术)' 정책을 정하여 유가사상으로서 전국의 사상이 통일되게 되었다.

4. 한대경학(汉代经学)

한대의 경학이란 유가경전의 내용과 방법들을 연구하고 해석하는 학문으로, 경학은 주로 선진시대의 저작들인 육경(六经 : 诗, 书, 礼, 乐, 易, 春秋)에 대한 연구로부터 시작되었다. 한대에 이르러 동중서(董仲舒 : 기원전 179년-104년)로 대표되는 유가학파는 통치자의 요구에 부응해서 하나의 완전한 봉건통치학설인 한대(汉代)유학을 건립했다.

서한(西汉)의 한무제(汉武帝)는 유가사상을 통치의 원리로 채택하고 전국의 사상을 통일하고자 하였다. 이 때 다시 지배사상으로 등장한 한대유학은 실제상 유가의 경전을 해석하는 것을 특징으로 했기 때문에 한대경학이라고 불린다.

동중서는 선진유가인 맹자, 추연 이래의 천인합일(天人合一)의 학설을 계승하고 당시의 음양오행설(阴阳五行说)과 합하여, 천인감응설(天人感应说)을 주장하였는데, 이는 철학상의 중요한 문제로서의 인간과 자연의 관계문제를 다룬 학설이다.

그는 천기의 변화가 인간의 신체에 어떤 영향을 준다고 생각하였는데, 이와 같이 천(天)과 인(人)이 서로 감응(感应)하는 것이 천인감응설이며 그 기초는 천인이 동류라는데 있다고 하였다. 그리고 "류(类)로서 합하면 천과 인은 하나다"라고 말하였는데, 이것은 인간에게 무엇이 있으면 천에도 무엇이 있고 천에 무엇이 있으면 인간에게도 무엇이 있다는 것이다. 즉 인간은 천의 부본(副本)이요 우주의 축소판이라는 말이다. 이것이 이른바 인부천수(人副天数)이다.

이러한 동중서의 천과 인이 서로 감응한다는 천인감응설은 군주의 악정에 대한 경고이기도 하였으며, 또한 자연을 기계론적인 법칙으로 보아 수단으로 이용하는 것보다는 자연을 더욱 정감있고 자연스럽게 보아낸 것이라고 할 수 있을 것이다. 또한 그는 천(天)을 최고의 주재자로 보았으며, 황제는 '천자(天子)'로서 절대적인 것으로 여겼다.

그리고 동중서는 공자의 '군군신신부부자자(君君臣臣父父子子)'의 도덕 원칙과 '양존음비(阳尊阴卑)' 이론에 근거해서 '삼강오상(三纲五常)' 학설을 창안했는데, '삼강(三纲)'은 바로 '군위신강, 부위자강, 부위부강(君为臣纲, 父为子纲, 夫为妇纲)'을 말하며, 그 관계는 천지음양과 같아서 음은 양에 복종해야 하는 것으로, 신하, 자녀, 아내 등은 군주, 부모, 남편에게 복종해야 함을 말한다.

'오상(五常)'은 인(仁), 의(义), 예(礼), 지(智), 신(信)으로서 삼강(三纲) 기초 위에 행하는 다섯 가지 준칙(准则)이다. 동중서는 삼강오상(三纲五常)은 하늘의 뜻을 의미하고, 하늘이 영원히 변치 않는 것처럼, 삼강오상(三纲五常)도 불변한다고 인식했다.

한대의 경학을 주도해 온 학자들은 당시 봉건왕국의 '대일통(大一统)' 정책에 이론적으로 협력하여 한대 통치자들에게 중요한 역할을 감당하게 되었다. 그래서 당시의 경학은 '관학(官学)'으로 불리울 정도로 중시되었다. 그러나 서한말기에 이르러서는 점차 쇠퇴하기 시작하였다.

5. 송명이학(宋明理学)

이학(理学)이란 송명시대의 유가학설을 가리키는 말이다. 이는 유가의 대도(大道) 혹은 도학(道学)을 가리키는 말이기도 하다. 이러한 이학의 형성에는 두 가지 중요한 영향이 있었는데, 하나는 유가(儒家)내부의 변화에 따른 것이며, 다른 하나는 불교사상의 유행에 따른 것이다.

그러므로 송명이학(宋明理学)이란 한대경학의 기초 위에서 불학(佛学)과 도가사상을 받아들여 세운 새로운 유학체계이다. 그것은 이(理), 즉 천리(天理)를 중심으로 하며, 이학(理学)이라고도 부른다.

이학의 선구자는 손복(孙复)인데, 그는 경세제인(经世济人)을 주장하면서, 유가사상과 천도(天道)의 일치성을 강조하였다. 손복의 이론은 장재(张载 ; 서기 1020년-1077년)가 이어받게 되었는데, 그는 기(气)로서 만물의 생사변화를 해석하고자 하였으며, '천지지성(天地之性)'을 주장하기도 하였다.

그 후 둔이(敦颐 ; 1017-1073)는 도가의 태극과 음양오행학설을 발전시킨 '태극도설(太极图说)'이란 책을 저술하여 무극(无极)과 태극(太极)으로 우주의 생성을 해석하고자 하였으며, 중정인의(中正仁义)를 인생의 대도라고 보았다.

이러한 송명이학을 발전시킨 대표적 인물은 송대의 정현(程颢 : 서기 1033년-1107년), 정이(程颐 : 서기 1035년-1085년) 형제와 주희(朱熹) 및 명대의 왕양명(王阳明) 등이다. 그들은 이(理)란 만물의 최고원칙으로서, 영원히 존재하는 동시에 인간과 만물 속에 존재한다고 인식했다. 그리고 이(理)는 자연계와 사회의 최고 법칙일 뿐 아니라 삼강오상(三纲五常) 등으로 발현되는 천리(天理)라고 했다.

당시 명대(明代)사회는 토목(土木)의 반란(1449년) 이후, 쇠퇴의 길로 접어들면서 각종 사회문제가 드러나게 되었다. 우선 황실, 환관, 훈척(勋戚) 등의 정치적 특권을 이용한 토지 겸병의 추세가 날로 증가하였으며, 그에 따라 백성의 지세와 부세 또한 날로 무거워져 갔다. 이러한 이중의 고통 속에서 대다수의 백성들은 살아남기 위해서 유랑민이 되는 길을 선택하였으며, 이것은 결국 민중 봉기로 폭발하게 된다.

원대의 관학은 이른바 정주학(程朱学)이었다. 송과 원을 거쳐 명이 들어선 후에도 정주학은 관학으로서의 위상을 그대로 유지하였다. 그러나 명대의 정주학은 사회적 위상이 높아졌음에도 학문적인 발전은 오히려 정체되기 시작하였는데, 그 이유는 학문 자체가 형식화되면서 생명력을 상실하고 화석화되었기 때문이었다.

여기에서 정주학, 특히 이학의 대가인 주자(朱子)의 학문이 처음부터 이론상 결함을 가지고 있었던 것인지, 아니면 주자 이후로 여러 시대적, 사회적 요건 등의 철학외적 요건들에 의해 본래의 의미가 변질되었는지를 논할 수는 없을 것이다. 하지만 여러 정황으로 볼 때 왕양명(王阳明)의 학설이 발흥할 당시의 정주학 혹은 정주학자들은 혼란스러운 사회 상황에 탄력성을 가지고 대처하지는 못했다는 점을 말할 수는 있을 것이다.

1) 주희(朱熹)

주희(서기 1130년-1200년)는 중국 송대(宋代)의 유학자로서 복건성(福建省) 우계(尤溪)에서 태어났으며, 자는 원회(元晦)·중회(仲晦), 호는 회암(晦庵)·회옹(晦翁)·운곡산인(云谷山人)·창주병수(沧洲病)·둔옹(遁翁)이다. 주희는 중국 봉건사회 후기에 가장 영향력이 컸던 사상가로 주자(朱子)라고도 불리었으며, 그의 학설은 주자학(朱子学)으로 불린다.

주희의 선조는 대대로 안휘성(安徽省)의 호족이었으며, 아버지 위재(韦斋)는 관직에 있다가 당시의 재상(宰相) 진회(秦桧)와의 의견충돌로 퇴직하고 우계에 우거(寓居)하였다. 주자는 이 곳에서 14세 때 아버지가 죽자 그 유명(遗命)에 따라 호적계(胡籍溪), 유백수(刘白水), 유병산(刘屏山)에게 사사하면서 불교와 노자의 학문에도 흥미를 가졌다. 그러나 24세 때 이연평(李延平)을 만나 사숙(私淑)하면서 유학에 복귀하여 그의 정통을 계승하게 되었다.

주희의 강우(讲友)로는 장남헌(张南轩) · 여동래(吕东莱)가 있으며, 또 논적(论敌)으로는 육상산(陆象山)이 있어 이들과 상호 절차탁마(切琢磨)하면서 주자의 학문은 비약적으로 발전 심화하여 중국사상사상의 사변철학(思辨哲学)과 실천윤리(实践伦理)의 체계를 확립하기에 이르렀다.

또한 그는 19세에 진사시에 급제하여 71세에 생애를 마칠 때까지 여러 관직을 거쳤으나, 약 9년 정도만 현직에 근무하였을 뿐, 그 밖의 관직은 학자에 대한 일종의 예우로서 반드시 현지에 부임할 필요가 없는 명목상의 관직이었기 때문에 학문에 전념할 수 있었다. 그의 생애를 관찰해 보면 46세까지를 전기, 이후 60세까지를 중기, 61세 이후를 후기로 하는 3기(三期)로 나누어 볼 수 있다.

주희는 이(理)의 관념을 직접 계승했고, 공자의 사상과 동중서 및 불학(佛学)의 관점까지도 흡수해서 도덕적으로 유가를 천리(天理)로 상승시켰다. 그는 이(理)와 기(气)로서 우주와 인생을 해석하고자 하였으며, 이가 바로 절대 진리라고 주장하기도 하였다.

주희는 천리(天理)는 만사만물의 근본이자 법칙임을 확신하였고, 사람들에게 '천리(天理)를 배양해서 인욕(人欲)을 소멸'하는 도덕의 수양을 통해서 성현에 이를 것을 주장했다. 그래서 세상에는 이(理)와 기(气)가 있으며, 이 양자가 결합되어 만물이 형성되는데, 이(理)의 총체는 태극(太极)이고, 태극의 이(理)는 인간과 만물 중에 존재하고 있고, 삼강오상(三纲五常)이 바로 태극의 이(理)라고 주장했다.

그는 또한 심성론(心性论)을 제기했는데, 심(心)은 성(性)과 정(情)의 양면을 지니며 만약 心(마음)이 情(감정)으로 하여금 성(天理)을 따르게 하면 심은 곧 도심(道心)이고 선이 되지만, 만일 심이 정으로 하여

금 육체와 정신으로부터 나오게 하면 인심(人心)이 발동하여 정욕(情欲)이 커지게 되며 도심(道心)이 소멸되어 악이 된다고 인식했다. 그 때문에 사람은 선을 행할 수 있고 또한 악을 행할 수도 있는데, 사람이 선해지고 악해지는 것은 모두 인심의 선택에 달려있다고 했다.

주자의 대표저작으로는 주자문집(朱子文集), 주자어류(朱子语类) 등이 있는데, 그 중 유가경전인 대학(大学), 중용(中庸), 논어(论语), 맹자(孟子)등을 정리해서 만든 '사서(四书)'는 사서장구집주(四书章句集注)에 수록되었으며, 이는 과거시험의 중요한 교재가 되었다.

2) 왕수인(王守仁)

왕수인(서기 1472년-1529년)은 자가 백안(伯安)이고 명나라 헌종(宪宗) 8년(1427년)에 태어나 세종(世宗) 7년(1529년)에 죽었다. 시호는 문성(文成)이며, 절강성 여요인(浙江省 馀姚人)이다. 일찍이 월(越)나라의 양명동(阳明洞)에 집을 짓고 살면서 스스로를 양명자(阳明子)로 칭하여, 양명이라는 호로 세상에 불려지게 되었다.

왕양명은 청년시절 말을 타고, 활 쏘는 일에 열심이었으며, 병법에도 관심을 가졌다. 또한 그는 사장학에 두루 통하였고, 이어 정주학을 공부했다고 한다. 그러나 이치는 얻지 못하고 병만 난적이 있었는데, 그 후 그는 주자학에 소득이 없음을 깨닫고 잠시 불교와 노장에 드나들기도 하였지만, 곧 그것이 그릇됨을 깨닫고 다시 유학을 공부하여, 치양지(致良知)를 근간으로 하는 새로운 사상체계를 수립하게 되었다. 이것이 곧 양명학이다.

양명학(阳明学)은 중국 명나라 중기 양명(阳明) 왕수인(王守仁)이 이룩한 유가철학(新儒家哲学)이다. 송대에 확립된 정주이학(程朱理学)과는 대립된 성격을 가지고 있어 육구연(陆九渊) 혹은 육상산(陆象山)의 철학과 함께 심학(心学)으로도 불린다.

왕양명은 초기에 이학(理学)을 공부하다가 주자(朱子)의 성즉리(性即理)와 격물치지설(格物致知说)에 회의를 느끼고 육상산의 설을 이어받아 심즉리(心即理), 치양지(致良知), 지행합일설(知行合一说)을 주창하고 나왔다. 즉 원리와 원리 실현의 소재(气)를 엄격히 구별하여, 마음은 기이고 마음이 갖춘 도덕성 등의 이치는 이(理)라고 한 주자의 견해에 대하여, 만물일체와 불교의 삼계유심(三界唯心)의 입장에서 마음이 곧 이(理)라고 주장하게 되었다.

왕양명은 지(知)와 행(行)의 합일을 중요시하였는데, 그는 "알면서도 행하지 않는 사람은 없다. 알면서도 행하지 않는다면 이것은 아직 알지 못한 것이다"라고 하였다. 이것은 전지(真知) 즉 참되고 절실한 지(知)를 알고 있는 사람이라면 반드시 자기가 이해한 도덕 지식을 행동으로 옮기기 때문에, 알면서도 실행하지 않는 문제는 발생하지 않는다는 것을 말한다. 즉 마땅히 효도해야 함을 알면서도 그렇게 하지 못하는 사람은 알면서도 실행하지 못하는 사람이 아니라 아직 근본적으로 모르고 있는 사람이라는 것이다.

또한 그는 "앎은 실행의 시작이고, 실행은 앎의 완성이다"라고 주장하였다. 그러므로 의식은 앎에 속하며, 의식은 전체적인 행위 과정의 첫 번째 단계로 의식은 행위 과정의 일부분으로 보았다. 이와 마찬가지로 행위는 실행에 속한다. 그러나 행위가 사상의 실현이라거나 실천이 관념의 완성이라는 측면에서 말하자면, 실행은 전체적인 지식과정의 마지막 단계로 볼 수 있다.

따라서 왕양명은 실행은 앎이며, 앎에는 실행의 요소가 있고, 실행에는 앎의 요소가 있으므로 결국 지와 행은 합일되는 것이라고 주장하였다.

6. 청대박학(清代朴学)

청대(清代)로 들어오면서 이학은 쇠퇴하기 시작했고, 유가학자들도 사상과 사회의 변화에 따라 경학을 다시 중시하게 되었다. 그래서 한대의 유가와 마찬가지로 훈고(训诂)와 고거(考据)에 관심을 가지게 되었는데, 이를 '질박지학(质朴之学)', '고거학(考据学)'으로 불렀으며 이를 간단히 '박학(朴学)'이라고 하였다. 즉 송명이학의 쇠퇴와 함께 청대의 유학은 실용적인 학문으로서의 유학을 추구하게 된 것이다.

박학(朴学)은 청대에 형성되어, 건릉(乾隆)황제와 가칭(嘉庆) 황제의 통치시기에 최대의 발전을 보게 되었다. 그래서 소위 '건가학파(乾嘉学派)'를 형성하기도 하였다.

당시 대표적인 경학가인 고염무(顾炎武 : 서기 1613-1682년)는 명 말의 학풍에 대하여 처음으로 공격, 비판하고 그 죄는 왕양명에게 있다고 말하였다. 그는 실제학문을 논하지 아니하고 공허한 이론만을 주장하는 이학에 대하여 반대하였으며, "천하의 흥망성쇠가 바로 이러한 무지한 사람들의 책임이다(天下兴亡, 匹夫有责)"라고 주장하기도 하였다. 심지어 그는 "학자들은 심(心)이라든가 성(性)이라든가 하는 말을 입에 잘 올리지만 그 의미는 알지 못하고 있다"라고 말하였으며, 넓은 지식과 학문의 연구를 버리고, 도(道)라든가 성(圣)이라든가 하는 원리만을 추구하려고 하는 양명학도(阳明学徒)를 강하게 비판하였다.

"경학(经学)이 곧 이학(理学)이다"라는 말은 고염무가 창설한 학파의 주장이다. 이렇게 경학이 중시됨은 유학의 근본이 경서에 있기 때문이다. 그러므로 그에게 경학을 떠난 이학은 유학이 아닌 선학(禅学)이므로 배척되었다.

고염무에게는 사학 또한 경세의 실학이라는 측면에서 매우 중요시

되고 있다. 따라서 앞에 거론한 박학(博学)의 내용도 경학만이 아니고 사학(史学)도 그것과 똑같이 중요한 요소로 포함되어 있다.

경학이란 구인구세(求人救世)를 위한 근본정신을 파악하는 것이며, 인간세상을 구하기 위한 근본정신을 운용함에 있어서 지나간 역사적 사실에 근거하여 이해하는 것이 사학(史学)이므로, 이 양자를 합쳐야만 도(道)를 밝혀 세상을 건지는 명도구세(明道救世)의 실학(实学)이 완전하게 된다고 주장하였다.

7. 현대신유학(现代新儒学)

1919년 5·4운동을 전후하여 지식인들은 중국 전통윤리와 가치체계의 붕괴, 제국주의 문화의 침입과 마르크스주의의 중국에서의 전파에 분명한 반대의 입장을 견지하고, 전통문화의 지위와 가치체계를 회복하고 유학을 부흥시킬 것을 주장했다.

20세기 초반에 이처럼 유학부흥을 기도했던 시기를 현대 신유학시기로 볼 수 있고, 당시 문화사조를 대표하고 독립 사상체계를 지니고 있는 학자를 현대 신유가로 지칭하고 있다.

19세기 하반기 이후로 중국의 정치력과 군사 및 사회의 전반적 상황은 나날이 악화되었다. 서방열강은 중국에게 여러 형태의 굴욕을 강요했으며, 중국의 열강침략에 반대하는 투쟁은 계속적으로 좌절되었으며, 사상 및 문화방면에서 서세동점(西势东渐)은 중국의 전통 윤리관념과 가치체계를 붕괴시켰다.

중국의 국가적 위기상황에서 전통문화의 가치와 미래의 운명을 인식하고 서구문화의 도전을 받아들이며, 전통에서 현대로 향하는 정확한 근대화의 방향성과 방법을 모색하는 문제 등은 당시 중국 지식인들에게 고뇌에 찬 중대한 현실 문제가 되었다.

당시의 주요 학파로서는 국수주의파(国粹主义派), 중체서용파(中体西用派), 전반서화파(全盘西化派) 등이 생겨났다. 그 중 양소명(梁漱溟), 장군려(张君劢), 붕우란(冯友兰), 하린(贺麟), 웅십력(熊十力) 등으로 대표되는 지식인들은 중국 전통문화의 기본정신과 가치체계를 존중하였다.

또한 그들은 1920년대를 전후해서 발생된 중서문화의 충돌로 인한 문화적 긴장상태에서 전통문화의 본체와 주도적 지위를 유지하고, 아울러 그것을 기초로 중서를 융합시키고자 노력하였으며, 서방문화의 도전과 마르크스주의의 충격에 대처할 것을 도모했다.

1920년대 사회사조와 학술문화가 바로 현대 신유학 사조인데, 현대 신유학은 1949년 이후 중국대륙에서는 사회주의체제에 역기능을 지닌 사조로 인식되어 활성화되지 못하고 침체되었으며, 주로 홍콩과 대만 등 지역에서 그 명맥과 발전을 모색해왔다.

결론적으로 현대 신유학가들은 중국문화가 반드시 서방 혹은 세계문화보다 우월하다는 입장을 견지하고, 중국 전통문화가 서방의 문화를 흡수 통합할 것을 주장했지만, 서방문화 중의 과학과 민주정신 등에 대해서는 긍정적으로 평가했다.

한편 신유학가들은 5·4운동 과정 중 진행된 전통문화에 대한 비판에 대해서 부정적인 평가를 하고, 마르크스레닌주의와 중국문화는 서로 용납할 수 없음을 강조하기도 했다.

제 3 절 도가사상(道家思想)

1. 노자

1) 노자(老子)

노자(老子 : 기원전 571년-472년)는 중국 고대의 철학자이며, 도가(道家)의 창시자이다. 그의 성은 이(李), 자는 담(聃)이며, 이름은 이(耳) 혹은 노담(老聃)이라고도 한다. 노자는 초(楚)나라의 고현(苦县), 즉 현재 하남성 녹읍현(河南省 鹿邑县)에서 출생하였으며, 춘추시대(春秋时代) 말기 주(周)나라의 수장실사(守藏室史 : 장서실 관리인)였다.

공자가 젊었을 때 낙양(洛阳)으로 노자를 찾아가 예(礼)에 관한 가르침을 청한 것으로 알려졌다. 또 주나라의 쇠퇴를 한탄하고 은퇴할 것을 결심한 후 서방(西方)으로 떠났다. 그 도중 관문지기의 요청으로 상하(上下) 2편의 책을 써 주었다고 한다. 이것을 ≪노자≫라고 하며 ≪도덕경(道德经)≫이라고도 하는데, 도가사상의 효시로 일컬어진다. 그러나 이 전기에는 의문이 많아, 노자의 생존을 공자보다 100년 후로 보는 설이 있는가 하면, 그 실재 자체를 부정하는 설도 있다.

노자의 사상을 가리켜 도가(道家)란 이름으로 부르고 있는 것은 원래 도덕가(道德家)의 약칭으로, 이는 노자의 도덕경(道德经)에서 연유한 이름이기 때문이다.

2) 노자사상의 주요내용

(1) 도(道)사상

노자의 핵심사상은 도(道)이다. 그는 도를 최고의 범주로서 도로서 객관세계를 관찰하고 인식하고자 하였다. 또한 노자는 도(道)의 개념을 철학사상 처음으로 제기하였으며, 이 도는 천지만물뿐만 아니라 상제(上帝)보다도 앞서 존재한다고 하였다. 그것은 형상과 소리가 없어서 경험할 수도 없고 언어로 표현할 수도 없다. 그러므로 그것은 무(无)라고 할 수 있다. 그러나 천지만물은 그로 말미암아 존재하고 생성 소멸한다. 그러한 측면에서 보면 그것은 무가 아니라 유(有)이다.

또한 노자는 도법자연(道法自然)을 주장하여, 도는 천지만물과 달리 어떤 것에도 의존하지 않고 독자적으로 존재할 수 있는 실체라고 보았다. 도는 다른 것에 의존하지 않고 스스로 존재한다는 면에서 보면 그것은 자연(自然)이라고 할 수 있다. 그러나 어떤 것도 간섭하거나 지배하지 않는다는 면에서 보면 그 것은 무위(无为)하다고 할 수 있다.

노자는 우주만물이 자연히 지속되고 발전된다고 하여 무위자화(无为自化)를 주장하였는데, 그는 통치자가 만약 이러한 무위자화(无为自化)를 본받아 백성들을 간섭하거나 지배하지 않고 그들의 자발성에 맡긴다면 세상은 저절로 좋아진다고 보았다.

노자에 의하면 일체 사물이나 사건들은 그들 자신과 상반하는 대립자들을 지니고 있으며, 유(有)가 있으면 무(无)가 있고 앞이 있으면 뒤가 있다. 또한 이들 대립자들은 서로 전화한다. 화는 복이 되고 흥성한 것은 멸망한다. 이러한 대립전화(对立转化)의 법칙을 알고 유(柔)를 지키면 강(刚)을 이길 수 있다고 하는데, 이를 귀유(贵柔)사상이라고 한다.

(2) 노자사상의 전개

노자사상은 열자(列子)와 장자(庄子)에게 계승되었다고 한다. 한(汉)나라 초기에 성행하였던 황노(黄老)사상 형성에 영향을 주었다. 한고조(汉高祖)는 오랜 전란에 시달려온 백성들의 고통을 덜어주고 파괴된 생산력을 회복하기 위하여 노자의 무위자연사상을 정치이념으로 삼았다.

동한(东汉) 말엽에 도교를 창도한 장도릉(张道陵)이 노자를 교조(教祖)로 추존(追尊)하고 노자오천문(老子五千文)을 신도들이 외우고 익혀야 할 경전으로 받들어 노자사상은 도교의 교리가 되었다.

위진시대(魏晋时代)에 하안(何晏)이 도덕론을 짓고 왕필(王弼)이 노자주(老子注)를 저술함으로써 노자사상은 위진시대 현학의 기본사상이 되었다. 또한 인도에서 들어온 불경을 해석하는 데 노자의 용어와 이론이 활용되어 격의(格义)불교 형성에 이바지하였다.

2. 장자(庄子)

장자는 중국 고대 사상가로서 제자백가(诸子百家) 중 노자와 함께 도가(道家)의 대표자이다. 그의 이름은 장주(庄周 : 기원전 369년-286년)이고, 전국(战国)시기 3송(宋)의 몽읍(蒙邑) 즉 하남성 상구현(河南省 商邱县)에서 출생하였다. 정확한 생애는 미상이나 맹자(孟子)와 거의 비슷한 시대에 활약한 것으로 전한다.

장자는 관영(官营)인 칠원(漆园)에서 일한 적도 있었으나, 그 이후는 평생 벼슬길에 들지 않았으며 10여 만 자에 이르는 저술을 완성하였다. 초(楚)나라의 위왕(威王)이 그를 재상으로 맞아들이려 하였으나 사양하였다.

장자 사상의 핵심은 자연무위(自然无为)인데, 그는 노자와 마찬가지로 도(道)를 자기 철학체계의 최고범주로 보았다. 그러나 그는 노자와 달리 도를 초연(超然)의 세계까지 승화시키었으며, 우화적인 요소까지 포함하고 있다.

장자와 노자의 도가사상을 합쳐서 노장(老庄)사상이라고 부르며, 장자의 사상은 풍자적이고 우화적이며 상상력이 풍부한 걸작인 장자(庄子)에 집약되어 있다. 그의 저서인 ≪장자≫는 원래 52편(篇)이었다고 하는데, 현존하는 것은 진대(晋代)의 곽상(郭象)이 산수(删修)한 33편(内篇 7, 外篇 15, 杂篇 11)으로, 그 중에서 내편이 원형에 가장 가깝다고 한다.

1) 장자사상의 주요내용

장자는 인간의 마음이 일정한 시대와 지역, 교육에 의하여 형성되고 환경에 의해 좌우된다고 보았다. 그리고 이 마음이 외부 사물들과 접촉하여 지식이 생기며, 이러한 지식은 시대와 지역 그리고 사람들에 따라 다르기 때문에 보편타당한 객관성을 보장할 수 없다. 장자는 이러한 지식에 입각한 행위를 인위(人为)라고 한다.

장자는 노자(老子)와 마찬가지로 도(道)를 천지만물의 근본원리라고 본다. 도는 일(一)이며 대전(大全)이므로 그의 대상이 없다. 도는 어떤 대상을 욕구하거나 사유하지 않으므로 무위(无为)하다. 도는 스스로 자기존재를 성립시키며 절로 움직인다. 그러므로 자연(自然)하다. 이는 일종의 범신론(泛神论)이다.

또한 도가 개별적 사물들에 전개된 것을 덕(德)이라고 한다. 도가 천지만물의 공통된 본성이라면 덕은 개별적인 사물들의 본성이다. 인간의 본성도 덕이다. 노자는 이러한 덕을 회복하려면 습성에 의하여 물들은 심성(心性)을 닦아야 한다고 주장하였는데, 이를 성수반덕(性修反德)이라고 한다.

장자는 덕을 회복하게 되면 도와 일체가 되고, 도의 관점에서 사물들을 볼 수 있다고 하였는데, 이를 이도관지(以道观之)라고 한다. 물(物)의 관점에서 사물들을 보면 자기는 귀하고 상대방은 천하다고 할 수 있다. 그러나 도의 관점에서 사물들을 보면 만물을 평등하게 볼 수 있다. 또한 인간은 도와 하나가 됨으로써 자연에 따라 살아갈 수 있으며 자유를 누릴 수 있는데, 이 자유는 천지만물과 자아 사이의 구별이 사라진 지인(至人)이라야 누릴 수 있으며, 지인은 사람들과 조화를 이루고 천지만물들과도 사이좋게 살아갈 수 있다고 하였다.

장자의 사상은 대부분 우언(寓言)으로 풀이되었으며, 그 근본은 노자(老子)의 무위사상(无为思想)을 계승하는 것이지만, 현세와의 타협을 배제하는 점에서는 더욱 철저하여, 바로 그와 같은 면에서 장자의 분방한 세계가 펼쳐진다.

2) 장자사상의 발전과정

노가는 부분적으로 상대(商代)와 주대(周代) 초기의 자연주의적 물활론(物活论)의 종교적 믿음에서 발생하였다고 본다. 그 후 주대(周代)에 점차적으로 양자강 유역을 병합함에 따라 학파로서 세력이 확대되었다. 공자와 맹자 및 순자 등이 모두 북중국 평원사람들인 반면, 초기 도가 학파들의 대부분이 양자강 유역인 초(楚)국 등에서 활동했기 때문에 도가는 중국 남방지역에서 성행하게 되었다.

장자사상은 위진현학(魏晋玄学)의 사상적 기반이 되었으며 남북조시대에 성행한 반야학(般若学)과 당나라 때 융성한 선종(禅宗) 형성에 영향을 주었다. 현종(玄宗)은 그에게 남화진인(南华真人)이라는 호를 추증하였으므로, ≪장자≫는 ≪남화진경(南华真经)≫이라는 이름으로 널리 읽혔다.

송명이학(宋明理学)은 유학을 위주로 하면서도 내면적으로는 장자철학을 수용하였다. 장자의 이러한 초탈사상은 자연주의 경향이 있는 문학 예술에도 영향을 주었다.

제 4 절 법가사상(法家思想)

1. 법가사상

법가(法家)란 법치주의를 제창한 중국의 정치 사상가로서, 전국시대 후기에 등장한 제자백가의 한 유파로 그 계통을 이은 일군(一群)의 정치 사상가에 대한 총칭이다. 특히 유가(儒家) 사상과의 대립 · 항쟁 과정에서 발달하였으며, 전국시대의 전제적 지배를 지향한 군주에게 채용되어, 진한(秦汉)시대의 통일제국 성립을 뒷받침한 중요한 사상이 되었다.

전국초기 위국(魏国)의 이사(李斯 : 기원전 455년-395년)는 법경(法经)을 저술하고 진(秦) 통일제국의 기초를 구축하였으며, 이어서 오기(吴起 : 기원전 440년-381년)는 초국(楚国)에서 변법을 실시하기도 했다.

법가의 대표적인 인물들은 이사(李斯), 오기(吴起)와 진(秦)나라의 재상으로 국내개혁을 달성한 상앙(商鞅), 신불해(申不害), 신도(慎到) 등이 있었고, 그 이전에도 관중(管仲)과 자산(子产)등이 있었다. 그러나 법가를 하나의 사상학파로 만든 가장 특출한 인물은 그의 저서를 통하여 진시황(秦始皇)을 감탄시킨 한비(韩非)이다. 이들이 공통적으로 '법치'를 주장했기 때문에 법가라고 부른다.

현대에 와서 중국은 유가들이 노예주인 귀족층의 세습적 권리를 옹호한 것에 대하여, 법가들은 새로운 봉건 지주계급을 대표하여 국내통일에 공헌하였다는 평가를 한다. 이들은 강력한 제도와 법령을 공포해서 전국의 사상을 통일시킬 것을 주장했고 법으로써 치국하려는 그들의 사상적 이론과 실천은 각종 사상들이 격렬하게 경쟁하던 춘추전국시대에 막대한 영향을 미쳤다.

2. 한비(韩非) 사상

한비자(韩非子)로서 존칭되기도 하는 한비(韩非 : 기원전 280년-233년)는 전국시대 말기의 사상가이며, 한(韩)의 왕족으로 젊어서 진(秦)의 이사(李斯)와 함께 순자(荀子)의 제자였으며, 그는 훗날 법가(法家)의 사상을 대성하였다.

이사가 간지(奸智)에 뛰어난 변설가(辩说家)인 반면, 한비는 타고난 말더듬이 였으나 두뇌가 명석하여, 학자로서는 이사가 도저히 미칠 바 못 되었다. 진의 시황제는 한비의 글을 보고 "이 사람과 교유할 수 있다면 죽어도 한이 없겠다"라며 감탄하였다고 한다.

한비는 한의 세력이 약해지는 것을 염려하여 왕에게 간언하였으나 받아들여지지 않았고, 끝내 진의 공격을 받자 화평의 사신으로서 진나라로 갔다. 시황제는 한비를 보자 크게 기뻐하여 그를 아주 진에 머물게 하려 하였으나, 이사는 내심 이를 못마땅히 여겨 시황에게 참언하여 한비를 옥에 가두게 한 후, 독약을 주어 자살하게 하였다고 한다.

한비는 자신의 저작인 한비자(韩非子)를 검토한 진시황(秦始皇)에 의해 호평을 받고서 진국(秦国)으로 영입되어 진시황이 중국 통일의 대업을 실현시키는데 결정적 공헌을 했고, 아울러 한비(韩非)학설을 완성시키고 법가사상을 유가 및 도가사상과 동등한 반열로 그 위상을 격상시켰다.

제5절 묵가사상(墨家思想)

묵가사상은 중국 전국시대(战国时代) 초기의 사상가 묵자(墨子)를 계승하는 학파로서, 그 사상과 학설은 ≪묵자≫에서 찾아볼 수 있다. ≪묵자≫에 나타난 사상은 그 하나 하나가 매우 이색적이고, 전국시대의 세상에서 중앙집권적 체제지향과 실리적인 지역사회의 단결을 주장하여 유가(儒家)와 대립한 유력한 학파였다. 이 집단은 거자(巨子)를 지도자로 하여 강력한 단결을 자랑하였으며, 그 기반은 지연공동체적인 농촌에 있었다.

묵가의 대표인물인 묵자(墨子 : 기원전 468-376년)는 전국시대 초기의 사상가였으며, 성이 묵(墨), 이름은 적(翟)으로 전국(战国)시기의 노(鲁)나라 사람이다. 그는 평민으로 태어나 목수로서 생활하였으며, 후에는 공자의 제자가 되기도 하였다고 한다. 그러나 그는 유가학설에 불만을 제기하고 스스로 학파를 형성하였고, 각국에 유랑하면서 자기의 사상을 강학하였다고 한다. 이에 따라 그에게는 수많은 제자가 있었으며, 엄밀한 조직을 구성하여 사회적으로 의로운 일을 수행하기도 했다고 전한다.

실상 묵자의 행적에 대하여는 자세히 전해지는 것이 없고, 다만 묵자 및 그의 후학들인 묵가(墨家)의 설을 모은 ≪묵자(墨子)≫가 현존할 뿐이다.

≪묵자≫는 53편이라고 하나, ≪한서(汉书)≫지(志)에는 71편으로 되었다. 최종적으로 성립된 것은 한(汉)의 초기까지 내려간다고 추정된다. 그 내용은 다방면에 걸쳤으나, 중심이 되는 것은 상현(尚贤), 상동(尚同), 겸애(兼爱), 비공(非攻), 절용(节用), 절장(节葬), 천지(天志), 명

귀(明鬼), 비악(非乐), 비명(非命)의 10론(十论)을 풀이한 23편이다.

겸애(兼爱)론은 사람은 '자신(自身)', '자가(自家)', '자국(自国)'을 사랑하듯이 '타인(他人)', '타가(他家)', '타국(他国)'도 사랑해야한다는 것이다. 한편 비공(非攻)론은 여기에서 비롯되었다. 유가(儒家)의 인(仁)이 똑같이 사랑(爱)을 주의(主意)로 삼으면서도 존비친소(尊卑亲疏)의 구별이 있음을 전제로 하는 데 반하여, 겸애는 무차별의 사랑인 점이 다르고, 또한 사랑은 남을 이롭게 하는 것이지만, 그것은 이윽고 자신도 이롭게 한다는 '겸애교리(兼爱交利)'를 풀이한 것이었다.

절용(节用)론은 사치를 삼가고 생산에 힘쓰며 소비를 줄이라고 설파하는데, 구체적으로 장례를 간소하게 치르라는 절장(节葬)론과 음악(音乐)을 허식이라 하여 물리치는 비악(非乐)론으로 전개된다.

한편, 정치에 대해서는 상동(尚同)론이 있으며, 그 기초로서 천지(天志)론이 있다. 천지론은 절대적이며 종교적이라고 할 수 있는 천의(天意)의 존재와 거기에 따르거나 거역했을 때의 상벌을 강조한다. 상동론은 아랫사람(下)은 윗사람(上)에게 순종해야 한다는 것이다. "사람이란 일인일의(一人一义) 십인십의(十人十义)이므로 방치하면 사회의 질서를 유지하지 못한다. 그래서 아래에서 위로 점차로 상동(尚同)하여 그 정점에는 최고의 현자(贤者)로서 하늘의 뜻을 받드는 천자(天子)가 있다"는 것이다.

명귀론(明鬼论)은 하늘의 대행자로서 상벌을 내리는 귀신의 존재를 주장하였고, 비명론(非命论)은 이른바 운명을 부정하지만, 그 참뜻은 명(命)에 현혹되어 일상의 일을 게을리 하지 말도록 타이르는 것이었다. 또한 위에 열거한 10론 외에도 일종의 논리학을 풀이하는 편(编)과 비공론(非攻论)에서 출발한 방어술(防御术), 축성술(筑城术)에 관한 편도 있다.

한편 묵자는 유가가 봉건제도를 이상으로 하고 예악(礼乐)을 기조로 하는 혈연사회의 윤리임에 대하여, 오히려 중앙집권적인 체제를 지향하여 실리적인 지역사회의 단결을 주장하기도 하였다.

묵가의 공헌은 단지 사상이론 방면에서만 아니라 논리학과 자연과학의 제 방면에 이르기까지 상당한 결과를 낳았다. 기존의 명(名 ; 개념), 사(辞 ; 판단), 설(说 ; 추리)의 3가지 논리방식에 대하여, 기하학(几何学 ; 점, 선, 면, 원의 관계)과 역학(力学 ; 힘과 운동과 중량의 관계 등)의 방면에까지도 많은 발전을 가져다 준 사상으로 평가되고 있다.

중국인의 특성 가운데에는 역사적으로 유가와 묵가의 영향 하에 생성된 개혁주의와 도가의 영향으로 생성된 은둔(隐遁)주의라는 대조적인 성향은 결과적으로 중국인의 사유체계와 처세에 있어서 훌륭한 균형감각과 적응력 및 탄력성을 가져다주었다. 뿐만 아니라 중국의 전 역사를 통해 국가적 지속성을 유지함에도 상당한 기여를 했다.

중국의 전통사상은 실제로 중국민족의 민족성을 결정하는 역할을 하였고, 역대 왕조의 통치의 이념과 수단으로서, 또한 교육의 철학과 목표로서 매우 중요한 가치와 의의를 지녀왔다. 지금도 여전히 이러한 전통사상들은 현대 중국인의 문화와 삶 속에 뿌리깊은 정신적 지주로 작용하고 있다.

제10장

중 국 문 화

중국문화는 중국학의 중요한 구성요소인 중화자연과 중화민족을 기초로 이루어진 것이다. 즉 중화자연의 자연과 중화민족의 인간이 결합된 결과이며, 이는 중국의 지리와 중국 안에 살고 있는 인류의 상호변환의 결과라고 할 수 있다.

중국학자들은 문화를 인류사회의 발전과정 중에 생성된 물질적 재화와 정신적 재화의 총화라고 정의하는데, 이는 특정사회의 의식형태나 제도 혹은 조직들을 포함하는 것이다.

현대 중국의 문화는 남방과 북방이라는 지리적 특성에 따라 독특한 성격과 특색을 가지고 있음을 볼 수 있다. 학자들은 중국의 사회문화적 차이를 한마디로 표현하는데, 그 말이 바로 남유북강(南柔北刚)이다.

남방지역은 문화와 경제를 특징으로 하며 자원과 인재, 문화와 사상이 발달한 지역이다. 이 지역은 황허강과 태산준령 이남에서, 양쯔강을 중심으로 분포되며, 해남성을 포함하는 광대한 지역이다. 이곳은 중국의 곡창이라고 할 수 있는 화북, 화중, 동남평원과 4대분지 중의 하나인 사천분지를 포함한다.

북방지역은 정치와 군사를 특징으로 하며 동북평원과 몽고사막 그리고 서북고원과 서장고원을 잇는 지역이라고 할 수 있다. 이 지역이 정치와 군사의 중심지역으로 발달한 것은 아마도 지리적 특성에 의하여 국토가 험하고 전쟁이 빈발하여 외국과의 외교적 협상과 군사적 대결, 그에 따른 국민정신의 통합과 일치, 빈번한 재난에 대한 국가적 대처 등의 필요에 따른 결과라고 여겨진다.

일반적으로 중국문화를 구성하는 부분들은 다음과 같은 특성을 가진다.

◦ 인본성(人本性) : 중국문화는 인간을 본위로 하는 문화로서, 인생의 가치와 목표 그리고 의의에 대한 진술과 실전을 핵심으로 한다. 이것은 인생과 백성을 중시하는 문화에 대한 표현으로서, 개인과 민중을 구별하지 않고 공동체와 일체로 보는 관념이다.

이는 중국의 전통종교들과도 밀접한 관계를 가지고 있다. 도교에서는 인간의 영육은 분리시킬 수 없으며, 현실과 피안의 세계는 대립되어 존재하는 것이 아니고, 자기의 수양과 도를 통하여 신선이 되며 그는 생명의 연장선상에 있는 피안에 세계에 도달할 수 있다고 말한다. 이러한 수련의 과정을 양생(养生)의 과정이라고 불렀다.

◦ 향토성(乡土性) : 중국문화의 향토적 성격은 중국사회의 농경문화로부터 기인된다. 농업을 본으로 살아온 전형적인 농업사회의 특징은 일정한 지역에 거주하면서, 대대로 동일한 지역에 삶을 발전시켜오게 하였다. 특별한 천재지변이 일어나기 전에는 아무도 농사의 터전이 되는 지역을 떠나는 일은 극히 드물었다. 그리고 한 곳에 오래 거주하면서 향토적 풍속과 단결과 우의를 유지하게 되었다. 그러므로 중국문화는 이러한 향토성을 배경으로 형성된 것이다.

◦ 천인합일성(人合一性) ; 중국의 고대사상의 중요한 문제는 문화방향에 대한 것들이었다. 인간이 객관세계에 참여하고 있다는 것 외에 하늘과의 관계에 대한 인식을 바로 세우는 작업이다. 이는 역사적으로 천인일덕(天人一德), 천인일류(天人一类), 천인일성(天人一性) 천인일체(天人一体), 천인일도(天人一道) 의 의미들을 담고 있는 말이다.

고대로 하늘은 중국인에게 있어서 땅과 구분된 개념이 아니었다. 하늘은 바로 자연임으로 중국인은 삶 속에서 자연에 순응하는 삶을 통하여 하늘과 자연과 융합하여 살아왔다는 것이다. 즉 이러한 사고는 중국문화의 참여적 성격에서 비롯된 것으로 인간은 자연만물의 활동에 참여해 왔으며, 이는 동시에 하늘과의 상호협력 하에 삶을 영유해 온 것이라는 것이다.

◦ 중정화평성(中正和平性) ; 중정화평의 의미는 정을 기초로 형성된 말인데, 중국인들은 대대로 중도와 중용을 추구하고 화평을 귀하게 보고 살아왔다는 말이다.

여기서 중이란 말은 사방의 거리가 같은 지점 혹은 양쪽 극단의 사이, 중간을 일컫는 말이다. 사물에 대하여는 양과 질 모두를 통합하여 모두를 중요시 여긴다는 태도를 가리키는 말이 되기도 하고, 시간적으로는 중용이라고 하여 어떠한 시간에 대하여 초과하거나 넘어서지 않는 자세를 말한다.

정이란 말은 정중, 정직, 단정을 일컫는 말이며, 이는 중국인의 전통적으로 바른 삶의 예절을 의미한다. 그래서 중국인들은 정도와 대도를 추구하면서 살아왔다고 말한다.

평이란 말은 평탄, 평정, 공정, 평온 등을 의미하는 말로서, 중국인들이 개인과 사회의 평온과 발전을 추구한다는 말이다. 즉 중국인들은 평화를 구하고 평온한 삶을 추구하는 동시에 국가의 태평을 바라는 마음을 가지고 있다고 한다.

화란 말은 모든 사물의 통일을 의미하며, 음악의 조화로운 음률과 화합을 의미하는 말이기도 하다. 이는 중국인의 화평, 조화를 추구하는 삶을 가리킨다.

◦ 다원통일성(多元统一性) : 중국의 한족은 주류민족으로 역사와 문화를 주도해 왔지만, 중국은 중국의 소수민족들과 지역적으로 문화적으로 상호교류하며 발전해 왔다고 한다. 즉 다양한 민족과 문화의 다원성을 인정하고 상호존중하며 발전시키는 동시에 한 국가로서의 통일성을 추구해 왔다는 것이다.

이러한 특성으로 말미암아 중국은 다양한 민족문화와 유산들을 공유할 수 있게 되었고, 현재에까지 발전시켜 왔다는 것이다. 또한 다원성 속에서의 통일성은 문자의 통일, 통일된 문화정책의 실시, 통일된 민족정신의 고취 등을 통해 이루어 왔다고 한다.

◦ 계승상속성(継承相续性) : 이는 중국인들이 중국의 문화유산들을 계승해 왔으며, 이는 지속적이고 연계성 있는 문화의 전승이었다고 한다. 즉 전통사상이나 역사적 전통들은 기초단계에서 현재에 이르기까지 계승과 유지와 발전을 지속해 왔다는 것이다.

이는 중국의 주류인 한족문화의 계승과 발전뿐만 아니라 동시에 각 소수민족의 문화와 전통까지도 현재에 이르기까지 보존되고 개별적으로 계승되고 발전되어 지속적으로 유지되어 왔다는 것이다.

제1절 개 요

중국문화는 상(商)나라 시대에 최초의 정착생활이 이루어지면서 시작되어, 갑골문자(甲骨文字)와 청동기 문화가 번성하던 은(殷)나라 시대에 고대 문명의 틀을 갖추게 되었다고 할 수 있다. 주(周)나라 시대에는 낙양(洛阳)으로 천도한 후 곧이어 춘추전국시대로 들어가게 되는데, 이 때에는 백가쟁명(百家争鸣)이라는 번영기를 맞이하게 된다.

춘추전국시대 말엽에 진시황이 중국을 최초로 통일하여 진나라를 세우면서, 중국 문화의 통일과 발전의 기틀을 세운 것으로 평가하고 있다. 그 후 서한왕조는 유교를 숭상하고, 수당시대에는 문화와 예술의 전성기를 맞이하여 회화, 시가, 서법, 산문, 음악, 무도의 제 문화가 발전하게 되었다. 송대에는 송리학 위주의 문화사조를 이루게 되었고, 명청시기에는 군주정치 제도의 발전과 함께 문화의 꽃을 피우게 되었다.

중국의 문화전통사상은 천인합일(天人合一)사상으로 시작된다. 천인합일사상은 천인을 하나로 보는 도가사상과 일맥상통하나, 제일 먼저 주장한 학자는 북송의 철학가 장재(张载)였다. 이 중국의 천인합일사상은 인간이 맹목적인 차원에서 하늘로 대표되는 숙명과 운명에 치우친 삶을 버리고 인간으로서의 자아형성과 발전을 도모해야 한다고 주장하고 있다.

또한 중국의 은나라 시내에는 존천사귀(尊天事鬼)라 하여, 하늘과 귀신들을 숭배하던 사상이 있었다. 하지만 서주시대를 거치면서 하늘을 의심하고 사회와 도덕을 중시하여 백성을 편안하게 한다는 이인위본(以人为本)사상이 발전하게 되었다. 이는 인간을 윤리와 정치라는 양자의 관계 속에 놓은 것으로 인간은 국가와 사회 혹은 가정이라는 울타리 속에서 자기를 찾아야 한다는 중군체경개체(重群体经个体 : 집단을 중시하고 개체를 경시함)의 성격이라고 할 수 있다.

이러한 사변적인 철학은 근대 시대의 과학발전과 모순되어 침체되었다가, 현재는 공산주의 이론과 개혁개방 정책 그리고 과학숭상 정책과의 재해석을 통해 새로운 의식을 형성하고 있다.

한편 중국은 전통적으로 음양오행(阴阳五行)사상에 의해 세상의 모든 변화는 우주의 질서에 따라 진행되고 있다고 주장하고 있다. 음양은 세상의 만물에는 음과 양이 있으며, 세상은 음양의 조화로 만물이 성장하고 쇠퇴하면서 발전해 나간다는 것이다. 또한 오행사상은 세상에는 변화하지 않는 것은 없다는 인식에서 출발한 것으로, 즉 목으로 대표되는 성장기, 화로 대표되는 번성기, 금의 수확기, 수의 수축기, 토의 과도기로서의 순환이 지속된다는 사상이다.

중국문화는 고대문화의 유적에 대한 발굴과 역사적 연구에 의하면 크게 4대 문화권으로 나눌 수 있는데, 이는 1. 황하(黄河)유역 문화권 2. 장강(长江)유역 문화권 3. 주강(珠江)유역 문화권 4. 북방(北方) 문화권 등이다.

세부적으로 분류해 보면, ① 중원 문화권 ② 황하하류 문화권 ③ 강한, 3협 문화권 ④ 장강하류 문화권 ⑤ 화남 문화권 ⑥ 감숙, 청해성 문화권 ⑦ 동북 문화권 ⑧ 북방초원 문화권으로 분류하고 있다.

중국의 자연관광자원을 살펴보면, 오악(五岳)의 5대 명산(동악의 태산 ; 泰山, 서악의 화산 ; 火山, 남악의 형산 ; 衡山, 북악의 항산 ; 恒山, 중악의 숭산 ; 崇山)과 4대 불교명산(오대산 ; 乌台山, 아미산 ; 峨眉山, 구화산 ; 九华山, 보타산 ; 普陀山)이 유명하다.

그리고 산세가 험하고 수려한 명산들이(장백산 ; 长白山, 황산 ; 黄山, 여산 ; 庐山, 무이산 ; 武夷山, 정강산 ; 井冈山) 있으며, 고산설봉으로는 해발 7,000m 이상의 설산이 모두 40여개, 8,000m 이상의 고산이 14개나 존재한다.

중국의 강으로는 장강, 리강, 주강, 전당강이 유명하며, 호수로는 항주의 서호, 무석의 태호, 운남성의 진지와 이해, 흑룡강성의 경박호가 유명하다. 그리고 해양관광지로는 청조, 북대하, 하문의 고랑서, 해남도의 녹회두 등이 잘 알려져 있다.

중국의 인문관광자원으로는 석굴, 사찰, 조각품 등을 중심으로 하는 242개의 문화보호구가 있다. 유명한 건축물로는 북경의 고궁(古宫), 승덕(承德)의 피서산장(避暑山庄)과 외팔묘(外八庙), 곡부(曲阜)의 공묘(孔庙, 공자묘)와 공림(孔林) 등과 역사적으로 유명한 만리장성(万里长城)을 비롯하여 대운하와 조주교(赵州桥) 등이 있다.

제 2 절 중국문화의 특색

1. 북방지역

북방지역은 전통적으로 술 문화가 발달한 곳으로 중국의 하얼빈, 심양, 대련, 청도지역은 술 소비량이 가장 많은 지역으로 나타났다. 그리고 군사력이 발달해 만리장성이 건축된 국경선을 따라서 역대왕조의 군사경계선이 되어 왔는데, 이는 경제선(농업경계선)과 맞물려 있기 때문이기도 하다.

한편 역대 수도의 위치를 살펴보면, 항상 수도가 군사선 근처에 위치해 있음을 알 수 있다. 이는 역대왕조가 군사력을 바탕으로 하여 세워진 것임을 알게 하며, 정치와 외교의 효율성을 도모하기 위함인 것을 보게 된다. 그래서 국가 통치자는 군사력을 바탕으로 국가의 통일과 국태민안(国泰民安)을 힘써 온 것임을 알 수 있다.

특이한 점은 중국 역대의 국가통일 전쟁은 주로 북쪽에서 시작하여 남쪽으로 향하였으며, 이는 북방의 나라가 강한 군사력과 정치력을 바탕으로 남방의 나라를 함락하여 통일을 이룬 것을 알 수 있다. 예를 들면, 진시황이 전국을 통일하여 진나라를 세운 것을 비롯하여 한나라, 수나라, 당나라, 송나라, 원나라, 명나라, 청나라 등 모두가 그러하다. 특별히 원나라와 청나라의 경우 북쪽의 소수민족인 몽고족과 만주족이

기존 한족 중심의 지배세력을 무너뜨리고 건국한 것으로 유명하다.

2. 남방지역

남방지역은 선진 사상과 문화의 시발지라고 할 수 있다. 중국의 유명한 시인이었던 이백으로 시작하여, 양계초, 손중산 등이 그러하다. 그리고 현대 정치를 이끄는 인물들이 대부분 사천성, 호남성, 상해시 등 지역출신이라는 점도 특이하다. 게다가 중국의 발달된 경제특구 중에서 주요 4대 경제특구가 모두 남방에 위치하고 있다는 사실이다.

남방지역은 또한 경제가 발달한 지역이라고 할 수 있는데, 이는 안정된 기후와 풍부한 용수와 넓은 평야를 기반으로 경제의 발달을 이루어 온 지역이기 때문이다. 또한 해안을 중심으로 빈번한 외국과의 접촉을 통하여 새로운 문화와 기술들을 쉽게 전달받을 수 있는 환경적 영향 때문이다. 현재 속담에도 남방의 노변에는 광고판이 가득 세워져 있지만, 북방의 가두에는 신문판매대가 놓여있다는 말이 회자할 정도이다.

또한 남방지역의 특이한 점은 문화와 교육이 발달한 점이다. 중국의 역사를 살펴보면, 중국의 과거제도에서 장원급제의 79%가 남방지역 인물들이며, 그 가운데서도 지금의 항주지역 주변과, 소주에서 가장 많은 인재가 나온 것으로 알려져 있다.

이러한 문화의 계승성은 오늘날에도 그대로 이어져, 중국의 전국 1,100여개 대학에 재직하는 16,000명의 교수 중에서 69%가 남방출신이며, 그 중 강소성과 절강성 출신이 가장 많은 것으로 나타났다. 게다가 전국 주요 대학의 간부급 교수 대부분이 남방출신인 것으로 알려져 있다.

3. 문화의 차이

1) 자연환경과 경제환경의 상관성

북방지역은 환경적으로 인구 유동과 정보와 문화의 전달, 그리고 개발이 늦은 지역이다. 반면 남방지역은 인구 유동이 심하고, 정보교환이 신속하며, 새로운 문화접촉이 용이한 지리적 특성을 갖고 있음으로 경제적으로 유리한 점을 가지고 있다는 것이다.

2) 자연환경과 문화발전의 차이점

남방지역은 경제적 기초와 안정된 기후, 그리고 지리적 여건의 우월성 때문에 전반적으로 좋은 교육환경을 갖추고 있다. 그래서 북방지역보다는 일찍이 문화가 발전하게 되었다.

반면 북방지역은 각종 천재지변이 빈발하며, 계절풍 기후의 다변화로 생활여건이 좋지 않고, 외국과의 군사적 충돌이 많은 지리적 여건으로 인해 군사와 정치가 발달하게 되었다고 한다.

예를 들면, 중국 역사상 7,000건의 전쟁 중 76%가 북방지역에서 일어났다고 한다. 이는 산이 많고 평원이 적은 지리적 환경으로 인해 많은 식량전쟁과 쟁탈전쟁이 있었음을 보게 된다. 또한 역사적으로는 북방의 많은 인재들이 4차례에 걸쳐 문화적 여건이 좋은 남방으로 내려갔다고 말한다.

4. 중국문화의 통일

중국문화의 특색은 이러한 차이에도 불구하고 통일된 문화를 이루어왔다는 사실이다.

1) 문자의 통일

중국에는 현재 주요 8대 언어가 존재하며, 650여 개 방언이 존재한다고 알려진다. 그 원인은 자연환경에 기인하며, 자연환경에 의해 언어 분열의 상황이 조성되었다고 한다.

이러한 상황에서 역사상 전국을 처음으로 통일하여 통일왕국인 진나라를 세웠던 진시황의 위대한 업적은 무엇보다 문자의 통일이었다. 환경적 여건에 의하여 언어적 통일은 불가능한 것으로 여겨져, 문자를 통일하게 되는데 이는 서적의 출판과 문학의 발전에 크게 기여하게 되었다. 결국 이러한 문자의 통일은 중국의 사상과 윤리를 통일시키고, 문화의 번영을 가능케 하였다.

2) 중국민족의 통일

진시황이 전국을 통일하기 전 춘추전국시대의 사상가들을 지칭하는 제자백가(특히 공자, 맹자, 순자, 노자 등)의 공통사상은 이러한 중국의 지리적 민족적 상황과 문화적 여건을 반영하듯 중국 전체의 통일에 대한 것이었다. 이 넓은 지역에서 어떻게 많은 민족을 하나로 통일하고, 단일 언어와 사상과 문화의 울타리에 살게 하느냐는 것이었다.

중국은 다민족국가이다. 그러나 중국 역사를 살펴보면, 역대왕조의 대외관계에 있어서는 중국민족의 다양성을 최대한 활용하면서도 통일된 한 나라로서의 정책을 보여주었다고 한다. 즉 중국학자들은 중국이 국제외교상 지배민족의 교체 혹은 왕조의 교체와 상관없이 중국민족이라는 하나의 통일된 모습을 보여주었다는 것이다. 외교선상에서는 다양한 민족의 인재들을 사용하되 중국의 이름으로 보여졌다는 말이다.

언어적 관념으로도 중국어의 귀하다(贵)는 말은 당시에 중요한 것임을 가리키는 동시에 현재에도 역시 유익한 것을 가리킨다고 한다. 즉 언어 속에 있는 의미는 중국이라는 하나의 국가 관념에서 출발한다는 것이다. 이는 중국의 문화가 어느 하나의 민족, 어느 시대의 한 왕조만을 가리키는 것이 아님은 물론 역대 왕조 혹은 왕권의 교체와 상관없이 동일한 의미와 가치를 지닌다는 것이다.

제3절 중국문화

1. 언 어

중국의 56개 민족이 사용하고 있는 언어는 모두 80여종이다. 그 중에 39종은 문자가 있다. 현재 56개 민족의 언어는 5대어계로 나누는데, 즉 한장어계, 알타이어계, 남아시아어계, 남도어계(말라이-폴리네이시아계), 인도유럽어계이다. 현재 5대어계 중에서 사용인구가 가장 많은 것은 역시 한장어계(汉藏语系)로 중국인의 90% 이상이 한장어인 한어를 사용하고 있다. 또한 중국 각 지역마다의 독특한 방언들이 존재하며, 중국의 소수민족들은 그들만의 고유한 언어를 사용하고 있다.

중국의 5대어계에 따라 중국민족의 언어를 분류해보면 다음과 같다. 먼저 한장어계에 속하는 언어는 주류어인 한어를 비롯하여, 장족어, 동족어, 티벳어, 태족어, 묘족어, 요족어 등 20여 개의 언어이며, 알타이어계에 속하는 언어로는 위그루어, 카자흐어, 몽고어, 조선어 등 16개 언어이다. 또한 남어어계에 속하는 언어로는 부랑어, 더앙어, 와족어 등 3개 언어이다. 그리고 러시아어, 타지크어 등은 인구어계에 속하며, 대만의 고산어는 남도어계에 속한다.

[중국의 5대어계]

5대어계	어족
한장어계(汉藏语系)	장면, 장동, 묘요어족 (藏缅语族, 壮侗语族, 苗瑶语族)
알타이어계(阿尔泰语系)	몽고어, 돌궐어족(蒙古语族, 突厥语族), 통고스-만어족(通古斯-满语族)
남아어계(南亚语系)	문달, 맹고면어족(扪达, 孟高棉语族)
남도어계(南岛语系)	인도네시아어족, 고산어 (印度尼西亚语族-高山语)
인구어계(印欧语系)	슬라브, 이란어족(斯拉夫语族, 伊朗语族)

중국에서는 중국어를 보통화(普通话) 혹은 한어(汉语)라고 부른다. 그리고 홍콩에서는 만다린이라고 부르는데, 이는 청나라를 지배한 만주족의 관리를 지칭하는 만대인(满大人)의 영어적 표현이라고 할 수 있다.

중국어를 대만에서는 국어(国语)라고 부르는데, 이는 중화민국 초기에 국어의 통일을 위해 중국어를 관화(官话 : 공식적으로 관리들이 쓰는 말)라는 말 대신 국어라고 사용하면서 부르게 된 것이다.

한자는 시대적으로 고대 한어(기원전 3세기-12세기)와 근대 한어(13세기-19세기), 현대 한어(1919년-현재)로 구분하고 있다. 또한 한자의 기원에는 3가지의 기사가 전해지고 있다. 먼저 창힐(苍颉)이라는 사람이 짐승의 발자국을 기초로 창조했다고 한다. 다음으로는 보조수단으로 노끈의 매듭으로 사건들을 알리는 결승(结绳), 그리고 복희씨(伏羲氏)라는 사람은 음양을 결합하여 8괘를 만들었다고 하는데, 그것이 문자의 기초가 되었다고도 한다. 그 외에도 칼로 나무에 표시하여 약속을 적어두던 서계(书契)가 있었다고 전한다.

중국에서 가장 오래된 문자는 하남성(河南省) 안양현(安阳县)에서 발굴된 갑골문(胛骨文, 기원전 1300년경)인데, 글자수는 3,500여자이며,

판독이 가능한 것은 1,800자 정도이다. 이어서 금문(金文) 즉 금석문이 나타나는데, 글자 수는 2,600여자이며, 해독한 것은 1,900자이다.

그 후의 글자체로는 주나라의 대전(大篆)이 있으며, 진나라 시기에는 소전(小篆) 혹은 진전(秦篆)이 있었으며, 좀더 쉽게 사용하도록 실용적으로 발전한 예서(隶书)가 있었다. 위나라 시기에는 해서(楷书)가 등장하였다. 예서와 해서의 중간에 초서(草书)와 행서(行书)가 있었다고도 한다. 한자의 형성체계로는 흔히 육서(六书)라고 하는 6개의 결구가 있다. 그것은 상형(象形), 지사(指事), 회의(会意), 형성(形声), 전주(转注), 가차(假借)이다.

한편 이러한 한자의 구성에는 주요한 3가지의 정신세계를 반영하고 있음을 볼 수 있다. 1) 사실주의(写实主义) 정신이다. 이는 자연과 사물의 실제형상 즉 실물을 글자에 그대로 반영하고자 한 것이다. 2) 인체본위(人体本位) 정신이다. 이는 사람을 물질세계의 중심으로 보는 동시에 만물의 주체로 보았다는 것이다. 3) 원시사회의 물질조건과 정신생활의 반영이다. 대부분의 생활관련 한자는 당시 원시문화의 생활과 풍속 등을 그대로 반영하고 있다는 것이다.

중국 한자는 1956년에 이르러 간체자(简体字, 약자)가 등장하게 되는데, 이전의 글자체를 번체자(繁体字, 정자)라고 부른다. 결론적으로 중국 한자의 변천은 갑골문에서 금문으로, 다시 대전에서 소전으로, 그리고 예서와 초서, 해서로 발전되어 왔다고 볼 수 있다.

한편 중국의 고대문을 가리켜 문언문(文言文)이라고 하고, 현대문을 가리켜 백화문(白话文)이라고도 한다. 문언문이란 글로 쓰는 언어라는 뜻이며, 백화란 대사로 쓰는 언어란 뜻이다. 후에 중국 현대문인 백화문은 관화(官话)라고 부르게 되다가, 중화민국이 수립된 후에는 국어(国语)라는 말로 사용되었다.

신중국이 성립된 후, 1958년 주은래(周恩来)는 ≪당전문자개혁의임무(当前文字改革的任务)≫라는 보고서에서 한자개혁의 3대 의무를 밝혔는데, 보통화 보급, ≪한어병음방안(汉语拼音方案)≫의 실행, 한자간소화를 말한다.

이는 중국에 있어서의 언어문자개혁의 핵심내용으로써 현재까지 기본적인 언어문자개혁의 방향을 유지하고 있다. 한자의 간소화를 통해 사람들이 쉽고 빠르게 한자를 익힐 수 있고, 인민이 한자를 숙련되게 장악하여 문맹퇴치의 목적을 달성함과 동시에 병음(拼音) 문자의 실현을 위한 준비작업이라고 할 수 있다. 즉, 한자의 간소화와 병음문자를 실현하여 한어의 국제화를 도모하고자 한 것이다.

보통화의 보급을 위하여 60년대에 그 기초적인 사업과 정책을 벌이게 되었는데, 보통화교사의 양성을 위해 교육부, 언어연구소와 문자개혁위원회가 공동으로 보통화어음연구기구를 조직하여 1956년에서 1961년까지 9차례에 걸쳐 보통화 교사에 대하여 교육을 실시하였으며, 각 성시마다 개별적으로 보통화 교사양성 사업을 벌였다. 1957년 전후로는 전국적인 한어방언 조사를 실시하여 방언지역의 사람들에게 보통화를 배울 수 있는 간단한 책자를 펴내기 하였다.

문화대혁명시기에는 언어문자의 개혁이 정체상태에 머무르게 되었으나, 1982년 문자개혁위원회는 보통화심음위원회(普通话审音委员会)를 복원하였으며 보통화를 재차 심의하게 되었으며, 1985년 12월에는 이음자(异读词)의 문제를 해결하고자 보통화이독사심음표(普通话异读词审音表)를 제정하고 공식으로 공포하게 된다. 그리고 1982년 11월 제5기 전인대 제5차 회의에서는 ≪중화인민공화국헌법≫에 '국가는 전국에 통용하는 보통화를 보급한다'라는 조항을 신설하기도 하였다.

한자의 간소화란 한자를 간소화시킨다는 것과 동시에 간소화된 한자를 가리킨다. 간소화된 한자를 가리켜 간체자라고 하는데, 이는 번체자의 상대적인 명칭이다. 간체자의 선정과 보충에 있어, 모든 쓰기가 복잡하고 번거로운 한자를 간소화하는 것이 아니라 가장 많이 사용하는 상용한자로 제한을 두었다.

1951년에는 555개의 간체자를 수록한 ≪제일비간체자표(第一批简体字表)≫를 펴냈으며, 1956년 1월에는 국무원전체회의 제23차 회의를 거쳐 인민일보에 정식으로 공포되었다. 그리고 최종적으로 통과된 ≪한자간화방안(汉字简化方案)≫은 515개의 간체자와 54개의 간소화된 부수로 정해졌다.

1964년 2월 국무원은 간체자를 이용하여 부수로 사용할 때 똑같이 간소화를 하고, 부수로 쓰인 한자가 독립적으로 사용될 때 言, 食, 金 등 3가지 부수 외에 나머지는 간소화하도록 지시하였고, 그 해 5월 중국문자개혁위원회는 위와 같은 내용을 근거로 ≪간화자총표(简化字总表)≫를 편집・출판하였다.

한어병음 방안은 1955년부터 2년여에 걸쳐 중국문자개혁위 소속의 한어병음방안위원회에서 연구하여 제정한 것으로 1958년 2월 전인대회에서 비준 공포하였으며, 1982년 국제표준화기구(ISO)의 인증을 받아 한어를 표기하는 국제표준으로 인정받았다.

1952년 2월 정무원문화교육위는 중국문자개혁 연구위원회를 조직하고 병음방안 연구팀을 조직하여 한자와 초서를 자모로 사용하는 병음방안을 제정하였다. 1954년 12월 국무원에 설립한 중국문자개혁위는 병음방안위원회를 조직하고 한자와 초서를 자모로 하는 병음방안 외에, 라틴자모를 이용하는 방안을 제정하여, 최종적으로 라틴자모를 이용한 병음방안이 채택되었다.

1958년 2월 전인대에서 비준한 이래, 전국 초등학교에서부터 한어병음 수업을 시작하였고, 초등학교 입학 전에 한어병음을 익힌 후에 병음을 이용하여 한자를 익히는 교육을 실시하였다. 이와 동시에 보통화 보급과 외국인의 한어공부에 있어 한어병음자모를 학습의 근간으로 삼았다. 현재 한어병음은 이미 각종 자전과 사전의 주음, 제품의 모델번호 표기, 백과전서 목록배열 순서, 각종 서적과 간행물의 색인 등 광범위한 사용이 이루어지고 있다.

1977년 유엔 지명표준화 회의에서는 한어병음을 이용한 중국지명을 표기하는 것을 국제표준으로 채택하였고, 1982년에는 한어를 표기하는 국제표준으로 인정되어, 중국의 대외 서적 및 간행물과 여권상의 중국인 이름과 지명을 한어병음으로 표기하도록 하였다.

중국의 언어학자들은 '21세기가 바로 한자가 위력을 발휘하는 세기'가 될 것으로 예언하고 있다. 한편 중국은 한자 전자사전을 개발하는 등 한자의 세계화를 위해 노력을 기울이고 있다.

오늘날 한자는 인류의 25% 이상이 사용하는 세계적인 언어이다. 사실 한국어의 56%가 한자로 구성되어 있다는 것도 놀랄만한 일이다. 국제화의 추세에 따라 현재 중국에 유학중인 외국인은 15만명 정도라고 하는데, 그 중 한국유학생은 1만2천명에 이른다고 한다.

2. 문 학

중국의 한자는 인쇄술의 발전과 함께 서적과 문학의 발전으로 이어졌다. 중국의 문학은 고대(고대-청대 중엽), 근대(1840년-1919년 5·4운동), 당대(1919년 5·4운동 이후-현재)로 나눈다.

중국의 고대문학은 선진문학(先秦文学 : 고대-춘추전국시기까지의 문학), 진한문학(秦汉文学), 위진남북조문학(魏晋南北朝文学), 수당문학(随唐文学), 송대문학(宋代文学), 원대문학(元代文学), 명청문학(明清文学)으로 나눈다.

고대 문학은 시대별로 선진산문(先秦散文), 초사(楚词), 한부(汉赋), 당시(唐诗), 송사(宋词), 원곡(元曲), 명청소설(明清小说)을 그 특징으로 한다.

선진시대의 대표적인 작품은 시경(诗经)과 이소(离骚)인데, 시경은 춘추시대에 시가모음집이며, 이소는 시인 굴원(屈原)의 장편시이다. 중국의 한나라 시기에는 산문이 발전하였는데, 사마천(司马迁)의 사기(史记)가 유명하다. 그리고 진(晋)나라 시대에는 시인 도연명(陶渊明)이 도화원기(桃花源记)를 남겼다.

당대에는 유명한 시인들이 많이 등장하게 되는데, 이백(李白, 701-762), 두보(杜甫, 712-770), 백거이(白居易, 772-846)가 그들이다. 송대에는 고대 문학을 총괄하는 중국문학상의 큰 발전을 이루어 송사(宋词)라고 불리게 되었고, 원대에는 희곡의 형태에 해당하는 예술형식이 등장하여 원곡(元曲)이 발전하게 되었다.

명청시대에는 소설 창작이 번성하여 많은 작품들이 나타나는데, 이것을 명청소설(明清小说)이라고 칭한다. 명대의 주요 작품으로는 나관중(罗贯中)의 삼국연의(三国演义), 시내암(施耐庵)의 수호전(水浒传), 오승사(吴承思)의 서유기(西游记), 소소생(笑笑生)의 금병매(金瓶梅)가 있으며, 청대에는 포송령(浦松龄)의 료제지이(聊齐志异), 오경재(吴敬梓)의 유림외사(儒林外史), 조설근(赵雪芹)의 홍루몽(红楼梦)이 있다.

중국의 고대문학을 전통적인 학문분류법에 따라 살펴보면, 서한의 유흠(刘钦)은 칠략(七略)에서 7분법으로, 수서경적지(隋书经籍志)에서는 4분법으로 분류하고 있기도 하다. 일반적으로 중국의 고대문학들은 사고전서(四库全书)에 근거하여, 경(经), 사(史), 자(子), 집(集)으로 구분하고 있다.

먼저 경서(经书)란 유가경전과 역대 유가사상을 기재한 서적을 말한다. 주요 경서로는 주역(周易), 시경(诗经), 상서(尚书), 의례(仪礼), 춘추(春秋)가 있으며, 이외에도 논어(论语), 맹자(孟子), 효경(孝经), 악류(乐类), 소학(小学) 등이 있다.

그리고 사서(史书)란 역사를 기술한 책인데, 청대에 편찬된 사고전서(四库全书) 총목에 의하면 정사(正史), 편년(编年), 기사본말(纪事本末), 별사(别史), 잡사(杂史), 조령(诏令), 주의(奏议), 전기(传记), 사초(史钞), 재기(载记), 시령(时令), 지리(地理), 직관(职官), 정서(政书), 목록(目录), 사평(史评) 등이 있다.

자서(子书)란 진(秦)대에서 한(汉)대 사이에 흥성했던 각개 학파들의 저서를 말하는데, 한서를 보면 유, 도, 묵, 음양, 법, 명, 잡, 농, 소설, 종횡의 10가지로 구분하고 있으며, 다시 사고전서 총목에는 유가(儒家), 병가(兵家), 법가(法家), 농가(农家), 의가(医家), 천문산법(天文算法), 술수(术数), 예술(艺术), 보록(谱录), 잡가(杂家), 유서(流书), 소설(小说), 석가(释家), 도가(道家)의 14개 부문으로 나누고 있다.

잡서(杂书)란 시와 문학, 사 등을 수록한 서적을 말하는데, 수서의 집부에는 초사(楚辞), 별집(别集), 총집(总集)으로 나누고 있으며, 사고전서 총목에는 시문평(诗文评), 사곡(词曲) 등이 추가되어 있다.

중국문학에 대한 내용적인 분류를 살펴보면, 청대 요내(姚鼐)는 고문사류찬(古文辞类纂)이란 책에서 '의리지학(义理之学)', '고거지학(考据之学)', '사장지학(词章之学)'으로 삼분하여 다음과 같이 분류하고 있다.

1) 의리지학 : 경학(经学), 자학(子学), 현학(玄学), 불학(佛学), 이학(理学), 현대철학(现代哲学).
2) 고거지학 : 언어학, 문자학, 성운학(声韵学), 훈고학(训诂学), 목록학, 교감학(校监学), 고고학, 금석학(金石学), 돈황학(敦煌学).
3) 사장지학 : 문장학, 문법학, 수사학, 시학, 사학(词学), 산곡학(散曲学), 희극학(戏剧学), 소설학, 속문학(俗文学), 문학비평.

그 후 증국반(曾国潘)은 속고문사류찬(续古文辞类篡)에서, '의리지학(义理之学)', '고거지학(考据之学)', '사장지학(词章之学)'에 '경세지학((经世之学)'을 더하여 사분하였는데, 그는 경세지학의 내용을 천문학, 지리학, 역산학(易算学), 박물학, 의학, 병학(兵学), 정학(政学)의 7가지로 분류하고 있다.

오늘날 전통적인 중국학 연구의 주요 대상이 되는 문학으로는 십삼경(十三经), 사사(四史), 선진제자(先秦诸子), 문선(文选), 문심조룡(文心雕龙), 설문(说文), 광운(广韵), 이아(尔雅) 등이 있다.

한편 중국의 고대저서 중에는 유서(类书)라 하여 백과사전과 같은 역할을 하던 책들이 있는데, 유서는 여러 가지 책들을 하나로 모아 항목에 따라 분류하여 검색을 편리하도록 만든 책이다.

일반적으로 시문, 인물, 천문, 지리, 제도, 동물, 초목, 곤충과 어류 등으로 나눈다. 한편 청대 최대 규모를 자랑하는 유서인 고금도서집성(古今图书集成)은 강희와 옹정황제 시기에 완성된 책으로, 모두 1만권, 약 1억6천만 자로 이루어져 있다.

당대문학은 1919년 5·4운동 이후 발전한 문학이라고 할 수 있는데, 이는 1949년 10월 신중국 성립이전과 이후로 나누어 볼 수 있다. 당대의 문학은 사회주의 사상의 기초아래 중국의 전통 문학과는 다른 성격을 지니며, 전통 문학의 기초아래 서양 문학과의 접목을 통해 지금에 이르고 있다.

당대의 유명한 문학자로는 로신(鲁迅, 1881-1936), 곽말약(郭沫若, 1892-1978), 모순(茅盾, 1896-1981), 파금(巴金, 1904-), 노사(老舍, 1899-1966) 등이 있다. 로신의 주요 작품으로는 소설 광인일기(狂人日记), 아Q정전(阿Q正传), 축복(祝福) 등이 있으며, 곽말약은 시집 여신(女神)과 성공(星空), 창조십년(创造十年), 역사극 채문희(蔡文姬)와 무즉천(武则天) 등을 남겼다. 모순의 작품으로는 소설 환멸(幻灭), 동요(动摇), 추구(追求), 홍(虹), 자야(子夜), 춘잠(春蚕) 등이 있으며, 바금의 소설로는 멸망(灭亡), 한야(寒夜) 등이 있고, 노사의 작품으로는 소설 낙타상자(骆驼祥子), 다관(茶馆) 등이 있다.

3. 과학기술

1) 4대 발명품

중국의 세계적인 4대 발명품은 제지술, 인쇄술, 나침반, 화약이라고 한다. 중국의 문자인 한자는 이미 6천년의 역사를 가지고 있다. 동한시대에 채윤(蔡伦)은 서기 2세기 초 나무피와 낡은 포 그리고 어망을 이용하여 제지법을 발명하였다.

서기 4세기에는 석비를 탁본하는 기술을 습득하고 당나라에 와서는 조판 인쇄술이 발명되어, 목판 위에 글자를 새기고 먹물을 묻혀 종이를 한 장씩 인쇄하기에 이르렀다. 그 후 서기 11세기 북송의 필승이라는 사람은 활자인쇄술을 발명하여, 찰흙을 아교로 굳혀서 만든 활자를 목판 위에 배열한 뒤 먹을 발라서 인쇄하는 방법의 점토활자로 후에 연자활자 인쇄의 기초가 되었다.

나침반은 2천년 전 중국인이 자성이 있는 자석을 발견한 후 자석을 실에 매달아 걸어 두었다가 남과 북을 가리키는 성질을 발견하고 응용해 만든 것이었다. 처음엔 국자모양으로 그리고 고기 모양의 지남어(指南鱼)가 사용되다가 현대의 나침반으로 개선되었다. 나침반은 북송시대에 아라비아와 일부 유럽에 전해져 항해의 발달과 문화교류에 공헌을 하였다.

화약은 중국의 도가에서 만드는 불로장생약의 연단술과 깊은 관계가 있다. 전통적으로 도가에서는 이러한 제조과정에서 자연스럽게 야련기술이 발달하게 되었으며, 점차 화약에 관련된 지식들도 전수시키게 되었는데, 처음으로 초석과 유황, 목탄을 일정한 비율로 배합하여 흑화약을 제조하게 되었다.

그리고 당대 초기에 이르러서는 화약제조법이 기록되었으며, 당대

말엽에 처음으로 화약이 무기에 사용되기도 하였다. 이 후 화약은 남송시대에 이르러 아라비아에 전해지게 되었고, 다시 유럽으로 전해져 유럽의 군사발전과 경제발전에 기여하기도 하였다.

2) 현대의 과학기술

중국은 신중국 건립 이후, 1949년 11월에 중국과학원을 설립해 자연과학과 사회과학의 연구사업을 시작하였다. 그리고 1950년대와 1960년대에는 기초과학과 공업화에 치중하였으며, 1977년 문화대혁명이 끝난 후에는 4대 현대화의 주창에 따라 농업, 공업, 국방, 과학기술의 현대화에 힘쓰게 되었다. 한편 1985년부터 1990년까지는 과학기술 발전전략기간으로 확정하고 신기술개발과 장기적 발전을 위한 과학화에 총력을 기울였다.

중국은 지금까지 개혁개방의 정책과 함께, 자체적인 과학기술의 개발과 보급 및 선진기술의 도입에 심혈을 기울여 왔다. 이는 농업부문에 있어서 80%의 품질개량을 가져왔으며, 제1·2차 산업 등의 모든 기초산업과 공업기술에 적용되어 큰 성과를 보여왔다. 한편 중국의 석유공업과 전력공업, 석탄공업, 기계공업, 자동차 공업은 이미 선진국 수준에 도달한 상태이다.

중국은 현재 과학기술연구인원만 20여만 명이 넘는다고 발표한 적이 있다. 그리고 중국 정부는 교육의 목적을 과기흥국(科技兴国 : 과학기술로 국가를 부흥시키자)으로 정하고 과학교육에 힘쓰고 있으며, 한편 공산당의 철학도 과학숭상을 정치의 한 이념으로 내세우고 있다.

최근에는 해외 과학전문인력과 과학연구원 5,000여명 확보를 위해, 정부차원의 특별 지원과 홍보를 아끼지 않고 있는 실정이다. 이로 인해 해외의 많은 전문인력들이 귀국하여 최첨단 산업인 우주개발과 항공산업, 생명공학, 정보통신 등의 각종 벤처산업의 붐이 일어나고 있다.

4. 중국의학

중국의 중의학은 세계적으로 유명한 의학의 하나이며, 여기에는 의약과 침구학으로 나누어 살펴볼 수 있다. 역사적으로 중의학은 주나라 시대에 와서 질병에 대한 병명이 기록되어지기 시작하였는데, 이 때에는 주역(周易)에 기원을 둔 음양오행(阴阳五行) 사상을 통해 정(精), 기(气), 신(神)이라는 인체와 우주와의 관계를 정립하게 되면서 중국의학에 응용되기 시작하였다.

첫 번째 의학에 대한 이론은 황제내경(皇帝内经)과 상한잡병론(伤寒杂病论), 신농본초경(神农本草经)이 집필된 때부터이다. 그리고 침술의 집대성은 위진시대 침구갑을경(针灸甲乙经)을 지은 황보밀(皇甫谧)에 의해서라고 한다.

당대에 와서는 경락위혈위도(经络穴位图)와 중의학의 독립된 분야로서의 침구학(针灸学)이 등장했다. 이러한 기초 위에 중의학은 의학의 제 분야 곧 내과, 외과, 산부인과, 오관(五官)과 등으로 나누어 발달해 왔다.

송대에는 사대부가의 선비들이 의학을 겸하는 유의(儒医)가 나타나 의학이론의 발전과 의학경험의 집대성을 촉진시켰다. 후에는 국가에 의해 의약위생 행정기구와 관리체계가 생겨나고 의료관련 법제로 발전을 이루어 왔다.

1578년에는 이시진(李时珍)이 27년 동안 800여종의 문헌을 집대성한 본초강목(本草纲目)을 저술하여 큰 발전을 도모하게 되었다. 근대 시기에는 서양에서 들어온 서양의학 기관들과 충돌을 빚기도 하였으나, 1827년 마카오에 최초의 서양진료소가 세워지는 것을 시작으로 점차 서로를 인정하고 장점들을 결합하는 방향으로 나아가게 되었다.

1930년대에는 중의과학화의 바람이 일어나게 되었고, 중의현대화, 중의개량, 중의 개조의 구호 아래 중의의 현대화를 주창하게 되었다. 현재는 동양의학의 독특한 영역으로 발전되어 의학발전에 크게 기여하였으며, 동양의학과 서양의학을 결합하여 환자를 치료하는 동서양결합의(东西洋结合医)라는 전문의들이 생겨났다.

5. 의식주

1) 의생활

중국의 의복은 4,000여년 전 요순시대 중원지방에서 마, 모시풀, 칡 등으로 견직물을 이용해 입기 시작한 것으로 알려진다. 역사적으로 중국 사람들은 한복을 착용해오다가, 청나라 시대에는 남자는 안에 장삼과 밖에 검은 마고자를 입었고, 여자는 치파오(旗袍)라는 치마를 입게 했다고 한다.

1911년에는 신해혁명의 영향으로 청나라의 복장을 벗고 혁명의 상징인 중산복이 유행하기도 하였으며, 1949년에는 공산화되고 나서는 앞에 두 줄의 단추가 장식된 레닌복이 유행하기도 했다고 한다. 1966년 이후에는 문화혁명이 시작된 후, 혁명에 동참한다는 의미에서 인민해방군의 녹색군복을 입었다.

중국인들은 과거 집에서 스스로 옷을 만들어 입었기 때문에, 새 옷 3년, 헌 옷 3년, 기운 옷 3년이라는 속담이 생길 정도로 검소하며 실용적인 생활을 해왔다. 중국 남자들이 좋아하는 옷의 색상은 주로 검은색, 남색, 회색, 백색을 좋아하고, 여자들은 남성들보다 화려하고 담백한 색상에 작은 꽃무늬가 새겨진 옷을 좋아한다고 한다.

지금은 젊은 계층을 위주로 서양의복 문화가 널리 퍼져 있다. 예전의 중국 도시, 농촌의 거리 풍경은 회색과 검은색의 연속이었으나 개방 이후 유흥업소 등의 접대부, 대학생 위주로 멋내기 옷을 많이 입게 되어 이젠 중국 어느 도시를 가던 예쁜 옷을 입은 중국인을 흔히 볼 수 있다. 대도시에서는 세계 최신 유행이 바로 수입되는가 하면 현대미와 중국 전통미를 결합하는 방향으로 발전되고 있다.

2) 식생활

중국에는 '백성이란 먹는 것을 하늘처럼 섬긴다(民以食为天)'라는 말이 있다. 그래서 역대 천자의 최대 과제는 백성을 어떻게 먹이느냐에 있었다. 적어도 먹게만 해주면 태평성대라고 칭송받을 수 있었다. 그러나 그 많은 식구를 거느렸으니 먹이는 것이 보통 문제가 아니었다. 역사상 중국 대륙에서 식을 완전히 해결한 적은 없다. 1959년에서 1961년까지 3년간 진행되었던 대약진운동이 실패함으로써 당시 한국의 인구에 해당하는 무려 2천 4백만 명이 굶어죽은 것으로 되어 있다.

중국 사람들의 먹는 것에 대한 집착은 대단히 강하다. 흔히들 한국 사람들은 인간이 살아가는 데 가장 중요한 것으로 의·식·주 세 가지를 든다. 그 어느 하나도 빠져서는 살 수 없다는 뜻이다. 이 중에서 중국인들은 식을 가장 우선적으로 꼽는다. 그래서 중국인들은 먹는 것 외에는 그다지 신경을 쓰지 않는다. 그들은 아무리 부자라 할지라도 외관에 치중하지 않는다.

중국 사람들의 결혼을 보면 재미있는 광경이 벌어진다. 한국처럼 엄숙하고 긴장되는 의식은 찾아볼 수가 없다. 그러니 예식장은 아예 없고 대신 음식점만 있을 뿐이다. 그런 것쯤이야 공증을 통해 순식간에 해결하고 손님에게는 음식점의 약도와 전화번호가 적힌 청첩장만 보내는 것으로 끝낸다. 한국인의 관점에서는 결혼식이 아니라 먹기 위해 모인 구경꾼처럼 느껴질 수 있다.

중국에서는 요리가 한국처럼 한꺼번에 나오는 것이 아니라 순서대로 하나씩 나오는데 큰 접시에 요리를 내놓는다. 이것을 탁자 가운데 올려놓으면 탁자의 중앙은 회전할 수 있도록 되어 있다. 그래서 자기 앞으로 돌려놓은 다음 적당한 양을 덜어 먹는다. 물론 맨 마지막으로 나오는 것이 탕(국)과 과일(디저트)이다.

(1) 요리

별로 넓지 않은 한국에도 지방마다 독특한 요리가 있다. 그런데 중국의 경우는 상상을 초월할 정도로 그 수가 다양할 뿐만 아니라 특성 또한 각양각색이다. 기후가 다르니 재료가 다를 수밖에 없고 결국에는 섭생까지 다르게 된 것이다.

중국 요리는 양자강을 기준으로 하여 북방 요리와 남방 요리로 구분되며 또한 일정한 지역을 기준으로 북방(북경 · 천진) · 산동(청도 · 개봉) · 강남(상해 · 남경 · 양주 · 영파 · 무한) · 복건(복주 · 천주) · 광동(광주 · 홍콩) · 사천(성도 · 중경) 등 6대 권역으로 구분되기도 한다.

북방에서는 주로 소 · 돼지 · 양 · 말 등 육류에다 콩 · 고량 · 옥수수 · 밀가루를 주식으로 하고 있다. 그래서 한국인이 잘 알고 있는 만두나 짜장면, 국수 따위는 모두 북방 요리에 해당한다. 반면 남방은 많은 강과 거기에 따라 발달한 비옥한 평야로 해서 예로부터 쌀과 생선이 풍부하다. 특히 호남성 동정호 일대는 중국 제일의 곡창지대를 형성하여 어미지향(鱼米之乡)이라는 별명을 낳게 했다. 생선과 쌀이 풍부한 곳이라는 뜻이다. 따라서 남방의 주식은 자연히 쌀이며 생선과 조개 등 해산물도 풍부하고 육류라고 해야 닭고기나 오리고기가 고작이다.

중국요리의 특징으로는 1) 재료의 선택이 자유롭고 다양하기 때문에 지상에 있는 것은 거의 모든 것이 재료로 활용될 수 있다는 것이다. 2) 색과 향을 매우 중시하고 있다는 점이다. 중국인들은 음식의 3대 요소인 색 · 향 · 미의 조화를 중시하고 그 중에서도 특히 색과 향신료를 많이 사용함으로써 중국 요리의 독특한 맛을 내고 있다는 것이다. 3) 조리의 기구가 비교적 간단하고 사용하기 편리하다는 점이다. 4) 조리법과 그 과정이 다양하다는 점이다. 5) 기름을 많이 사용하지만 방법이 합리적이기 때문에 자주 먹어도 쉽게 물리지 않는다는 점이다. 6) 음식의 수분과 기름기가 분리되는 것을 방지하기 위해 녹말을 많이 사용한다.

중국 요리의 특징 중 특히 조리법이 다양한 반면에 조리기구가 간단한 까닭은 현실을 중시하는 실용성과 합리성에서 기인한 것이라고 할 수 있다. 중국인의 식생활 역시 무조건 겉모양이 아름답고 맛이 섬세한 것에 주목하기보다는 그 지방에서 생산되는 재료에 따라 조리법을 다양하게 개발하고, 가능한 한 칼로리뿐만 아니라 양에서도 실속 있는 요리를 선호한다. 이때 조리기구는 서양처럼 화려하거나 다양하지 않고 오직 조리에 불편하지 않을 정도면 된다.

① 북경요리

북경요리는 일명 징차이(京菜)라고도 하는데, 수도인 북경을 중심으로 남쪽으로는 산동성, 서쪽으로 태원(太原)까지의 요리를 포괄한다. 이곳은 지리적으로 문화의 중심지이기 때문에 궁중요리 등의 고급요리가 발달한 지역이다.

한랭한 기후로 인해 추위에 견디기 위한 고칼로리의 음식이 발달되어 있는데, 강한 화력을 이용한 튀김과 볶음요리가 일품이다. 요리는 대부분 기름기가 많고 맵고 짠 요리가 많다. 간장을 별로 사용하지 않으므로 색은 연한 편이고, 흔히 사용되는 조리법으로는 지지고, 찌고, 전분을 넣고 끓인 국물을 끼얹는 것이다.

대표적인 요리로는 북경 오리통구이와 양고기를 사용하여 만든 징기스칸구이를 들 수 있다. 또 케첩대하, 해삼조림, 쇠고기 숙주 곁들임, 돼지고기 자장볶음 등이 유명하다. 이밖에도 화북평원에서 생산되는 소맥을 재료로 한 만두, 면, 떡 등 밀가루음식도 그 반죽기술과 함께 매우 다양하고 유명하다.

② 상해요리

중국 중부지방의 대표적인 요리로써 남경, 상해, 양주, 소주 등지의 요리를 총칭한다. 이들 지방의 요리는 양자강 유역에서 나오는 풍부한 해산물과 미곡, 그리고 따뜻한 기후를 바탕으로 이 지방의 특산물인 장유(奬油)를 사용하여 만드는 것이 특징이다. 따라서 맛이 비교적 달콤하고 기름기가 많으며 진하다. 미국인이 많이 살고 있기 때문에 다른 지방에 비해 토마토 및 토마토 케첩, 파인애플, 우유 등을 사용하는 것이 많다. 면류요리가 발달되어 있는데, 대표적인 요리로는 진주완자, 게볶음, 생선찜, 사자두, 삼선볶음국수 등이 있다.

③ 광동요리

광동요리는 일명 난차이(南菜)라고도 한다. 중국 남부지방의 요리를 대표하는 이 요리는 광주를 중심으로 복건성, 조주, 강동요리를 총칭한다. 이 지방은 16세기 이래 외국 선교사와 상인들의 왕래가 빈번한 곳이었기 때문에 전통요리에 서양요리법이 결합, 독특한 특성을 지니고 있다. 또한 기후가 덥기 때문에 비교적 담백한 맛을 내는 요리가 발달하였고 서유럽의 요리법인 쇠고기, 서양채소, 토마토케첩, 굴소스 등을 사용한 요리가 발달하였다.

중국에서도 가장 종류가 많은 것이 이 요리로, 재료는 4발 달린 짐승이면 무엇이든 된다고 할 정도이다. 특히 뱀이나 고양이 등 한국인들이 상식적으로 생각하지 못하는 것까지 요리의 재료가 된다. 뿐만 아니라 지리적 조건도 바다, 산, 강, 들판 등 다양하므로 곳곳에서 얻을 수 있는 다채로운 재료를 쓴다.

광주요리는 조미료를 중시하며 향기롭고, 개운하고, 부드럽고, 미끈거리는 특징이 있다. 주요리는 해산물요리에 능하며, 맛이 담백한 편이다. 동강요리는 기름을 많이 사용하며 맛이 진하고, 소박한 향토색을 띄는 것이 특징이다. 이 지역은 중국에서 식문화가 가장 발달된 지역으로 모든 생물을 요리의 원료로 사용한다. 유명한 요리로는 레몬닭고기조림, 찐만두, 동강부두, 돼지갈비 케첩조림, 닭살모듬볶음 등이 있다.

④ 사천요리

중국 서부지역의 요리를 대표하는 것으로 양자강 상류의 산악지대인 사천, 운남, 귀주 지방의 요리이다. 산악지대이기 때문에 악천후를 이겨내기 위한 향신료가 발달했다. 따라서 각종 향신료와 마늘, 고추를 사용한 매운 맛이 특징이어서 한국 사람들의 식성에 가장 잘 맞는 음식이다.

조리방법에는 살짝 볶거나 부치고, 단술로 맛을 내면서 그 국물이 없어질 때까지 약한 불로 조리하는 것이 특징이다. 유명한 요리로는 삼겹살야채볶음, 마파두부, 두반어, 삼선누룽지탕 등이 있다.

(2) 차(茶) 문화

중국인은 하루도 차 없이는 못 사는 민족이다. 벌써 4천 년의 역사를 가지며, 어느 공공장소에 가더라도 차잎만 있으면 언제든지 차를 마실 수 있도록 끓는 물이 준비되어 있다. 중국인의 가정집을 방문하면 제일 먼저 나오는 것이 차다. 그것도 차에 관한 일체를 세트로 마련하고 있다. 나무로 만든 수레에 바퀴를 달아 움직일 수 있도록 만들어 놓고 차와 다기는 물론 소형 프로판 가스통까지 완비되어 있기도 하다. 차를 즐기는 까닭은 생활의 여유를 추구하기 위해서였다. 즉 차를 마심으로써 개인의 수양은 물론 인생을 논했던 것이다.

① 차의 종류

중국의 차의 종류는 수천 가지가 넘는다. 그러다 보니 차에 대한 명칭도 다양하게 나오고 있다. 차의 이름은 차를 채취하는 시기나 방법 · 색깔 · 형태 · 지명 등에 따라 제각기 다르다. 이를테면 사전차는 경칩 전에, 우전차는 곡우 전에, 명전차는 청명 전에 채취하는 차를 말하며, 홍차 · 녹차 · 백차는 색깔로 구분한 이름이다. 차의 형태에 따라서 직설차와 말차로 구분되며, 이외에 차의 맛은 토질과 기후의 영향을 받기 때문에 차의 이름에 지명을 딴 것이 많다.

차의 종류는 크게 여섯 가지로 나누는데, 일반적으로 역사가 가장 길며, 생산량이 가장 많으며, 품종이 다양한 것이 녹차이다. 녹차 중의 명차는 용정차, 벽라춘차, 우화차 등 90여 종이 있다.

용정차는 중국 차 중에서 가장 으뜸으로 치는 차로, 청나라 건륭제 때에는 황실에서만 먹을 수 있었던 고급품이었다. 특산지는 항주에 있는 룽징이라는 차밭이다.

홍차는 국내총생산이 1/4를 차지하며, 수출량은 총수출량의 1/2를 차지한다. 명차는 기(祁)홍차, 기(淇)홍차, 영(英)홍차이다. 오룡차는 홍차처럼 향기가 짙으며 녹차처럼 맛이 산뜻하다. 종류에는 무이암영, 안계철관음, 봉황단총은 오룡차의 우등품으로 간주된다.

백차는 은빛 찬물색이 우아하고 담백하며 쓸개와 위에 좋다. 백호은침과 백호단은 백차의 진품이다. 화차는 중국의 독특한 차로서 향편차라고도 한다. 생화를 가지고 찻잎을 훈제한 것이 화차다. 복주의 다리 공정은 화차 중의 상등품이다. 북방지역에서 즐겨 마신다. 긴입차는 보통 큰 차 잎이나 차나무 가지로 먼저 흑차, 홍차 또는 화차를 만든 다음, 그것을 원료로 하여 다시 만든다. 보이(普洱), 육보(六堡)가 긴압차(紧压茶) 중의 명품이다.

② 차 예절

중국의 차문화는 식사시, 회의시, 생활 깊숙이 파고들어 한국인들이 물 마시는 것과 동일하다. 그러므로 그들에게 차를 마시는 것은 하나의 풍속이자, 세상을 살아가는 이치를 배우는 것이다.

중국의 전통적인 습속으로는 친구나 친척 등 각별한 관계가 있는 사람이 아니면 좀처럼 집을 방문하지 않으며 설사 방문했다 하더라도 집안에 들려주지 않는다. 그러므로 낯선 사람간의 대화나 사업을 위한 장소로는 차를 마시는 다관(茶馆)이 제일 자주 이용된다. 이 점은 실질을 중시하는 사람들의 국민성과도 관계가 있다. 즉 차 한잔 마시면서 간단한 식사를 하므로 비용이 저렴하다.

(3) 주류

중국에는 지방마다 한두 개 정도의 특산주가 있을 정도로 술의 종류가 매우 많을 뿐 아니라 알코올 도수가 보통 40~60도로 매우 독한 것이 유명하다.

중국은 전통적으로 술에 관한 고사도 많이 있으며, 술을 노래한 시인들도 많은 편이다. 이태백(李太白) 같은 주선(酒仙)은 술을 먹다가 삶을 마감했고, 한국인들에게도 익히 알려진 전원시인 도연명(陶渊明)은 헌주사(献酒词) 25편을 남겼다. 그들은 술을 인생의 좋은 반려이며 삶의 질을 높여주는 좋은 짝으로 보았다.

중국의 술은 크게 다섯 가지로 나눌 수 있는데, 증류수인 백주, 양조주인 황주, 한방약을 이용한 노주, 과일 등을 이용한 과실주, 그리고 맥주 등이 있다.

중국인은 술에 취해 실수하는 것을 몹시 싫어한다. 그래서 중국에서는 술에 취해 비틀거리는 사람을 구경하기 힘들다. 중국의 술 중에는 특히 독한 술이 많기 때문에 한국의 소주 마시듯이 마시면 술이 취하기 쉽다. 실제로 술은 중국인들에게 목적이 아니다. 말을 끌어내고 말을 열게 하며, 생의 애환을 흥겨움 속에 삭이고자 하는 도구다.

3) 주생활

중국은 긴 역사만큼이나 건축물에 있어서도 독특한 양식을 유지해왔다. 중국 건축물의 가장 큰 특징은 다른 나라의 건축이 종교건축을 중심으로 발달해 온 반면에, 중국건축은 궁전건축을 중심과제로 발달해왔다.

북경의 자금성으로 대표되는 궁전건축은 규모가 클 뿐만 아니라, 개개의 건축형식에서나 전체의 배치상태에서나 매우 웅장하고 화려하며 가장 완벽하다. 각종건축을 비롯한 그 밖의 건축물은 대부분 궁전건축을 모방·생략·축소한 것들이다.

유명한 만리장성이나 도시와 촌락을 둘러싼 성벽들은 흙이나 벽이나 석재를 주요 건축자재로 이용했다. 그러나 이런 이질적인 재료로 지은 건축물도 대부분 목조 건축양식을 답습하고 있기 때문에 중국건축은 목조 본위라고 할 수 있다.

또한 중국건축은 평면 구성에 있어 매우 단순한 편인데, 대부분 직사각형이나 정사각형이고, 그 밖의 복잡한 형태를 갖는 경우는 드물다. 그리고 기둥을 바둑판처럼 질서정연하게 세운다. 기둥의 간격은 정면과 측면을 통일하는 것이 구조상으로도 편리하지만, 실제로는 반드시 그렇게 되어 있지는 않다.

현재 대도시에 사는 중국인들은 대부분 침대에서 생활하며, 신분과 지역에 따라 규모와 모양이 다르나 거의 아파트 건물 위주이다. 이전에는 직장에서 근무경력, 직위, 근무성적 등에 따라 무료로 배분되므로 주택확보 및 유지에 많은 돈이 들지 않았다.

그러나 91년 이후로 주택분배제도가 사라지고 스스로 집을 구입하여야하는 실정이다. 도시에서는 많은 주택건설에도 불구하고 주택가격이 대폭 상승하여 결혼을 앞둔 청년들이 방이 없어서 결혼을 못하기도 한다. 또한 도시의 아파트식 중국집은 평수에 비해 많은 방을 만들어

입구에 들어서자 마자 답답한 느낌을 받게된다. 그리고 중국의 주택은 자기의 지위나 근무경력이 많아지면 더 넓은 집을 분배받을 수 있기 때문에 현재 거주하고 있는 집을 깨끗하게 보수, 유지하지 않았다.

90년대 중반 이후에는 경제개방으로 인해 생활소득과 문화수준이 급격히 향상되면서, 대부분의 중국인들도 집에 많은 관심을 쓰는 경향이다. 그래서 돈을 벌면, 증권과 함께 부동산에 투자하는 사람들이 늘고 있다.

최근에는 건축과 인테리어 산업이 활성화되어 현대화된 서구식 아파트들이 많이 등장하고 있으며, 소위 고소득층들이 선호하는 빌라형 대형 주택들도 꾸준히 증가하고 있다.

6. 생활문화

1) 가족

전통 중국사회에서는 가족이 사회의 중심축이었는데, 세대간에 가족을 구성하고 사는 것을 가장 중요하게 여겼다. 그러므로 가족간의 존경과 사랑을 국가에 대한 충성보다도 더 중요하게 여겼다.

전통적인 중국사회에서 가족의 크기와 구조는 사회적 지위에 따라 달라졌는데, 농촌의 대토지 소유자와 정부관리는 대가족을 구성하고 있었던 반면에 가난한 농부들은 소가족을 구성했다. 대개 가정은 할아버지, 자식, 그리고 손자로 확대된 가족을 구성했다.

그러나 현대에 특히 공산주의 정권 하에서 가족의 전통적인 형태가 급격하게 변했다. 첫째는 국가가 인정한 조직체가 가족 구성원들의 강한 유대감을 대체하고 있다는 것이다. 그런 조직체로는 아이들을 위한 젊은 선구 집단과 십대·노동단체·6천 6백만 명의 공산당 당원을 위한 공산당 청년연맹 등이 있다.

둘째는 가족은 더 이상 가족 구성원에 대해 경제적 보장의 책임을 지지 않는다는 점이다. 국가는 공장이나 노동일선, 주식회사에 일하는 노동자에 대해 그들이 가족이 없을 경우에 각종 혜택과 지원을 제공한다. 그러나 아직까지는 세 세대가 한 가정에서 살고 있는 모습을 도시뿐만 아니라 농촌지역에서도 볼 수 있는데 점차적으로 핵가족화되어 부모와 자식은 한 가정에서 살고 할아버지는 다른 곳에 사는 형태가 늘고 있는 추세이다.

그럼에도 불구하고 가족은 여전히 중국 사회에서 중요한 위치를 점하고 있다. 특히 농촌지역에서는 가족이 노동력의 중요한 원천이 되기 때문에 법으로 1979년까지 법으로 농부들은 노인과 아이들을 돌보도록 규정했다. 1979년에 가족들은 국가로부터 토지를 임대하는 것이 허용되었으며, 그들의 수입은 그들의 산출과 연결했다. 이 변화는 정부의 30년 간 대가족 제도로의 노력이 쇠퇴하기 시작했다는 것을 의미한다.

2) 결혼

중국에서 가족을 통한 영속에 대한 믿음이 가장 뚜렷하게 나타나는 것이 결혼이라는 제도이다. 전통적인 사회에서는 결혼은 부모와 어른들에 의해 결정됐으며 자식들은 이런 부모나 어른들의 결정에 무조건 따라야만 했다.

1950년에 결혼법으로 모든 사람들은 결혼 상대방을 자신의 의지대로 고를 수 있는 자유가 보장됐다. 그러나 많은 자식들은 특히 시골에서는 장차 결혼할 상대방을 만날 수 있는 기회가 적었으며, 구혼에 대한 개인이 권리가 거의 없었다. 그 결과 부모의 소개나 전문적인 중매인의 역할이 결혼 상대방을 고르는데 중요한 결정이 됐다. 대개의 경우 젊은 사람들은 정해진 결혼에 대해 거부할 권리가 있다.

농촌과는 달리 도시의 가족들은 결혼을 정하는데 있어 상대적으로 제한된 권리를 사용한다. 이것은 장기간 그들의 가족에 대한 안전과 이익을 제공하는데 있어 도시 가족의 역할이 줄어들었다는 것을 의미한다. 도시에서 거주하는 젊은이들은 부모나 친척에 의한 상대방 소개가 없어지면서 보통 그들의 일터나 공장에서 같이 일하는 사람을 고른다.

도시의 결혼식이 시골보다는 보통 작고 검소한 편이다. 그리고 참석하는 하객들도 부모와 친척과 연관있는 먼 곳에 사는 사람이 아니라 결혼당사자들의 직장 동료나 친구가 대부분이다. 그러므로 결혼의 초점도 가족 구성원보다는 당사자들에게 집중되어 있다. 결혼식 후에 떠나는 신혼여행은 보통 3일 정도로 되어 있다.

(1) 전통적 결혼풍속

한국 전통적 혼인습관과 같은 것으로 남자 집에서 중매인을 여자집에 보내어 혼담을 꺼낸다. 여자 집에서 마음에 들면 사주팔자를 적어주고 중매인이 남자 집으로 가지고 돌아가서 맞추어 본다. 남녀의 사주팔자, 궁합을 본 뒤 상극되는 점이 없으면 남자 집에서 중매인을 여자 집에 보내어 약혼조건을 상의한다.

중매인을 통해서 약혼 예물을 교환하며 신랑집에서 길일을 택하여 신부집에 알린 후 신랑이 악대, 의장대, 가마를 가지고 가서 신부를 맞아온다. 이와 같은 전통적 결혼 풍속은 농촌지역에 남아 있을 뿐이다.

(2) 현대적 결혼풍습

1980년대 들어서 개혁개방 이후 부모가 정하는 결혼은 애정 위주의 혼인관으로 발전했다. 연애가 자유로운 도시에서는 직장에서 혼례식을 치러주며, 간략한 주례의식을 거친 다음 신랑 신부 맞절, 양가부모, 손님들에게 인사, 그리고 모두 술만을 들고 축배를 올리는 경주가 있은 다음, 신랑신부가 각 식탁마다 다니면서 경주로 인사한다.

신랑은 양복을 입으며, 신부는 치파오(旗袍) 혹은 서양식 웨딩드레스를 입는다. 신랑측에서 대부분의 살림살이를 장만하고 신부측에서 약간의 살림자금을 보태주어 한국과는 반대이다. 결혼 후 거의 신혼여행 없이 며칠 휴가 동안 신방을 꾸미며 결혼휴가 후 직장으로 돌아올 때 사탕을 직장동료들에게 돌린다.

최근에는 결혼식을 호화스럽게 하는 것이 유행처럼 번져 있다. 그래서 고급호텔에서 식을 올리며, 몇 대의 고급승용차를 임대하여 시내를 일주하는 것으로 자신을 드러내려는 일종의 허세가 사회문제를 일으키기도 한다.

3) 장례식

중국은 민족에 따라 장례식의 형태도 다양 하나 일반적으로 토장이 성행했다. 그러나 1950년대 중반 이후 대도시부터 화장을 권장하여 간소화했다. 최근 농촌·도시의 돈이 많은 계층에서 옛 장례 풍속이 되살아나고 있다.

전통적인 중국의 장례식에는 사람들의 영혼은 죽지 않는다는 관념이 있어서 장례식을 특히 중히 여겼다. 민간에서는 천수를 다하고 대청에서 죽는다는 수종정침(寿终正寝)을 중시하여 병세가 위급하면 속히 목욕시키고 옷을 갈아 입힌 다음 대청으로 옮겨 식구들이 보는 가운데 운명하게 된다. 특이한 것은 관속의 사람을 단장하고 관을 열어 놓은 채로 추모객을 맞는다. 그 외의 장례절차는 한국과 동일하다.

그러나 현대의 장례식은 1950년대 이후 국가의 장례로 토장보다는 화장을 권하고 있으며, 대도시의 경우 90% 이상이 화장을 하고 있으나, 농촌지역에서는 화장률이 상당히 낮다.

장례절차는 사람이 죽으면 그의 직장이나 친족이, 죽은 이의 동료와 친척, 친구들에게 부교를 보내고, 유해를 화장터로 옮긴 화장시킨 다음, 아주 간단하게 유해 고별의식을 행한다.

4) 여성

전통적인 중국사회에서는 여자는 아버지와 남편, 아들에게 복종해야만 한다. 그리고 젊은 여자들은 그녀의 결혼 상대자에 대한 결정권이 거의 없었다. 결혼을 하게 되면 여자는 그녀의 가족과 더불어 살던 집과 마을을 떠나 남편에게 복종하며 살 가정으로 들어간다. 그리고 전체적으로 남자보다는 여자의 교육정도가 낮은 편이다.

오늘날, 여자의 위치는 상당히 많이 변했다. 1950년에 제정된 결혼법은 남자와 동등한 권리를 여자에게 부여했다. 그리고 충분한 이유가 있다고 생각되면 남편과 이혼할 수 있으며, 실제적으로 많은 여자들이 이혼을 감행했다. 현재 여자들은 대학에 다니고, 인민해방군에 복무하며, 공산당에 참여하는 등 남자와 동등한 일을 수행하고 있다.

여자의 위치에 있어서 가장 큰 변화는 노동력의 변화이다. 대부분의 도시 여자들과 많은 농촌 여자들은 가사노동을 하지 않고 밖으로 나가 일을 주로 한다. 이런 변화의 영향으로 도시와 농촌에서는 탁아소가 건립되어 어린아이들을 돌본다. 일반적으로 탁아소는 늙은 여자들이 아이들을 돌보면서 일하고 젊은 여자들은 일터로 가거나 학교로 나간다.

그러나 모든 점에서 아직까지는 여자들에게 불리하게 사회구조가 형성되어 있다. 그들이 다니는 직장은 남자들에 비해 임금이 적은 편이며, 대우도 상대적으로 열악한 상황이다. 농촌지역에서는 남성 노동자가 여성 노동자보다 우월적인 대우를 받으며, 전문적인 기술도 대부분 남자 노동자가 가지고 있다.

현재 어디에 사는 중국 여성이든 그들은 밖에서는 하루종일 일에 얽매이고 가정에서는 고생을 하기 때문에 이중고를 겪고 있다고 할 수 있다. 젊은 여성들의 교육 기회는 동년의 남성들보다 훨씬 더 제한적이며 고등학교나 대학교에 다니는 여학생의 비율은 남학생보다 비교가 되지 않을 정도로 낮은 편이다.

중국 여성들 중에서 가치관의 혼란을 겪고 있는 여성들은 주로 문화혁명시기에 어린 시절을 보낸 도시여성들이다. 문화대혁명 기간에 성은 극도로 금기시되어 왔으며 보통의 정상적인 성행위도 반동으로 치부될 정도였다. 그 결과 많은 여성들은 성이란 더러운 것이며 성에 대한 욕구는 억눌러야 한다고 믿고 있다. 심지어 결혼 후 3개월 동안이나 남편이 자기를 만나지 못하게 해 남편으로부터 이혼을 강요당한 한 여성의 이야기도 있다.

북경의 젊은 여성들은 다른 종류의 모순에 직면하고 있다. 시내 대학생들을 상대로 한 여론조사에서 3분의 1이 혼전 성관계에 찬성하고 있지만 대부분의 남학생들은 자신의 결혼상대자는 혼전 성경험이 없기를 바란다. 연애결혼이 성행하는 도시지역의 여성과는 달리 농촌지역 중국여성들은 연애결혼과 중매결혼 사이에 많은 갈등을 겪고 있다.

그러나 공통적인 문제는 남편의 학대이다. 북경 결혼가족 연구소가 2천명의 중국여성들을 상대로 조사한 바에 따르면 조사대상 여성 중 1%가 남편으로부터 매일 매를 맞는 것으로 알려졌으며 20%가 1주일에 2-3번 구타당하는 것으로 조사됐다. 그러나 남편의 구타를 개인의 집안일 정도로 치부해 버리는 전통적인 폐습이 아직 강하게 남아 있기 때문에 조사결과보다 실상은 더욱 심할 것이라는 관측이 지배적이다.

2001년에는 신혼인법이 제정되어, 최근 중국가정의 이혼율 증가와 가정범죄의 급증으로 인한 혼란과 사회문제들을 법적으로 통제하고 가정을 보호하는 정책을 실시하고 있다. 한편 이 혼인법은 일부일처제에 의한 가정제도의 준수와 아울러 가정폭력과 불륜행위에 대한 강력한 처벌을 내용으로 하고 있다.

5) 춘제(春节)

중국 대륙에 있는 중국인들의 가장 크고 성대한 명절은 단연코 춘지에(春节 : 음력설) 라고 할 수 있다. 보통 신년(양력 1월 1일)은 중국에서도 '신니엔(新年)' 또는 '위엔단(元旦)'이라고 한다. 궈니엔(过年) 이라고도 하는 이 명절은 중국인들이 가장 중요시하고 가장 마음 편하게 지내는 명절로, 공식적으로 3일 간의 연휴가 있지만 지방별로 10일에서 2주 이상 쉬는 곳도 있다.

춘제는 그 시기가 추운 겨울이 물러갈 채비를 하는 동시에 봄이 올 것을 알리는 계절에 가깝기 때문에, 중국인들은 이 시기에 천지신명과 조상신들에게 제사를 지내며 오곡이 풍성해질 것과 가족의 평온을 기원해 왔다. 보통 음력 12월이면 춘제의 들뜬 분위기가 점점 농후해지고, 전통습관에 따라 음력 12월 8일에는 곡식의 풍성함을 기원하며 8가지 곡식으로 만든 라바저우(腊八粥 : 동지팥죽)를 먹는다.

춘제 때에는 각 가정마다(특히 농촌) 집안을 청소하고, 방을 장식하고, '니엔화(年画)' 등을 붙이기를 즐긴다. 니엔화의 종류는 각양각색인데, 과거에는 통통한 어린애가 물고기를 안고 있는 그림이나 용선(龙舟)경기 그림 등이 자주 사용되었다. 그러나 현재는 유명배우 사진이나 풍경화도 자주 쓰이고 있다.

니엔화의 풍습은 '쓰이(思义)'라고도 하는데, 귀신을 쫓는 그림을 집안에 붙이는 데에서 유래되었으며, 동물이나 기타 생물체의 그림을 붙이기도 한다. 더불어 신춘(新春)과 관련된 '대련구(对联句)'나 '문신상(门神像)' 혹은 '복(福)'자 등을 문 앞에 붙이는데, 관례적으로 빨간 종이에 먹붓을 사용한다. 그 이유는 춘제의 기운을 살리면서 들뜬 분위기를 표현하고 좀더 나은 생활에 대한 희망을 나타내기 위함이다.

중국인들도 한국의 설처럼 춘제 음식을 준비하는데, 대단히 풍성하고 각 지방마다 특징이 있다. 대표적인 음식으로는 만터우(馒头), 떠우

파오(豆泡 : 팥빵), 니엔까오(年糕 : 설떡), 디엔신(点心), 미주(米酒 : 쌀로 빚은 술), 메이화탕(美花糖 : 쌀엿), 젠투이(煎堆 : 전병), 여우쟈오(油角 : 튀김과자) 등이 있다.

음력 12월 31일, 춘제의 하루 전날 밤을 '추시(除夕)'라고 하는데, 전 가족이 함께 니엔예판(年夜饭)을 즐긴다. 식사 후에는 전 가족이 모여 앉아 담소하거나 바둑, 마작 등을 즐기며, 어떤 가정은 밤을 새기도 하는데 이를 가리켜 수세(守岁)라고 한다.

고대 중국인들은 전염병을 산 속에 있는 귀신이 만들어낸 것으로 여겨서, 대나무를 불에 태워 대나무 껍질의 터지는 소리로 산귀신을 쫓으려 하는 데에서 폭죽이 유래되었다. 화약이 발명된 이후에 여러 가지 화약 폭죽이 개발되었는데, 이는 귀신을 쫓고, 풍년을 기원하며, 유쾌한 명절의 분위기를 돋구는 의미를 지니고 있다.

과거에는 춘제때 사용하는 폭죽 비용이 수천억 원에 이를 정도로 지나쳐 사회문제화 되고 있으며, 폭죽으로 인한 사고나 화재도 빈번하게 발생하기도 한다. 그로 인해 최근 베이징 등의 도시에서는 폭죽을 금지하기도 하였다.

춘제 첫날 아침에 먹는 음식 중, 북방 사람들은 대부분 '자오쯔(饺子)'를 먹는데, 자오쯔의 '자오(饺)'는 교체를 나타내는 '교(交)'와 중국어 음이 같다. 따라서 자오쯔는 신구(新旧)가 교체된다는 것을 나타낸다. 또한 만두 속에 돈이나 사탕, 혹은 땅콩 등을 넣어서 그것을 골라 먹는 사람에게는 새해에 특별한 복이 올 것이라는 놀이를 하기도 한다.

남방 사람들은 '탕위안(汤圆 : 알심이를 넣은 탕)'이나 '니엔까오(年糕)'를 먹는다. 아침 식사를 하고 난 후에는 가족 간에 절을 나누고 이웃이나 친지를 방문하는 '빠이니엔(拜年 : 새해인사)'을 한다. 멀리 있는 사람에게는 연하장을 보내고, 어린 아이 혹은 손아래 사람이 절을 하면 '홍빠오(세뱃돈 : 红包)'를 준다. 현재 갈수록 이 홍빠오의 단가가 높아져, 현재는 인민폐 100위안(한화 16,000원 정도)을 웃도는 경우가 많이 있다.

중국에서 집에 손님을 초청하는 것은 상대방에 대한 신뢰관계를 내포하고 있기 때문에 중국인이 초청을 한다면 되도록 응하는 것이 바람직하다. 중국인들의 설 풍습과 분위기를 몸소 체험해 보고, 적당한 수준의 세뱃돈을 준비하여 적절한 시기에 전달하는 것도 상호간의 정을 배가시켜 준다.

춘제 때에는 대부분의 정부부처 및 공공기관이 쉬고, 춘제가 되기 전 보통 양력 1월 중순부터 결산작업 때문에 상당히 바쁘기 때문에, 춘제를 전후하여 중국인들과 공적인 만남을 가지는 것은 피하는 것이 좋다.

새해인사는 신니엔콰이러(新年快乐 : 즐거운 새해가 되세요), 완쓰루이(万事如意 : 만사가 뜻대로 되기를, 형통하기를 빕니다), 꿍시화차이(恭喜发财 : 돈 많이 버십시오, 번창하십시오)라고 말한다.

6) 경극

경극은 중국의 전통극 형태이며, 중국인의 문화생활 가운데서 가장 폭넓은 영향력을 가진다. 800여 년의 발전과 변화를 거친 중국 희곡은 지금 300여 종류의 극 5만여 전통극 프로그램, 200여 극단과 약 40만 명이 활동하고 있다. 많은 희곡 중에서 북경지역에서 출현하여 발전한 경극이 가장 널리 유행되고 있으며, 중국 희곡 예술의 특색을 잘 표현하고 있다고 할 수 있다. 한의, 중국화와 함께 중국의 3대 국수(国粹)로 불린다.

경극은 대략 1830년대 청나라 도광(道光) 황제 때에 여러 가지 지방극이 북경에서 융합되어 발전한 것으로 150여 년의 역사를 가지고 있다. 1790년 청나라 건륭(乾隆) 황제의 80세 생일 때 조정에서는 전국 각지의 유명한 희곡 단체들을 북경에 불러 경축 공연을 하게 하였다. 이 공연에서 안휘성(安徽省)의 4대 극단인 삼경(三庆), 사희(四喜), 화춘(和春), 춘대(春台)의 연기가 특히 세련되어 북경의 관중들로부터 절찬을 받았고, 이들은 공연이 끝난 후에도 계속 북경에 남아서 공연하게 되었다.

1830년을 전후해서는 호북(湖北)의 한극(汉剧) 연예인들도 북경에 들어왔다. 그리하여 그들은 항상 안휘 극단과 함께 공연하게 되었는데, 이 두 극단은 모두 피황 皮黄) 창법 계통에 속하여 한극은 서피조(西皮调)의 창법, 안휘극은 이황조(二黄调)를 위주로 하였다.

이 두 극단은 서로 배우고 부단히 새로운 것을 창작, 발전시킴과 동시에 북경 관중들의 요구와 언어 특성에 따라 중국 남북 지방의 관중들이 모두 즐길 수 있는 경극 언어인 '운백(韵白)'을 창조하게 되었고, 이는 새로운 피황 창법인 '경조(京调)'로 발전하였다. 뒤이어 경조극은 북경의 궁정과 민간에 회자되는 기타 희곡극 중 진강(秦腔), 곤곡(昆曲) 등의 장점을 끊임없이 받아들여 완성도가 높은 예술체계와 공연체계를 이룩함으로써 경극이 탄생되었다.

20세기 초에 경극은 상해(上海), 천진(天津), 한구(汉口), 장사(长沙) 등 일부 대도시에 전파되어 곤곡에 다음가는 전국적인 대극종이 되었다. 경극의 배우는 생(生), 단(旦), 정(净), 축(丑)의 네 종류가 있으며, 이것을 4대 행당(四大行当)이라고 한다.

여자역을 단이라고 하며, 청의(晴衣), 화단(花旦), 무단(武旦), 도마단(刀马旦), 노단(老旦) 등으로 나뉜다. 남자역은 생이라고 하며, 노생(老生), 소생(少生), 무생(武生) 등으로 나뉜다.

성격이 익살스럽고 언어가 해학적인 배역의 얼굴에는 흰색 도안을 그려 넣는데 이것이 축이다. 성격이 사납고 간악한 인물은 얼굴에 채색 도안(脸谱)을 그려 넣는데 이를 정 혹은 화검(花脸)이라 한다. 화검은 대화검, 이화검, 문무화검으로 나뉘고, 노래를 중심으로 하는 것을 동추화검(铜锤花脸), 동작을 중심으로 하는 것을 가자화검(架子花脸)이라고 한다. 이 밖에도 더 세밀한 분류가 있는데 각 배역은 그 연기의 방법과 운율을 달리한다.

경극은 노래와 춤을 동반하는 종합적 연출형식을 가지고 있다. 이것을 '창념작타(唱念作打)'라고 한다. 창(唱)은 노래 부르기 기교를 가리키며 정확한 발음, 원활한 음률로 서로 다른 형식의 운율을 나타낸다. 염(念)은 대사를 말한다. 매우 까다로운 낭독 기법으로서 정면 인물은 일반적으로 운백(韵白 : 전통적 독법)으로 대사를 읽는다. 축은 경백(京白 : 북경 구두어)으로 대사를 읽는다. 작(作)은 동작과 기법을 가리킨다. 타(打)는 연출 가운데 무술동작을 가리키며, 중국의 전통 무술을 기초로 한 무술기교의 동작이다.

이 네 가지 수단을 서로 교차 운용하며 연기를 하는데 그 가운데서도 창이 핵심이다. 그러므로 중국의 경극에 익숙한 관중은 경극을 보는 것을 '극을 듣는다' 즉, '노래를 듣는다'고 한다.

경극의 음악은 경쾌하며 타악과 현악을 주로 한다. 북과 징, 박판, 호궁, 월금(月琴), 비파, 삼현금, 쇄납, 횡적 등이 있다. 고수(鼓手)는 악대의 지휘자이다.

경극의 복장은 보통 15세기 명나라 때의 복장으로 한다. 색채가 선명하고 대조가 강하며 수공이 세밀하여 복장만으로도 하나의 아름다운 예술품이다. 경극은 짙은 화장을 하며 여러 가지 검보를 가지고 있다.

경극은 관중의 상상과 연상을 통하여 자연 환경과 생활의 세부적인 세트가 보충되는 셈이다. 경극에는 일련의 격식과 규범이 있다. 무대 연출 가운데서 문을 닫거나, 창문을 열거나, 말을 타거나, 배에 오르거나, 층을 올라가는 것 등의 동작은 모두 고정된 격식이 상상을 불러일으키는 출발점인 동시에 새로운 세대의 배우들이 습득하고 재창조하기 위한 기점이 된다.

7. 관광지구

중국의 문화관광지구는 대체로 다음과 같이 나누어 볼 수 있다 .

1) 북경(北京) 관광지구는 북경 일대의 명승고적지로서 북경, 천진, 승덕, 청동릉, 진황도, 대동, 항상, 오대산을 포함하는 관광지구이다. 이 지구의 중심에 위치한 북경은 자금성, 이화원, 명13릉, 천단공원, 만리장성, 천안문 광장 등 많은 유적지를 지닌 역사상 4개의 왕조가 왕도로 삼았던 곳으로, 현재 중화인민공화국의 수도이다.

2) 원림(园林) 관광지구는 소주, 항주, 양주, 무석, 상해, 남경, 황산, 구화산, 보타산, 안탕산, 태호 등을 포함하고 있으며, 중국에서 가장 많은 관광도시와 원림, 명산이 집중된 지역이다.

3) 장강삼협(长江三峡), 여산(庐山) 관광지구는 상서의 여산에서 사천성의 봉절을 잇는 지역으로 중국의 4개 성을 포함한다. 장강은 이들 지역을 연결하는 역할을 하며, 상해나 남경을 출발해 장강을 거슬러 올라가면서 여산과 무한, 동정호, 무릉원, 장강삼협 등의 조화롭고 장엄함과 수려함을 동시에 느낄 수 있다. 현재 이 지역은 아시아 최대를 자랑하는 삼협댐의 건설을 계기로 관광객들의 인기를 모으고 있기도 하다.

4) 중원(中原) 관광지구는 황화유역의 중하류에 해당하는 곳으로, 중국의 유명한 고도인 서안, 낙양, 개봉을 포함하며, 화산, 숭산 등의 명산과 함께 진시황릉과 병마총 고분과 같은 역사적 유물들이 존재하는 중화민족 문화의 요람이다.

5) 서남석림(西南石林) 관광지구는 서남부의 운남, 귀주, 광서의 3개

성을 포함하는 지역으로, 많은 소수민족들이 집거하고 있다. 이 지역은 광범위한 석회암 지형이 발달되어 있으며, 계림, 양삭의 산수, 노남의 석림, 황과수폭포, 유주, 곤명 등지의 수려한 산천과 알맞은 기후조건, 소수민족들의 생활상 등 문화적 유산들이 존재한다.

6) 동남연해(东南沿海) 관광지구는 광주, 하문, 복주, 심수, 삼아 및 무이산을 포함하는 복건성, 광동성, 해남성의 3성에 위치한다. 해안과 인접하고 기온이 온화해 남국의 식물들이 이국적인 경관을 자랑하며, 홍콩과 마카오, 대만이 가까이 위치해 있다.

7) 태산명천(泰山名川) 관광지는 산동지역의 곡부와 제남, 청도와 태산을 포함하는 지역으로 명산과 명청 등이 많이 분포되어 있다. 특히 유교의 발원지이자 공자의 고향으로 유명한 산동성 곡부의 공묘, 공부, 공림은 세계적으로도 유명한 건축양식을 자랑한다.

8) 사천명산고적(四川名山古迹) 관광지는 자연경관과 인문명승이 풍부한 성도와 중경을 중심으로, 아미산, 낙산, 구채구 등이 있다.

9) 돈황(敦煌) 관광지는 비단길을 따라 돈황석굴, 맥적산석굴, 가욕관, 주천, 투루판, 우루무치 등 세계적으로 유명한 고대 유적지가 있다.

10) 동북명승고적지(东北名胜古迹地)는 광활한 지역에 심양을 시작으로, 대련, 길림, 흑룡강 관광지구 등이 넓게 분포되어 있으며, 최근에는 다양한 겨울철 행사들을 마련해 대내외적으로 많은 관광객들을 유치하고 있다.

11) 청장(青藏) 관광지는 세계의 지붕으로 불리어지며, 청해성과 서장자치구에 펼쳐진 지역으로 독특한 자연과 고원풍경, 사찰건축, 종교활동, 설산 등의 웅장함을 갖추고 있다.

제 4 절 중서문화 비교

1. 환경적 차이

서양문화는 지중해를 중심으로 형성된 문화라고 할 수 있다. 즉 고대 메소포타미아 문명을 비롯하여 그리스도 문명, 이집트 문명 그리고 로마 문명 등이 그러하다. 특히 지중해 일대의 문화는 지리적 환경과 밀접한 관계를 갖고 있다. 토양은 사막과 구릉으로 형성되어 있고, 건조한 기후와 바람의 영향으로 일찍이 목축업을 위주로 생활하는 문화를 형성하게 되었다. 그리고 지중해를 중심으로 한 해양문화의 발달로 인해 상업과 무역이 발달하였다.

중국문화는 황하를 중심으로 형성된 중원문화라고 할 수 있다. 이는 중국서부의 히말라야산맥 동쪽에 위치하는 동시에 중국북부의 사막지역 남쪽에 위치하는 중부내륙지역을 중심으로 발달한 문화를 말한다.

환경적으로 히말라야산맥 동쪽지역은 평야와 원만한 구릉을 이루고 있으며, 기후는 대륙성 계절풍지역으로 적당한 일조량과 강수량으로 농사에 적합한 환경을 갖고 있다. 또한 역사적으로는 북방에서 불어오는 한랭바람은 중국북부 사막으로부터 황사를 몰아와 농사에 적합한 토양을 형성해 주었다.

중국문화의 중심지인 중원지역은 농업을 바탕으로 하는 경제력에 힘입어 교육과 문화가 발전하게 되었다. 반면 중국의 북부지역은 산악과 고원지대로 인해 정치와 군사가 발달하게 되었다. 그래서 중국역사는 대체로 북쪽지역의 민족이 남쪽지역을 침략하여 새로운 왕조를 형성해 왔음을 볼 수 있다.

중국역사에 있어서 기후는 매우 밀접한 관계를 갖고 있는데, 기온이 농사에 적당하도록 높아 풍부한 수확을 거둬들인 시기에는 나라가 태평하고 통일된 왕국을 유지하였지만, 기온이 낮아 농업생산량이 부족한 경우에는 상대적으로 열악한 북쪽으로부터 전쟁이 일어나 이전 왕조를 물리치고 새로운 왕조를 형성해 왔다.

2. 문화적 차이

서양문화는 언급한대로, 환경적 요인으로 인하여 목축업이 발달하였다. 이러한 목축업의 특징은 이동문화라는 것이다. 즉 유목민들은 일정기간 초목이 풍성한 지대를 중심으로 모여 살다가, 다시 다른 초목지대로 옮겨가며 살게 된다. 따라서 이 과정에서 좋은 초목지대를 차지하기 위한 부족간의 전쟁이 빈번하게 되었다.

이러한 동적인 생활환경과 유목문화로 인해 서양인들은 개인주의와 모험정신, 전쟁문화가 발달하게 되었다. 오늘날 서양인들에게 있는 개인주의, 합리주의, 실용주의, 경쟁주의 문화는 이러한 생존환경과 연계되어 형성된 것이라고도 할 수 있다.

중국문화는 농경문화를 중심으로 형성되었다. 고대로부터 중국인들은 농업을 중심으로 일정한 지역을 중심으로 하는 정착문화를 이루어 왔다. 이는 정적인 생활환경을 바탕으로 하는 집단문화, 공동체문화의 발전을 가져왔다.

그래서 전통적인 중국문화에서는 공동체의 머리인 부모와 연장자 그리고 노인을 존경하는 풍습이 자연스럽게 생겨났으며, 국가라는 개념도 가족공동체들의 연합체이자 보다 넓은 대가족공동체를 의미하게 되었다.

이러한 중국의 정적인 생활환경과 농경문화는 공동체의 화합과 평화를 중시하는 문화로 이어져왔다. 오늘날 중국인들에게 있는 집체주의, 현실주의, 화합문화, 관계중심주의, 그리고 각종 예절과 가부장적 전통들은 바로 이러한 생활환경을 바탕으로 형성된 것이라고 볼 수 있다.

중서문화 차이의 실례로 중서의 문화적 차이를 잘 말해주는 것이 바로 언어이다. 서양인들의 중심적인 언어인 인도유럽어계에 속하는 언어들은 매우 다양하고 복잡한 것을 알 수 있다. 즉 서양문화 속에는 이동문화를 바탕으로 하는 수많은 언어의 갈래들이 있으며, 실상 언어의 다변성으로 인해 고전언어들에 대한 해독이 난해한 실정이다. 실례로 불과 400년-700년 이전의 언어들에 대하여는, 현재 영어권 학자들도 해독에 상당한 어려움을 갖고 있다고 한다.

중국 진시황의 천하통일과 문자통일로 인해 등장한 중국의 한자는 현재 2000여 년이 지나오면서 글자체의 변화에도 불구하고 동일한 맥을 형성해 왔다. 그래서 현재 중국고전에 나오는 한자의 대부분에 대한 해독이 가능하다고 한다. 이는 언어 역시 중서의 환경적 문화적 차이를 반영해 주는 것이라고 할 수 있다.

한편 서양문화는 가족관계에 있어서 전통적으로 장자계승제를 실시해 왔는데, 이는 이동문화의 성격상 혈통과 권위의 계승을 도모하기 위한 것이었다. 그 결과 장자는 많은 부와 권력을 누리게 되지만, 상대적으로 다른 형제들은 빈곤에 처하는 계급적 대립적 문화를 낳게 되었다.

그러나 중국문화의 전통에서는 황제의 승계를 제외하고는 일반 백성들의 상속에 있어서 균전제를 실시해 왔다. 집단주의문화 속에서 모두에게 공동한 분배를 통해 하나의 가족을 유지하고자 하는 배경하에서 생겨난 것이다.

3. 사상적 차이

서양의 사유방식은 유선형 사고라고 할 수 있다. 서양문자에도 나타나 있듯이, 서양인의 사고와 언어적 표현 역시 사물에 대한 서술형 방식이 발달하게 되었다.

또한 서양인들의 개인주의와 정복문화는 판단에 있어서 대립구조의 사고를 형성하게 되었는데, 즉 A가 아니면 B라는 형식의 논리이다. 이러한 사고는 역사적으로 신과 인간과의 관계 속에서도 대립구조로 보는 이원론을 형성하기도 하였다.

서양인들의 행동양식은 외형적 진취적 양식을 갖추고 있는데, 사고에 있어서는 미세한 것으로부터 거시적인 것으로 보는 시각을 가지고 있다. 그래서 서양인들에게는 이론과 추론이 발달되어 있으며, 분석적 사고를 중시한다. 이러한 서양인들의 사고는 분석과학을 바탕으로 한 물리학의 발전을 가져오게 된 것이다.

중국인들은 입체형 사고방식을 가지고 있다. 이는 가족과 국가를 구분하지 않은 것처럼, 신과 인간, 사물과 마음에 대한 일원론적 사고에서 찾아볼 수 있다. 즉 중국인의 신인합일 혹은 심물일체사상 등에서 나타난다. 또한 중국인의 음양오행 사상은 만물이 합일체로 구성되어 있음을 말해준다.

중국인들의 행동양식은 내향적 소극적 양식을 가지고 있는데, 사고에 있어서는 거시적인 것에서 미시적인 것으로 전개해 나가는 방식을 취한다. 즉 이론과 추론보다는 직관과 종합적 사고를 중시한다. 그래서 이러한 중국인들의 사고는 직관을 중시하는 심리과학의 발전을 가져왔다.

현대 중국은 공산주의 사상의 영향으로 인해 입체적이고 합일체적인 중국인의 전통적인 사고방식에도 많은 변화가 일어났다. 이는 공산주의 사상이 분석적이고 대립적인 서양철학에 기인하고 있기 때문이다.

현대 중국 공산주의 사상은 통치자들에 의해 역사적으로 전수되어 내려온 유가와 도교를 비롯한 전통사상과 민족성, 공동체사상 등에 융화되고 변형되어 자리매김을 한 상태다. 결론적으로 현대 중국인의 사고는 전통사상에 뿌리를 둔 민족성의 기초 위에서 현대 서양 철학사상의 지배 아래서 형성된 것으로 볼 수 있다.

제11장

중국의 당면과제

제 1 절 공산당 지도체제

2003년 중국 공산당은 제4세대 지도자인 호금도(胡锦涛) 국가주석을 중심으로 하는 집단지도체제를 공고히 하고 있다.

1998년 3월 제9기 전인대에서 강택민 주석은 체제안정을 최우선 목표로 하여 안정과 균형있는 발전을 추진해왔다. 그리고 1999년까지 이룩한 3강 운동의 성과를 바탕으로, 2000년 2월에는 3개 대표론을 주창하였으며, 2001년 7월에는 3개 대표론에 입각한 중국식 사회주의 목표를 발표하였다.

현재 중국지도부는 등소평이론과 3개 대표론을 신세기 당의 지도이념으로 하여, 공산당을 명실상부한 국민정당으로 탈바꿈하기 위해 노력중이며, 이를 통하여 인민과 당의 단결 및 쇄신을 도모하고 있다.

[중국 주요 지도자 인적사항]

현 직	이 름	연령	출생지	학 력	주요전직
국가주석 당총서기	胡锦涛(호금도)	61세	안휘성	청화대	국가부주석
전인대 상무위원장	吴邦国(오방국)	62세	안휘성	청화대	부총리
국무원총리	温家宝(온가보)	61세	천진시	북경지질대	부총리
정협주석	贾庆林(가경림)	63세	화북성	화북공업대	북경시 당서기
국가부주석	曾庆红(증경홍)	64세	안휘성	북경화공대	당중앙 판공청주임
국무원 수석부총리	黄菊(황국)	65세	절강성	청화대 (사망)	상해시 당서기
중앙정치국 상무위원	吴官正(오관정)	62세	강서성	청화대	산동성 당서기
중앙정치국 상무위원	李长春(이장춘)	59세	길림성	하얼빈공대	광동성 당서기
중앙정치국 상무위원	罗干(라간)	66세	산동성	북경철강대	당중앙 법위서기
부총리	曾培炎(증배염)	65세	절강성	청화대	국가계획위 주임
부총리	吴仪(오의)	65세	호북성	북경석유대 (여)	정치국원 국무위원
부총리	回良玉(회양옥)	59세	길림성	길림성당교 (회족)	강소성 당서기
외교부장	李肇星(이조성)	63세	산동성	북경대	외교부 부(副)부장
국방부장	曹刚川(조강천)	68세	하남성	소련군사 공업학교	중앙군사위 위원(委员)
상무부장	吕福源(여복원)	58세	흑룡강성	길림대	대외경제부 부(副)부장
국가민족 사무위원회	李德洙(이덕수)	60세	길림성	연변대 (조선족)	국가민위 주임

2002년 10월 이후 공산당대회를 통해 강택민 주석, 주용기 총리, 이붕 위원장의 퇴임으로 중앙위원회 상무위원회 자리가 세력다툼의 결과 9인으로 결정되었다. 현재 중국은 간부의 연소화 방침에 따라 제 4세대 대표주자인 후진타오 국가주석, 우방궈 전인대상무위원장, 온자바오 국무원총리, 쩡칭홍 국가부주석, 황쥐 국무원 수석부총리 등이 중국을 이끌어가고 있다.

중국의 일부 정치학자들은 중국 공산당이 20여년 간의 경제개혁에서 아주 큰 성과를 거뒀지만, 개혁개방을 주도해온 사회주의 시장경제 사상이 진정으로 공산주의 이념에 부합되는지는 아직 더 긴 시간의 시련을 거쳐야 입증될 것이라고 전망하기도 한다.

현재 중국공산당은 80년 전 53명의 당원으로 시작하여 지금은 6천 6백여만 명의 당원으로 발전했으며, 13억 인구를 가진 나라의 집권당으로 공고한 위치를 차지하고 있다.

그러나 공산당이 앞으로 걸어야 할 길은 여전히 매우 험난하고 막중하다. 지금 중국은 국유기업의 개혁, 정치체제와 경제개혁 간의 충돌 해결, 일당독재로 과연 진정한 민주를 실현할 수 있고 부패를 척결할 수 있느냐는 등 많은 문제들로부터 도전을 받고 있기 때문이다.

제 2 절 경제개방과 제도개혁

중국은 헌법개정(1999. 3) 등을 통하여 개혁개방의 이념적 토대를 마련하였으며 법치위주의 통치형태의 전환의지를 표명한 바 있다. 이러한 의지의 실현으로서 현재 중국정부는 4대 경제개혁을 강력히 추진하고 있다.

첫째, 행정 개혁이다. 중국정부는 1998년-2000년 3년 동안 중앙 및 지방 전체 공무원을 500만 명에서 절반인 250만 명으로 축소할 계획을 설정하였는데, 1998년에는 중앙부처 40개를 29개로 축소하였고, 중앙부처 공무원 정원을 47%인 약 15,000명을 감축하기도 하였다.

2001년부터는 지방공무원 감축에 주력하고 있으며, 2003년 현재는 정부기구와 행정조직의 개혁을 마무리할 단계에 접어들었다고 한다.

그 결과 최근 5년간 전국 당·정기관에서 조직 축소의 일환으로 모두 1백15만 명을 감축했으며, 시·현·향(市县乡)에서 정원을 초과한 인원 43만 명을 줄였다. 성급 정부기구도 55개에서 40개로 줄었다.

전체적으로 공산당중앙과 성의 당위원회는 조직을 20% 감축하는데 성공했다. 또한 국무원의 조직개편을 통해 40세 이하 공무원의 비율이 이전의 53%에서 현재 59.6 %로 젊어진 것으로 나타났다

둘째, 국유기업 개혁이다. 5,000여 개의 중대형 기업에 대해 2000년까지 적자를 해소하고, 2010년까지 전체 국유기업의 개혁을 완성할 계획을 설정한 상태이다. 또한 국가안보 관련 사업, 우편, 철도, 항만 등 공공성 사업, 첨단기술 등 주요 사업을 제외한 상업적 경쟁이 가능한 사업을 주식회사 형태로 전환할 예정이다.

셋째, 금융 개혁이다. 국유은행의 부실채권을 정리하기 위하여 100억 원(인민폐) 규모의 4개 부실자산관리공사 설립하여, 부실채권 분류를 완료할 예정이다. 그래서 1998년 광동신탁투자공사(GICC)의 부도 이후 239개의 지방 투신사를 50여 개로 통합하는 작업을 추진하고 있기도 하다.

넷째, 농업 개혁이다. 중국은 세계무역기구(WTO) 가입에 따라 농업 구조조정, 농업의 기술수준향상, 수리관계시설 현대화, 종자배양 및 농산물가공분야 중점적으로 투자할 계획을 설정하고 개혁을 실시하고 있다.

또한 2000년 3월의 전인대 회의에서는 지속적인 부패척결과 실업자 문제의 해결 등 개혁에 따른 부작용을 최소화하고, 서부대개발 사업 등을 추진함으로 낙후지역에 대한 균형개발을 결정하고 이를 위해 노력을 쏟고 있다.

그러나 국유기업 개혁을 포함하는 중국의 경제개혁은 중국정부의 강력한 추진에 힘입어 상당한 성과를 나타내고 있으나, 이에 따른 부작용도 심각한 상황이다.

그동안 개혁의 이면에서 대량 실업자가 양산되었고, 민간소비와 기업의 투자수요도 정체된 상태이며, 외국인의 투자도 소강국면을 맞이하고 있다. 그래서 중국정부는 이러한 문제들에 대한 대책을 수립하고 추진하는 한편, 지속적으로 개혁의 수위와 폭을 조정해 나갈 전망이다.

중국정부는 2001년 초에 정한 7% 경제성장의 목표를 위해 수출증대, 투자확대, 민간소비 증대에 중점을 두고 경제를 운영하고 있으며, 산업구조 고도화와 중서부 내륙지역 개발 등을 적극적으로 추진하고 있다.

또한 중국은 서부대개발(西部大开发) 사업을 실시 중이다. 이는 동부지역에 비해 상대적으로 낙후되었지만, 풍부한 자원과 노동력 그리고 광대한 시장을 갖고 있는 서부지역을 개발함으로 동서지역간의 경제격차를 축소하고자 하는 전략이다. 나아가 중국은 동서부지역간의 합리적인 배분과 유통을 촉진시켜 균형있는 발전을 도모하는 동시에 사회안정을 추구하고자 한다.

그리고 2008년 하계올림픽의 유치로 인한 투자와 개발에 큰 기대를 걸고 있으며, 특히 2001년 WTO가입에 따른 각종 제도의 개혁과 서비스분야의 정비 그리고 수년간의 확대재정 정책과 세계 경제의 호전 등을 통하여 지속적인 성장을 기대하고 있다.

제 3 절 사회문제와 부패추방

중국 지도층의 안정과 사회안정 정책과 경제적 발전으로 사회전반이 비교적 안정되고 있는 것으로 평가되고 있다. 그러나 개혁개방 이래 빈부격차의 확대, 지역간 소득 불균형, 실업문제의 양산, 부패 등 사회불안정 요인이 상존하고 있다.

실상 실업자는 98년 이후 2,700만 명이 정리 해고된 상태이며, 그중 1,000만 명 정도는 실업상태가 지속되고 있다. 한편 농업부문의 만성적 과잉인력(약 1억5천만)의 상황에서 노동자, 농민의 시위 및 폭등이 발생하기도 했다.

한편 이데올로기적 혼란이 사회문제 등과 결합하여 법륜공도 새로운 종교조직의 등장을 초래하였다. 종교를 사회주의 건설의 가장 큰 적으로 간주하고 있는 중국공산당은 이러한 종교조직을 처음에는 사교로 규정하였으나, 후에는 국가체제 위협세력 및 반국가세력으로 지정하여 철저한 숙청과 엄벌을 시행하고 있다.

현재 중국에서는 체제변화의 과도기를 틈타 권력(공무원)과 결탁한 조직적인 범죄가 다발하고 있는데, 중국 공산당 제15차 당대회 이후 전국 기율검사 감찰기관에 의해 적발되어 처벌된 부패 공무원은 98년 총 12만 건에 현(县)급 간부 3,970명, 지(地)급 간부 292명, 성(省)급 간부 12명이며, 99년에는 총 13만 건에 각각 4,092명, 327명, 17명에 이르고 있다.

2000년 초 중국 정부는 부패문제에 대한 사회저변의 심화된 불만을 감안하여, '인민들이 혐오하는 부정부패 현상의 만연'을 뿌리뽑기 위해 반부패투쟁을 실시하고 있다. 그래서 중앙간부 및 고위급 인사에 대한 전격적인 사형집행을 단행하고 있다.

그 실례로 호장청(胡长青) 강서성 부성장을 사형(2000. 3)하고, 성극걸(成克杰) 전인대상무위원회 부위원장(전 광서장족자치구 주석)을 사형(2000. 9)하였으며, 이기주(李纪周) 공안부 부부장 등을 포함하는 중앙간부 104명을 처벌하는 등 2만 3천건의 부패사건을 처리하였다.

2001년에는 WTO체제와 2002년 지도부 개편을 앞두고 더욱 강한 통제와 처벌을 실시하고 있다. 최근 통계에 따르면, 지난 5월에서 7월까지 3개월간 1800여 명을 사형시켰다고 한다. 이는 전 세계의 3년간 사형자의 숫자와 동등하다고 한다.

매년 중국정부는 수도인 북경을 비롯한 주요도시를 중심으로 대도시내 외지인의 임시 거류증의 교체와 주민증 검사를 통하여 사회적인 범죄요인의 소탕과 사회적 분위기를 쇄신하고자 힘쓰고 있으며, 특히 외국인에 대해서도 잦은 검열과 거주지 등록을 통하여 지속적인 통제를 강화해오고 있는 실정이다.

2003년 현재 중국은 국가의 전반적인 영역에서 여러 가지 사회적 불안요인이 상존하고 있는데, 주로 다음과 같은 것들이다.

1) 먼저는 개혁개방 이래 급속한 경제성장(연평균 8%성장) 과정에서 생긴 도시와 농촌 및 지역간의 소득격차의 확대와 구조조정에 따른 실업인구 증가(약 1억 5천만명) 등의 성장 불안요인이 상존하고 있다는 것이다.

2) WTO 가입으로 향후 경쟁력 없는 기업들의 대규모 도산, 은행의 부실화, 농촌 경제에의 부정적 영향의 가능성이다.

3) 개혁개방 이후의 이데올로기적 혼란이 사회경제적 불안 요인과 결합하여 파룬공(法轮功) 등 사적 단체의 등장, 상대적으로 낙후된 소수민족지역의 불만, 권력층 부패에 대한 국민의 불만 고조 등도 사회

불안을 초래하고 있다

그러나 향후 중국은 세계화의 추세와 성장을 위한 지속적인 개혁개방에 따른 사회의 역동적 변화와 시장경제 제도의 채택과 정보산업의 발달로, 중앙정부의 통제력이 지속적으로 약화될 것으로 전망하고 있다. 오늘날 중국은 이러한 사회문제와 부패에 대한 처리로 국민적 신망을 얻어 가면서도 지속적인 경제발전을 추진하는 것이 과제로 남아 있다.

제 4 절 21세기 전망

1. 최근 현황

중국 신화사(新华社)는 2001년 중국 국내에서 있었던 주요 뉴스들을 자체적으로 선정해 발표했는데, 그 내용은 다음과 같다.

1) 장쩌민(江泽民) 총서기의 7.1 중요담화 발표

2001년 7월 1일, 장쩌민 총서기 중국 공산당 창당 80주년 경축대회 자리에서 주요담화를 발표, 새로운 역사조건 아래, 당의 건설을 추진하는 중대이론과 현실문제를 상세하게 대답했다고 한다.

2) 10.5 계획 시작이 양호, 경제성장 7.4% 유지

2001년 3월, 9회 전국인민대표대회 4차회의에서 〈중화인민공화국 국민경제와 사회발전 제15년계획강령〉을 통과하였는데, 이는 중국경제가 본격적으로 진정국면으로 접어들어 현대화를 더욱 앞당긴다는 첫 번째 5년 계획이었다. 그 첫 해인 작년 중국은 국내총생산액 1조 1,000억달러를 이루며, 지난해 보다 7.4% 성장했다.

3) 중국 세계무역기구(WTO) 가입 실현

2001년 11월 10일, 세계무역기구(WTO) 제 4차 부장급회의가 카타르 수도 도하에서 협상일치의 방식과 심의를 거쳐 중국의 WTO을 가입이 결정하여 통과시켰다. 그래서 2001년 12월 11일은 중국이 실제적인 WTO가입 권한 발효되는 날이 되었고, 143번째 WTO회원국이 되었다. 이로써 중국은 대외개방의 새로운 단계에 진입하게 되었다.

4) 베이징(北京), 2008년 올림픽 개최지 결정

2001년 7월 31일, 모스크바에서 열린 국제 올림픽위원회의 112차 회의에서, 베이징이 2번에 걸친 투표에서 56표를 초과하며 과반수 우세로 2008년 올림픽 개최권을 획득하였다. 수도 북경이 올림픽 개최지로 선정된 이후, 중국 축구대표팀 또한 월드컵 아시아 예선전 경기에서 우수한 성적으로 2002년 17회 월드컵 본선티켓을 따냈다. 이것 또한 44년 만에 처음인 본선진출이다.

5) 15회 중앙전체회의 당의 기풍강화 결정

2001년 9월 24일-26일에 열린 중국 공산당 15회 6차 전체회의에서 등소평 이론을 기치로 하여, '3개 대표' 즉, 당이 직면한 새로운 임무착수와, 실사구시로서 당의 기풍건설 상태를 분석, 당의 기풍건설의 강화 결정을 내리는 것을 주요사상 지도로 삼았다.

6) 중공중앙 공민도덕건설실시강령〈公民道德建设实施纲领〉 발표

공민도덕건설실시강령〈公民道德建设实施纲领〉은 각 지역 각 부문의 관철집행을 요구받고 있다. 이것은 중국의 인민도덕건설을 전면적으로 강화하고, 장쩌민(江泽民) 국가주석이 제출한 법치국(法治国)과 덕치국(德治国)을 결합을 실시하는 치국책략의 중대조치를 심화했다.

7) 국가 최고과학기술원 시상

2001년 2월 19일, 중국 중앙정부 및 국무원은 국가과학기술장려대회를 진행하고, 연구원과 기술개발 및 산업화 방면에서 업적을 만들어

낸 연구원 3명에게, 2000년도 국가최고과학기술상을 수여, 각각 500만 위안의 장려금을 지급했다.

8) 파룬공(法轮功)교, 천안문광장(天安门广场) 분신사건

파룬궁 교주 리홍즈(李洪志), 승천원만(升天圆满)의 파룬궁 교언아래, 북경의 천안문광장에서 신도들 몇 명이 분신을 하는 사건을 일으켰다.

9) 중국 증권시장 정식 시장퇴출 메커니즘 도입

2001년 4월23일, 주식회사 PT쉐이샨(PT水仙)은 정식으로 중국 증권시장에서 퇴출되었다. 이것은 중국 증권감독위원회가 2월 관련법률 발표 이후, 처음으로 퇴출된 주식회사이다.

10) 중국 정부, 서부대개발에 3,000억원(인민폐) 투자

2001년 중국 서부대개발을 지지하는 국가의 예산은 지난 해를 초과하였고, 새롭게 12개 중점공정을 시작하였다.

2003년 3월 5일에 개최된 제10회기 제1차 전인대에서는 13년 간의 정치업적 보고를 통하여, 그동안 중국은 안정과 단결, 민심의 화합을 통해 국제 영향력이 향상되었다고 하였으며, 이번 전인대에서 다루어진 중국의 주요 현안들은 다음과 같다.

1) 3개 대표 사상 관철 : 3개 대표론은 공산당의 지도사상, 당건설의 근본, 집권의 기반, 역동의 힘이다

2) 소강사회(小康社会) 건설 : 국력의 성장과 국제경쟁력 강화, 기본적 공업화가 실현됨

3) 경제건설과 경제개혁 : 경제건설을 중심으로 생산력 증대되었음, 2020년까지 GDP 규모를 현재의 4배로 증가, 79년이래 추진된 개혁개방의·가속화 및 21세기 국가대발전전략으로 제시된 서부대개발을 효율적으로 추진함, 연평균 7-8%이상의 경제성장률을 유지함으로써, 안정된 집권 기반을 유지함

4) 정치건설과 정치개혁 : 정치체제 개혁을 점진적으로 추진함

5) 문화건설과 개혁 : 사회주의 문화의 발전에 노력을 기울임

6) 국방과 군대건설 : 중국특색을 지닌 정예부대의 건설을 목표로 함

7) 홍콩과 대만문제 : 대만측과 '하나의 중국'이라는 원칙 하에 정치적인 논쟁은 잠시 중단하며 양안간의 대화의 회복에 노력함, 홍콩과 마카오 정부에 대하여는 전반적으로 적극지지를 표명함

8) 외교 : 독립 자주 평화외교를 견지, 일체의 테러주의 반대함

9) 당의 개혁 : 등소평이론의 깃발을 높이 들고 3개 대표를 지속적으로 관철함

10) 사회적 안정기조 유지에 진력 : 반부패 투쟁강화 및 파룬공(法轮功)의 발본색원 등 사회 불안정 요소 척결을 위해 노력함, 부패한 고위인사에 대해서는 전격적인 사형집행 등 단호히 대응함

2006년 12월 중국 신화통신은 후진타오(胡锦涛) 국가주석의 사회주의 영욕관(荣辱观) 제시를 포함한 올해의 10대 국내 뉴스를 발표했다.

주요내용으로는 먼저 지난 3월 중국인민정치협상회의(정협) 전국위원회 회의에서 후 주석이 제시한 사회주의 영욕관을 들고 있는데, 이 문건은 '여덟 가지 영예와 여덟 가지 치욕(八荣八耻,8영8치)'을 핵심내용으로 하고 있으며 이후 중국의 도덕 재무장 운동의 시발점이 됐다. 후진타오 주석은 사회주의 영욕관 제시를 통해 사상교육의 대상을 전국민으로 확대하는 한편 당 내부 뿐아니라 사회 전체에서 발생하고 있는 부패와 타락을 막기 위한 정신무장을 강조했다.

한편 신화통신은 지난 5월 완공된 높이 156m의 싼샤(三峡)댐도 주요 뉴스로 다뤘으며 천량위(陈良宇) 상하이(上海) 당서기가 기율위반으로 체포된 것도 중국을 흔든 주요 뉴스라고 밝혔다. 이밖에 통신은

10월 공산당 제16기 중앙위원회 6차 전체회의(6중전회)에서 채택한 사회주의 조화사회 건설에 관한 약간의 중대결정도 주요 기사로 취급했다. 이날 전체회의는 조화사회 건설에 관한 문건을 통해 신농촌 건설의 착실한 추진, 도.농 균형발전 촉진, 낙후지역 개발, 지역 균형발전 촉진, 적극적인 취업정책 실시, 조화로운 노사관계 발전, 교육 우선 발전과 교육 공평 촉진, 의료서비스 강화 등의 정책을 제시했었다.

중국의 신화통신이 발표한 중국의 10대 국내 뉴스는 다음과 같다.

1) 후 주석의 사회주의 영욕관 제시

2) 3월 전국인민대표대회(전인대)의 11.5(2006-2010년) 규획

3) 4월에 실시된 중-대만간 경제무역포럼

4) 장강유역 싼샤댐 완공

5) 7월 공산당 창당 85주년

6) 7월 칭짱철도 개통

7) 8월 태풍 사오마이 동남해안지역 강타

8) 9월 천량위 상하이 당서기 체포와 부패투쟁

9) 10월 공산당 6중전회가 채택한 사회주의 조화사회 건설

10) 10월의 홍군 장정 70주년 등이다.

2. 앞으로의 전망

2001년 7월 13일은 중국의 온 국민이 잊지 못할 축제의 날이었다. 그것은 북경시가 오는 2008년 제28회 하계올림픽의 개최지로 선정되었다는 소식이었다. 거의 10여 년에 걸친 노력과 땀의 결실을 얻어낸 중국은 이로 인해 희망과 꿈에 젖어있다.

세계를 향해 보다 적극적인 개방과 개혁을 주장하며, 각 국의 투자와 협력을 요구하고 있다. 공산당은 이것을 호기로 하여 국민들에게

신뢰를 얻게 되었고, 최근에는 20만여 명의 기업가들이 공산당에 가입할 예정이라고도 한다.

한편 2001년 11월에는 또 한번 중국의 역사를 바꾸어 놓을 큰 사건이 있었다. 그것은 중국의 숙원이었던 세계무역기구(WTO)의 가입이다. 그동안 중국은 정치와 인권 등 여러 가지 복합적인 문제로 인해, WTO가입을 놓고 많은 협상과 논의가 있어왔다. 그 결과 중국은 전 세계의 상호 실리를 바탕으로 비로소 가입하게 되었다.

21세기의 중국은 WTO와의 실질적인 협력과 실시를 추진하게 되는 2002년을 출발로 하여, 전 세계를 향한 총체적인 개방과 협력의 시대를 맞이하게 되리라고 예상한다. 이에 따라 한국도 중국에 대한 보다 더 총체적이고 전문적인 연구와 투자 그리고 계획과 전략이 절실히 요청된다고 하겠다.

또한 2003년의 제4세대 지도자들의 교체와 함께 과연 중국 공산당의 지도자들이 정치적 제도적 개혁과 아울러 부산물들로 산재해 있는 각종 문제들을 어떻게 해결해 나갈지가 큰 관건이다.

21세기를 시작하는 시점에서, 무엇보다 분명한 것은 중국의 변화가 한반도의 정세변화와 아시아의 질서 그리고 나아가 세계의 질서에 획기적인 영향을 줄 것이라는 점이다.

제12장

한 중 관 계

제1절 개 요

한중관계는 한중수교(1992년 8월)를 통해 과거 50년간의 단절된 역사를 청산하고 미래를 향한 선린 우호협력 관계를 구축하게 되었다. 10여년 동안의 짧은 기간에도 불구하고 각 방면에서 급속한 관계발전을 이루었다고 본다.

중국은 한국과의 협력을 더욱 중시하고 개혁개방 정책을 원만히 추진하기 위해서는 한반도의 평화와 안정이 긴요한 만큼 4자 회담 참여 등을 통해 건설적인 역할을 다한다는 입장을 견지하고 있다.

또한 중국의 세계무역기구(WTO)의 가입으로, 한중양국은 그동안 이루었던 제반분야의 협력을 바탕으로 21세기 공동번영을 위해 동반자 관계를 계속 유지시켜 나갈 것으로 전망하고 있다.

한중관계의 고위 인사교류 및 주요 사건들을 연도별로 살펴보면, 다음과 같다.

1. 1992년-1994년
◦1992. 8 한중수교(주중 한국대사관, 주한 중국대사관 개설)
◦1992. 9 노태우 대통령 방중, 한중과학기술협력 협정 체결
◦1993. 7주 상해 총영사관 개설
◦1993. 9 주 부산 총영사관 개설(중국)
◦1993. 10 한중환경협력 협정 체결
◦1994. 1 이만섭 국회의장 방중
◦1994. 3 김영삼 대통령 방중, 중국 공산당 대표단 방한
◦1994. 4 대중국 여행제한 해제
◦1994. 9 주 청도 총영사관 개설
◦1994. 10 리펑 총리 방한
◦1994. 12 한중 양국간 직항로 개설

2. 1995년-1997년
◦1995. 4 챠우스 전인대 상무위원장 방한
◦1995. 5 이홍구 국무총리 방중
◦1995. 8 윤관 대법원장 방중
◦1995. 11 장쩌민 주석 방한, EDCF 차관 협정
◦1996. 5 런젠신 최고인민법원장 방한
◦1997. 1 김수한 국회의장 방중

3. 1998년-2007년
◦1998. 4 후진타오 부주석 방한
◦1998. 11 김대중 대통령 방중
(21세기 한중협력동반자관계 구축)
◦1999. 5 리루이환 정협 주석 방한

- 1999. 7 주 심양 영사사무소 개설
- 2000. 10 주룽지 총리 방한, 범죄인 인도조약 체결
- 2001. 10. 아태경제협력회의(APEC) 정상회담
- 2002. 10. APEC(멕시코) 정상회담
- 2003. 7. 노무현 대통령 방중
- 2005.06 이해찬 국무총리 방중 호금도 주석 회담
- 2007.04 온가보(温家宝) 총리 방한, 노무현 대통령 회담

제 2 절 한중관계 현황

한중양국은 경제통상 및 문화교류 등 실질협력관계를 증진시켜 왔으며, 각 방면에서 양국 이익에 부합되는 관계로 발전하고 있는 추세에 있다. 현재 양국은 중요한 교역상대국이며(미국, 일본 등), 중국은 한국의 제2의 투자대상국이기도 하다. 이는 지리적 인접성과 저렴한 인건비 및 광대한 시장이 주요 투자요인으로 작용하였기 때문이다.

한중양국의 관계는 경제분야에서만이 아니라 다방면에서 급속도로 진전되고 있는 추세이다. 특히 2002년 한일 월드컵의 개최와 2008년 중국의 올림픽개최를 계기로 가속화되고 있다. 한중양국은 2007년을 한중문화교류의 해로 정하고, 이러한 우호관계의 첫 신호로서 문화와 예술의 교류를 실시하고 있다. 최근 일본의 역사교과서 왜곡문제에 대하여는, 한국과 중국이 공통적인 입장을 견지하고 교과서의 철회와 개정을 요구하고 있기도 하다. 그러나 북한동포의 연이은 탈북사건으로 인해 아직도 정치외교적 긴장관계가 있는 것은 사실이다. 이제 참고로 한중 및 미국의 경제력을 비교해 보자.

[한국 · 중국 · 미국 경제력 비교(1999)]

구 분	한 국	중 국	미 국
면적	9.9만㎢	959.7만㎢	936.3만㎢
인구	4,700만명	12.6억명	2.88억명
GDP	4,067억달러	9,910억달러	7조8,642억달러
1인당 GDP	8,581달러	805달러	34,000달러
GDP 성장률	6.5%	7.1%	4.2%
교 역 액	2,635억달러	3,607억달러	1조7,143억달러
수출	1,437억달러	1,949억달러	6,844억달러
수입	1,198억달러	1,658억달러	10,299억달러
무역수지	239억달러	291억달러	-3,451억달러

현재 양국의 교역량은 2006년말 1343.1억달러(수출 897.8억달러, 수입 445.3억달러)이며, 1993년 수교 이래 한국은 계속 흑자를 유지하고 있다. 주요 교역품으로는 대중수출품(화학공업제품, 섬유제품, 전자 및 기기, 철강, 금속제품 등 공업용 원부자재 중심), 대중수입품(철강, 금속제품, 섬유류, 전자 및 기기, 농림수산품 중심)이 있다. 이러한 한중 교역의 교역액 추이를 살펴보면, 아래와 같다.

[한중 교역액 추이(무역협회 통계, 단위; 억달러)]

구 분	1997	1999	2002	2005
교 역 액	236.9	225.5	277.7	1005.8
수 출	135.7	136.8	168.6	619.9
수 입	101.2	88.7	396.2	385.9
무역수지	+ 34.5	+ 48.2	+55.1	+233.9

제3절 조선족 현황

조선족 공유 인구는 앞에서 밝힌 바와 같이 192만 정도이다. 주요 분포지역은 길림성으로 전 인구의 약 50%를 차지하고 있다.

현재 조선족은 동북3성에 주로 거주하고 있는데, 길림성에 1,181,964인, 흑룡강성 452,398인, 요녕성 230,378인이 분포되어 있다. 또한 조선족은 중국의 내몽고자치구를 중심으로 천진, 상해, 항주, 성도, 제남, 서안, 무한 등 중국 내지에 전국적으로 분포되어 있기도 하다.

길림성 연변조선족자치주는 42,000㎢(한반도의 1/5 정도) 이며, 인구는 2,176,000명이다. 이중 조선족은 920,000명으로 자치주 전체의 39.5%를 차지하는 중국 조선족의 최대 거주지역이다. 자치주의 인민정부는 연길시에 있으며, 행정구역은 6개의 시(연길시, 돈화시, 도문시, 용정시, 혼춘시, 화룡시)와 2개 현(왕청현, 안도현), 56개 진, 49개 향으로 이루어져 있다.

조선족 거주지역의 신문으로는 길림성 연변일보, 흑룡강신문, 요녕성 조선문보, 목단강신보, 길림신문, 연변소년일보 등이 있으며, 방송기관으로는 연길 인민방송국, 흑룡강 인민방송국 조선어 방송, 장춘 라디오 방송국, 요녕 인민방송국, 중앙인민방송국 민족부 조선어 방송, 연변 인민방송국, 연변 TV 방송국 등이 있다.

또한 주요 대학의 연구소로는 연변대학 조선문제연구소(소장 : 주홍성), 중앙민족대학 민족이론 정책연구소(소장 : 김병호)와 조선학 연구소(소장 : 서영섭) 및 한국문화연구소(소장 : 황유복)가 있으며, 그 외에도 북경대학 한국학 연구중심(소장 : 양통방), 사회과학원 한국연구

중심(소장 : 여신), 길림성 사회과학원 조선연구소(소장 : 장영), 길림대학 조선연구소(소장 : 장보인) 등이 있다.

중국조선족은 본래 이주민이다. 조선족의 중국 이민은 성질상 4개의 단계로 나눌 수 있는데, 1) 17세기 조기이민 2) 19세기 후반 자유이민 3) 1910년대 이민 4) 1920-1945년 피난이민으로 나눈다.

중국의 조선족은 중국의 명·청왕조 시대에 조선반도로부터의 대규모 이민으로 말미암아 형성되기 시작되었으며, 1840년 이후에는 중국과 조선의 교류가 활발해지면서 우호적인 왕래와 함께 조선인의 중국 이민과 거주가 빈발하게 되었다. 그리고 이렇게 이주한 조선족은 하나의 공동체를 형성하게 살게 된 것이다.

중국의 조선족은 농업위주의 경제적 민족이며, 교육을 중시하며, 문화가 발달된 민족으로 여겨지고 있다. 조선족은 자기의 어언와 문자를 가지고 있으며, 조선족의 절대적 대다수는 조선어를 사용하며, 종교는 기독교를 중심으로 불교를 믿는 비율이 가장 높다. 조선족은 노래와 춤을 즐기며, 백의를 입으며, 스스로를 백의 민족이라고 칭하고 있다.

중국의 조선족들은 혈통으로는 한국민족이나 중국국적을 보유하고 있는 중국인이라고 인식하고 있다. 조선족들은 대학 졸업자 비율이 4.4%로서 중국내 소수민족들 중에서도 높은 수준을 유지하고 있으며, 12세 이상의 문맹률도 7.2%로 다른 민족들보다 우수한 교육수준을 유지하고 있다.

현재 조선족의 실질적인 큰 문제는 민족교육과 인구의 유출문제라고 할 수 있다. 조선족 교육은 다른 소수민족보다는 수준높은 민족교육을 자랑하지만, 점차적으로 한어교육과 한족학교로의 진학률이 상승하고 있다. 이는 중국 정부의 소수민족에 대한 한족화 정책과 함께 중국의 경제발전과 세계화의 추세에 의한 부모들의 의식전환 때문이라고 생각한다.

또 다른 문제는 인구의 도시유출로 인한 인구의 감소문제인데, 그동안 한국과 중국내 대도시와 경제특구로 조선족들의 상당수가 유출된 상태이다. 그래서 민족의 정체성과 경제발전에도 많은 문제를 가져왔는데, 특히 농촌경제인구의 부족과 혼인적령기 청년들의 결혼문제도 심각한 상태에 놓여 있다.

제4절 한중관계 전망

중국의 한반도에 대한 평화와 안정유지라는 대한반도 기본정책은 불변할 것으로 예상한다. 중국은 개혁개방 정책의 성공적 추진을 위해 평화로운 주변환경 확보가 긴요하다는 입장이며, 남북한 문제에 대한 좀더 균형있는 자세가 필요한 실정이다.

그러나 중국과 북한의 전통적인 관계는 아직도 견고한 상태이다. 그러므로 현재 희망적으로 전개되고 있는 경제교류와 남북통일의 시대적 과제도 실상 중국과 북한의 혈맹관계에 대한 바른 이해 아래서 재검토되어야 할 것으로 여겨진다.

한편 중국의 세계무역기구(WTO) 가입과 북경의 2008년 올림픽 개최지 선정 등으로 향후 10년 이내 중국의 개방과 변화는 급속하게 전개되리라고 예상되고 있다. 중국의 변화는 한국과 아시아 그리고 세계의 경제질서에 큰 영향력을 주리라고 생각한다. 또한 중국의 정치적 사회적 변화에 따라 북한의 개혁개방도 새로운 국면을 맞이하게 될 것은 자명하다.

그러나 아직도 한중양국의 체제차이, 법과 제도의 상이성, 재외국민의 처리, 통상관계에 있어서의 마찰 등 국민간 상호인식의 차이에서 오는 문제점들이 양국관계의 발전과정에서 더욱 원만히 처리되어야 할 것으로 본다.

21세기 한중 양국의 협력관계는 더욱 긴요해질 전망으로 1998년 11월 김대중 대통령 방중시 제시한 '21세기 한중 협력 동반자관계'는 계속 발전되어 갈 전망이다. 2001년 아시아태평양각료회의(APEC)의 성과와 중국의 세계무역기구(WTO) 가입을 통해 더 한층 많은 교류와 협력이 이루어질 것으로 예상한다.

국제화의 시대에 한중 양국은 이와 같은 경제적 교류뿐만 아니라, 학술적 문화적 교류를 통하여 상호 실질적인 이익과 발전을 도모하는 관계로 나아가는 정책(WIN-WIN)을 펴야 할 것으로 본다.

또한 이를 위해서는 학문분야에서도 내부적으로는 자체적으로 한국학 혹은 중국학의 연구와 발전을 도모하면서, 외적으로는 동아시아 혹은 지역학의 폭넓은 공동연구와 상호 교류를 통해 현세기의발전과 협력을 도모해 나가야 할 것이다.

부 록

A. 중국 행정구역별 현황
(4개 직할시, 22개 성, 5개 자치구)
B. 중화인민공화국 국민경제와 사회발전 11-5 계획
(기간: 2006-2010년)
C. 중국의 세계무역기구(WTO) 가입과 시장개방 일정
D. 중화인민공화국 물권법
E. 중국학 참고자료

A. 중국 행정구역별 현황 (1999년 통계자료, 2001년 인구통계)

1. 직할시(4개)

1) 北京市(북경시)

◦ 인구 : 1,382만명(면적 : 1만 6,808㎢)
◦ 행정구역 : 10개 구, 8개 현
◦ 기후 : 1월 평균 -3.9도, 7월 평균 26.5도, 강수량 700mm
◦ 자원 : 서부산지에 대리석, 석회석, 화강암 풍부
◦ GDP : 262억 달러(1인당 GDP-2,101달러)
◦ 수출입 : 84.4억 달러(수출 32.6, 수입 51.8)
◦ 특징 : 중국의 수도, 공업기반 취약, 소비도시형
◦ 성향 : 자부심이 강함, 보수적 경향

2) 上海市(상해시)

◦ 인구 : 1,674 만명(면적 : 6,340㎢)
◦ 행정구역 : 14개 구, 6개 현
◦ 기후 : 1월 평균 4.7도, 7월 평균 29.5도, 강수량 1,022mm
◦ 자원 : 동부해안 중심, 장강 삼각주, 최대 상공업도시
◦ GDP : 487.3억 달러(1인당 GDP-3,328 달러)
◦ 수출입 : 360.9억 달러(수출 188, 수입 172.9)
◦ 특징 : 서방문물 영향이 강함, 중국 경제를 이끌어온 지역
◦ 성향 : 경제주도의 자부심이 강함, 배타적 성향

3) 天津市(천진시)

◦인 구 : 1001 만명

◦면 적 : 1,305㎢

◦행정구역 : 14개 구, 6개 현

◦기 후 : 1월 평균 -4.3도, 7월 평균 27도, 강수량 472.1mm

◦자 원 : 대항유전, 발해유전, 계현탄광, 장로염전

◦G D P : 175.1억 달러(1인당 GDP-1,828 달러)

◦수 출 입 : 116억 달러(수출 63, 수입 53)

◦특 징 : 동북지역의 발해만에 위치한 항구도시, 북경의 관문 발해권 중심도시, 북경의 경제, 무역발전 주도

4) 重庆市(중경시)

◦인 구 : 3,090 만명

◦면 적 : 8만 2,400㎢

◦행정구역 : 4개 구, 39개 현

◦기 후 : 1월 평균 8.0도, 7월 평균 28.5도, 강수량 1,398mm

◦자 원 : 중국최대 천연가스전인 천동가스전, 40여종 자원

◦G D P : 179.7억 달러(1인당 GDP-586 달러)

◦수 출 입 : 11억 달러(수출 4.3, 수입 6.7)

◦특 징 : 97년 3월, 중국의 4번째 직할시로 승격, 내륙 거점, 서남부 최대의 상공업 교통요지, 삼협댐의 배후도시

2. 성(22개)

1) 河北省(하북성)

◦인 구 : 6,744 만명

◦ 면　적 : 18만 7,700㎢
◦ 행정구역 : 성도는 石家庄, 11개 시, 23개 현급시, 138개 현
◦ 기　후 : 1월 평균 -1도, 7월 평균 28도, 강수량 1,097mm
◦ 자　원 : 당산 등지의 석탄, 기동유전, 철, 석회암 풍부
◦ G D P : 550억 달러(1인당 GDP-837 달러)
◦ 수 출 입 : 51.2억 달러(수출 40.6, 수입 10.6)
◦ 특　징 : 북경과 천진을 둘러싸고 있는 수도권 지역.
요녕성, 산동성과 함께 환발해경제권 형성.

2) 河南省((하남성)
◦ 인　구 : 9,256 만명
◦ 면　적 : 16만 7,000㎢
◦ 행정구역 : 성도는 郑州, 13개 시, 25개 현급시, 116개 현
◦ 기　후 : 1월 평균 0.6도, 7월 평균 26.8도, 강수량 628mm
◦ 자　원 : 란석면암, 진주암, 홍주석, 시멘트, 보크사이트 풍부
◦ G D P : 553.1억 달러(1인당 GDP-592 달러)
◦ 수 출 입 : 17.7억 달러(수출 11.2, 수입 6.5)
◦ 특　징 : 중원(천하)의 중심지, 중국내 최대의 성.
1차산업 위주(60%), 외자유입이 점차 증가.

3) 山东省(산동성)
◦ 인　구 : 9,079 만명
◦ 면　적 : 15만 6,700㎢
◦ 행정구역 : 성도는 济南, 14개 시, 34개 현급시, 95개 현
◦ 기　후 : 1월 평균 0.2도, 7월 평균 27.1도, 강수량 834mm
◦ 자　원 : 승리유전의 석유, 금(전국1위), 석탄 등 풍부

◦G D P : 925.4억 달러(1인당 GDP-1,046 달러)
◦수 출 입 : 199.1억 달러(수출 133.2, 수입 65.9)
◦특 징 : 환발해 경제권의 중심, 수산품 생산도 전국 1위.
한국 기업의 70%가 집중

4) 山西省(산서성)
◦인 구 : 3,297 만명
◦면 적 : 15만 6,300㎢
◦행정구역 : 성도는 太原, 6개 시, 26개 현급시, 101개 현
◦기 후 : 1월 평균 -5도, 7월 평균 23도, 강수량 652mm
◦자 원 : 석탄(전국1위), 보크사이트 등 광물자원 53종
◦G D P : 197억 달러(1인당 GDP-620 달러)
◦수 출 입 : 10.8억 달러(수출 8.6, 수입 2.2)
◦특 징 : 가뭄이 심함, 소득수준과 인구밀도가 낮음.
내수시장에 대한 투자진출에는 부적함.

5) 辽宁省(요녕성)
◦인 구 : 4,238 만명
◦면 적 : 14만 5,700㎢
◦행정구역 : 성도는 沈阳, 14개 시, 17개 현급시, 44개 현
◦기 후 : 1월 평균 -11.4도, 7월 평균 23.6도, 강수량 721mm
◦자 원 : 석탄, 석유, 천연가스, 철, 금 등 110여종 광물자원
◦G D P : 500억 달러(1인당 GDP-1,200 달러)
◦수 출 입 : 129억 달러(수출 81.3, 수입 47.7)
◦특 징 : 중공업 기반이 양호함.
북한과 접경, 최근 경제 활성화.

6) 吉林省(길림성)

◦인 구 : 2,728 만명
◦면 적 : 18만 7,400㎢
◦행정구역 : 성도는 长春, 8개 시, 20개 현급시, 41개 현
◦기 후 : 1월 평균 -13.7도, 7월 평균 22.6도, 강수량 490mm
◦자 원 : 석탄, 석유, 천연가스, 철, 몰리브덴, 금 등이 풍부
◦G D P : 201.7억 달러(1인당 GDP-761 달러)
◦수 출 입 : 18억 달러(수출 8.1, 수입 9.9)
◦특 징 : 연변조선족 자치주가 있음.
북한, 러시아와 변경 무역이 활발.

7) 黑龙江省(흑룡강성)

◦인 구 : 3,689 만명
◦면 적 : 45만 3,800㎢
◦행정구역 : 성도는 哈尔滨, 11개 시, 20개 현급시, 67개 현
◦기 후 : 1월 평균 -15.3도, 7월 평균 23도, 강수량 481mm
◦자 원 : 대경유전, 금(전국 2위), 중국내 3대 흑연광산 위치
◦G D P : 350억 달러(1인당 GDP-926 달러)
◦수 출 입 : 21.1억 달러(수출 9.1, 수입 12)
◦특 징 : 러시아와 국경무역이 활발함.
두만강 유역개발을 계기로 한국, 일본의 교류 증가.

8) 江苏省(강소성)

◦인 구 : 7,438 만명
◦면 적 : 10만 2,600㎢
◦행정구역 : 성도는 南京, 13개 시, 31개 현급시, 64개 현

◦기 후 : 1월 평균 -2.5도, 7월 평균 26.8도, 강수량 1,213mm
◦자 원 : 중국 최대의 곡창지대, 염전업이 발달
◦G D P : 930억 달러(1인당 GDP-1,293 달러)
◦수 출 입 : 295억 달러(수출 174, 수입 121)
◦특 징 : 사회간접자본과 교통여건이 양호함.
전국 곡물의 7%, 면화의 12% 생산.

9) 浙江省(절강성)
◦인 구 : 4,677 만명
◦면 적 : 10만 2,000㎢
◦행정구역 : 성도는 杭州, 10개 시, 25개 현급시, 64개 현
◦기 후 : 1월 평균 4.3도, 7월 평균 27.6도, 강수량 1,482mm
◦자 원 : 40여종의 광물자원이 매장
◦G D P : 646억 달러(1인당 GDP-1,450 달러)
◦수 출 입 : 173억 달러(수출 123, 수입 50)
◦특 징 : 동남연해 지역으로 개방이 일찍 이루어짐.
비단과 차의 주산지, 항주 등 관광자원이 풍부함.

10) 安徽省(안휘성)
◦인 구 : 5,986 만명
◦면 적 : 13만 9,700㎢
◦행정구역 : 성도는 合肥, 11개 시, 10개 현급시, 67개 현
◦기 후 : 1월 평균 3도, 7월 평균 27.3도, 강수량 1,158mm
◦자 원 : 50여종의 광물자원, 석유와 천연가스 개발 중
◦G D P : 352억 달러(1인당 GDP-567 달러)
◦수 출 입 : 32.7억 달러(수출 20.6, 수입 12.1)

◦특 징 : 연해지역에 비해 경제적으로 낙후.
장강하류의 배후지역으로 새롭게 부상.

11) 福建省(복건성)

◦인 구 : 3,471 만명
◦면 적 : 12만 ㎢
◦행정구역 : 성도는 福州, 8개 시, 15개 현급시, 61개 현
◦기 후 : 1월 평균 11.4도, 7월 평균 29.5도, 강수량 1,339mm
◦자 원 : 광물자원 풍부, 산지와 구릉 80%로 목재가 풍부
◦G D P : 439억 달러(1인당 GDP-1,328 달러)
◦수 출 입 : 180억 달러(수출 102, 수입 78)
◦특 징 : 해외화교의 원적지로 대만인의 80%의 출신지.
대만계 기업이 5,000여개, 투자액은 95억 달러.

12) 江西省(강시성)

◦인 구 : 4,140 만명
◦면 적 : 16만 7,000㎢
◦행정구역 : 성도는 南昌, 6개 시, 15개 현급시, 84개 현
◦기 후 : 1월 평균 5도, 7월 평균 28.7도, 강수량 1,353mm
◦자 원 : 140여종의 광물자원, 33종은 풍부
◦G D P : 238억 달러(1인당 GDP-565 달러)
◦수 출 입 : 12.5억 달러(수출 8.7, 수입 3.8)
◦특 징 : 공산혁명의 발원지, 경제적으로는 낙후.
1인당 GDP는 끝에서 5번째, 연해로 인력유출 심각.

13) 湖北省(호북성)

◦인 구 : 6,028 만명

◦면 적 : 18만 5,900 ㎢

◦행정구역 : 성도는 武汉, 10개 시, 25개 현급시, 68개 현

◦기 후 : 1월 평균 4.3도, 7월 평균 28도, 강수량 1,319mm

◦자 원 : 철, 동, 인, 암염, 녹송석 등이 풍부

◦G D P : 466억 달러(1인당 GDP-788 달러)

◦수 출 입 : 44.4억 달러(수출 27, 수입 17.4)

◦특 징 : 세계 최대의 수력발전소가 될 三峡(삼협)댐 공사 중.
무한은 장강중류 최대 거점으로 자동차, 철강도시

14) 湖南省(호남성)

◦인 구 : 6,440 만명

◦면 적 : 21만 ㎢

◦행정구역 : 성도는 长沙, 11개 시, 18개 현급시, 90개 현

◦기 후 : 1월 평균 4.6도, 7월 평균 28.3도, 강수량 1,396mm

◦자 원 : 텅스텐, 안티모 세계 최대, 134종의 광물자원 매장
비스무스, 형석, 석묵, 백운석은 중국 최대

◦G D P : 412억 달러(1인당 GDP-632 달러)

◦수 출 입 : 18.9억 달러(수출 12.9, 수입 6)

◦특 징 : 천연자원이 풍부함.
명산을 비롯한 관광자원이 풍부함.

15) 广东省(광동성)

◦인 구 : 8,642만명

◦면 적 : 18만 6,000 ㎢

◦행정구역 : 성도는 广州, 21개 시, 33개 현급시, 79개 현
◦기　후 : 1월 평균 13.9도, 7월 평균 28.5도, 강수량 1,683mm
◦자　원 : 석유, 황철석, 티탄철석 중국 1위, 85종의 광물자원
◦G D P : 1,022억 달러(1인당 GDP-1,429 달러)
◦수 출 입 : 1,314.5억 달러(수출 757.2, 수입 556.3)
◦특　징 : 명대 이래 서방문물도입의 창구, 3개 경제특구 위치. 중국 전체 대외무역의 38%, 외자유치의 27% 차지.

16) 海南省(해남성)

◦인　구 : 787만명
◦면　적 : 3만 3,900㎢
◦행정구역 : 성도는 海口, 2개 시, 6개 현급시, 17개 현
◦기　후 : 1월 평균 18.9도, 7월 평균 29.6도, 강수량 1,406mm
◦자　원 : 해상유전의 석유, 천연가스, 석영사, 보석류가 풍부
◦G D P : 57억 달러(1인당 GDP-757 달러)
◦수 출 입 : 18.1억 달러(수출 7.9, 수입 10.2)
◦특　징 : 88년 4월 중국의 5번째 경제특구로 지정. 열대지역으로 야자, 고무, 후추, 커피 등이 풍부.

17) 四川省(사천성)

◦인　구 : 8,329만명
◦면　적 : 56만 ㎢
◦행정구역 : 성도는 成都, 15개 시, 22개 현급시, 172개 현
◦기　후 : 1월 평균 4.8도, 7월 평균 25.9도, 강수량 711mm
◦자　원 : 석탄, 천연가스, 철, 동, 망간 등 78종의 광물자원
◦G D P : 449억 달러(1인당 GDP-527 달러)

◦수 출 입 : 32.9억 달러(수출 16.5, 수입 16.4)

◦특 징 : 비옥한 토지와 풍부한 물자

군수산업과 철강, 화공, 우주항공, 전자공업 발달

18) 贵州省(귀주성)

◦인 구 : 3,525만명

◦면 적 : 17만 6,100㎢

◦행정구역 : 성도는 贵阳, 2개 시, 11개 현급시, 80개 현

◦기 후 : 1월 평균 4도, 7월 평균 23.9도, 강수량 1,178mm

◦자 원 : 광물자원과 3,800여종의 야생동식물, 약용식물 풍부

◦G D P : 110억 달러(1인당 GDP-299 달러)

◦수 출 입 : 5.5억 달러(수출 3.3, 수입 2.2)

◦특 징 : 중국내 최대 빈곤지역.

소수민족이 전체의 23%, 경제개발에 부적합.

19) 云南省(운남성)

◦인 구 : 4,288만명

◦면 적 : 39만 4,000 ㎢

◦행정구역 : 성도는 昆明, 2개 시, 15개 현급시, 123개 현

◦기 후 : 1월 평균 9.2도, 7월 평균 19.9도, 강수량 866mm

◦자 원 : 열대 산림자원, 농산품과 광물자원이 풍부

◦G D P : 224억 달러(1인당 GDP-538 달러)

◦수 출 입 : 20.8억 달러(수출 12.7, 수입 8.1)

◦특 징 : 아열대 기후특성, 연초업과 관광업이 발달.

소수민족이 전체의 27%, 경제적 낙후지역.

20) 陝西省(섬서성)

◦인 구 : 3,605만명

◦면 적 : 20만 5,600㎢

◦행정구역 : 성도는 西安, 7개 시, 6개 현급시, 90개 현

◦기 후 : 1월 평균 -1.3도, 7월 평균 26.8도, 강수량 714mm

◦자 원 : 92여종의 광물자원, 소맥과 면화도 유명

◦G D P : 180억 달러(1인당 GDP-499 달러)

◦수 출 입 : 21.7억 달러(수출 11.2, 수입 10.5)

◦특 징 : 서안은 중국 고도의 하나, 진시황릉, 병마용 유명.
서부대개발의 중심도시로 과학기술이 발달.

21) 甘肃省(감숙성)

◦인 구 : 2,562만명

◦면 적 : 45만 4,300㎢

◦행정구역 : 성도는 兰州, 5개 시, 9개 현급시, 76개 현

◦기 후 : 1월 평균 -4.7도, 7월 평균 21.9도, 강수량 369mm

◦자 원 : 중국 최대의 천연가스전, 81종의 광물자원 보유

◦G D P : 113억 달러(1인당 GDP-446 달러)

◦수 출 입 : 5.9억 달러(수출 4.3, 수입 1.6)

◦특 징 : 만리장성의 서쪽끝인 嘉峪关(가욕관)이 위치.
과거 동서양 문물교류의 통로, 현재는 낙후된 지역.

22) 青海省(청해성)

◦인 구 : 518만명

◦면 적 : 73만 7,000㎢

◦행정구역 : 성도는 西宁, 1개 시, 2개 현급시, 39개 현

◦기 후 : 1월 평균 -9.1도, 7월 평균 16.5도, 강수량 402mm
◦자 원 : 123종의 광물자원, 13개 발전소로 수자원 풍부
◦G D P : 29억 달러(1인당 GDP-571 달러)
◦수 출 입 : 1.4억 달러(수출 1, 수입 0.4)
◦특 징 : 해발 2,500m-4,500m의 청장고원, 인구밀도 희박.
수자원을 활용한 수력발전으로 전력사정이 양호.

3. 자치구(5개)

1) 内蒙古自治区(내몽고 자치구)

◦인 구 : 2,376만명
◦면 적 : 118만 3,000㎢
◦행정구역 : 성도는 呼和浩特, 4개 시, 16개 현급시, 85개 현
◦기 후 : 1월 평균 -12도, 7월 평균 22도, 강수량 353mm
◦자 원 : 희토는 전국 1위, 석탄 전국 2위, 천연가스, 금 등
◦G D P : 154억 달러(1인당 GDP-654 달러)
◦수 출 입 : 15.5억 달러(수출 9.1, 수입 6.4)
◦특 징 : 한족의 대거이주로 몽고족은 19%에 불과.
교통과 통신 여건은 비교적 양호한 편임.

2) 广西壮族自治区(광서장족 자치구)

◦인 구 : 4,489만명
◦면 적 : 23만 6,200㎢
◦행정구역 : 성도는 南宁, 8개 시, 10개 현급시, 81개 현
◦기 후 : 1월 평균 11.9도, 7월 평균 28.6도, 강수량 1,185mm
◦자 원 : 망간 전국 1위, 광물자원 풍부, 사탕수수 전국 1위

◦G D P : 242억 달러(1인당 GDP-516 달러)
◦수 출 입 : 20억 달러(수출 14, 수입 6)
◦특　징 : 장족을 비롯한 소수민족이 전체의 38% 차지.
12개 연해지구 중 가장 미개발 지역.

3) 西藏自治区(티벳자치구)
◦인　구 : 262만명
◦면　적 : 122만 8,400㎢
◦행정구역 : 성도는 拉萨, 1개 시, 1개 현급시, 77개 현
◦기　후 : 1월 평균 1도, 7월 평균 16도, 강수량 449mm
◦자　원 : 구리, 니켈, 마그네사이트, 금 등이 풍부
◦G D P : 13억 달러(1인당 GDP-493 달러)
◦특　징 : 해발 4,000m의 티벳고원에 위치.
티벳인이 전체의 95%, 한족 등 유동인구가 증가.

4) 宁夏回族自治区(영하회족 자치구)
◦인　구 : 562만명
◦면　적 : 6만 6,400㎢
◦행정구역 : 성도는 银川, 2개 시, 3개 현급시, 19개 현
◦기　후 : 1월 평균 -7.1도, 7월 평균 23.3도, 강수량 154mm
◦자　원 : 석고 매장량 전국 1위, 광물자원 풍부
◦G D P : 30억 달러(1인당 GDP-543 달러)
◦수 출 입 : 3.7억 달러(수출 3.2, 수입 0.5)
◦특　징 : 서북부 황토고원에 위치, 농업, 광업, 전력 발달.
회족은 몽고계 이슬람 민족, 자치구의 34% 차지.

5) 新疆维吾尔自治区(신강위그루 자치구)

◦인 구 : 1,925 만명

◦면 적 : 160만 ㎢

◦행정구역 : 성도는 乌鲁木齐, 2개 시, 17개 현급시, 85개 현

◦기 후 : 1월 평균 -15.6도, 7월 평균 24도, 강수량 390mm

◦자 원 : 타림분지에 석유, 천연가스 풍부, 76종의 광물생산

◦G D P : 142억 달러(1인당 GDP-808 달러)

◦수 출 입 : 16.3억 달러(수출 8.6, 수입 7.7)

◦특 징 : 중앙아시아 및 인도와 접경한 전략적 요충지대.
소수민족은 대부분이 이슬람교를 신봉하고 있음.
위그루족은 47%, 소수민족은 전체의 62% 차지.

B. 중화인민공화국 국민경제와 사회 발전 제11차5개년 계획 요강 (중요항목은 원문을, 기타항목은 요약하여 수록)

2006년 3월 14일 전국인민대표대회 제10기 제4차회의에서 비준

중화인민공화국 국민경제와 사회 발전 제11차5개년(2006~2010년) 규획 요강은 〈국민경제와 사회 발전 제11차5개년 규획의 제정과 관련한 중국공산당 중앙위원회의 건의〉에 근거하여 편성한다. 동 〈규획 요강〉에서는 주로 국가의 전략적의도를 천명하고 정부의 사업중점을 명시하며 시장주체의 행위를 유도하게 된다. 동 〈규획 요강〉은 향후 5년간 우리 나라 경제사회발전에 있어서의 웅대한 청사진이자 전국 각 민족 인민의 공동의 행동강령이 되며 정부가 경제조정과 시장에 대한 감독관리, 사회에 대한 관리 및 공공서비스 직책을 행사함에 있어서의 중요한 근거가 된다.

차 례

제1편 지도원칙과 발전목표

제1장 초요사회 전면 건설의 관건적시기

〈10.5〉시기는 평범하지 않은 5년이었다. 이 기간동안 우리 나라는 종합적국력이 눈에 띄게 증상되고 인민생활이 크게 개선되었으며 국제위상도 크게 제고되었다. 비록 이 시기 국내외정세가 복잡했고 변화가 많았지만 우리는 전국 각 민족 인민의 공동의 노력에 의하여 경제운행중에 나타난 불안정요소와 불건전요소들을 효과적으로 억제하였고 사스와 중대한 자연재해로부터 덮쳐오는 도전을 성공적으로 이겨냈으며 세계무역기구가입후의 새로운 변화에 느긋하게 대처하여 국민경제의 지속적이고 비교적 빠른 발전을 이룩함과 동시에 〈10.5〉계획에 정해진 주요발전목표들을 앞당겨 실현하였다. 공업화, 도시화, 시장화, 국제화 속도가 빨라졌고 경제체제개혁이 부단히 심화되었으며 대외무역이 새로운 단계에 올라섰다. 국가재정수입이 대폭 증가되었고 물가총수준이 기본적인 안정을 유지하였으며 도시와 농촌의 면모 그리고 인민의 생활이 진일보 개선되었다. 민족단결이 부단히 공고해지고 제반 사회사업이 새롭게 진보하였으며 국방과 군대 건설에서 새로운 진전을 거두었으며 사회주의 민주정치와 정신문명 건설이 계속 강화되었다. 더욱 중요한 것은 이 시기 당중앙이 과학적발전관을 수립하고 사회주의조화사회를 구축할 중대한 전략적 사상을 제출한 그것이다. 이 모든 것은 〈11.5〉시기의 발전에 좋은 밑거름이 될 것이다. 우리는 현재 미래를 향한 새로운 역사의 출발선상에 서있다.

〈11.5〉시기는 초요사회 전면 건설의 관건시기로서 우리의 사업을 계속 앞으로 밀고나가야 하는 역사적 위치에 서 있는 시기이며 절호의 기회와 준엄한 도전이 병존하는 시기가 될 것이다.

우리 나라는 현재 경제의 안정적이고 비교적 빠른 발전을 유지하고 사회의 조화와 진보를 실현할 수 있는 유리한 조건을 갖고 있다. 도농주민들의 소비패턴이 빠르게 바뀌면서 산업구조의 빠른 조정과 도시화의 발빠른 발전이 뒤따르게 되어 이에 따른 시장잠재력이 대단히 커질 것이다. 인력자원이 풍부하고 국민들의 예금률이 비교적 높으며 인프라가 부단히 개선되고 있다. 산업의 조합능력이 비교적 강하고 과학기술과 교육의 기초가 비교적 좋으며 사회정치가 장기적으로 안정되어 있다. 개혁이 심도깊게 추진되고 있으며 사회주의시장경제체제가 점차 완벽해지고 있는데 이는 사회가 보다 활동적이고 발전이 보다 강한 힘을 얻게 할 것이다. 평화와 발전과 협력은 현시대의 흐름이다. 세계정치의 세력대비는 국제환경의 총체적인 안정유지에 유리하다. 경제글로벌화추세가 강세를 이루고 있으며 과학기술이 날마다 몰라보게 발전하고 있으며 생산요소의 유동과 산업이전이 빨라지고 있다. 우리 나라와 세계경제의 상호 연계와 영향이 날마다 깊어지고 있고 국내시장과 국제시장, 두 가지 자원이 상호 보완되고 있어 외부환경은 총체적으로 우리 나라의 발전에 유리하다.

그러나 전진도상에는 적지 않은 곤란과 문제점들도 존재하고 있다. 우리 나라는 현재는 물론 앞으로도 오랜 기간동안 사회주의초급단계에 처해 있게 될 것이다. 우리 나라는 지금 생산력이 덜 발달되어 있고 발전을 제약하는 장기성모순과 심층적인 모순이 여전히 존재하고 있다. 즉 경작지와 담수, 에너지, 중요한 광산자원이 상대적으로 부족하고 생태계환경이 비교적 취약하고 경제구조가 불합리하며 〈3농〉문제해결임무가 상당히 어렵고 취업부담이 비교적 중하며 과학기술의 자주적 혁신능력이 강하지 못하다. 그리고 발전에 영향을 주는 체제적 장애와 메커니즘의 장애도 해결해야 한다. 〈10.5〉시기에 발전이 빨랐지만 그 과정에 일부 심각한 문제들도 나타났다. 즉 투자와 소비 관계의 균형이 잡히지 않았고 부분적인 업종이 맹목적으로 확장되어 생산능력이 과잉되었고 경제성장방식의 전환이 완만하였다. 또한 에너지자원소모가 지나치게 컸고 환경오염이 심했으며 도농간 발전격차와 지역간 발전격차 그리고 부분적인 사회성원간의 소득격차가 지속적으로 확대되었으며 사회사업의 발전이 여전히 처지고 있다. 사회안정에 영향을 미치는 요소들도 아직 적지 않게 존재하고 있다. 국제환경이 복잡다단한바 평화와 발전에 영향을 미치는 불안정요소와 미확정요소가 증대되고 있으며 경제 및 과학기술상 발달한 나라들의 비교우위로 하여 우리가 받는 압력이 장기간 존재하게 될 것이다. 세계 경제발전의 불균형상태가 심해지고 있고 자원, 시장, 기술, 인재를 둘러싼 경쟁이 보다 격렬해지고 있으며 무역보호주의가 새로운 형태로 나타나고 있다. 이 모든 것은 우리 나라의 경제사회발전 그리고 안전에 있어 새로운 도전이 될 것이다.

전략적 기회와 모순이 확연하게 병존하고 있는 이 중요한 시기에 우리는 높은 역사적 책임감과 강렬한 우환의식, 넓은 세계적 안목을 가지고 우리 나라의 발전단계의 특징을 제대로 파악하여 과학적인 발전을 이루어가고 자주적 혁신을 진행하며 체제와 메커니즘을 보완하고 사회의 조화를 촉진해나가는 한편 우리 나라의 종합적 국력과 국제경쟁력, 위험대항능력을 전면적으로 높이며 사회주의 경제건설, 정치건설, 문화건설, 사회건설의 새로운 지평을 열어 후 10년의 순탄한 발전을 위한 튼튼한 토대를 마련해야 하며 중국특색의 사회주의사업을 힘있게 밀고나가야 한다.

제2장 과학적발전관을 전면적으로 관철실시해야 한다

〈11.5〉시기에 국민경제의 지속, 고속, 균형, 건전 발전과 사회의 전면 진보를 촉진함에 있어서는 등소평이론과 〈세가지 대표〉 중요사상을 지도사상으로 하고 과학적 발전관으로 경제사회발전의 전반국면을 이끌어야 한다. 발전이 우선적이라는 이치를 견지하여 당 집권흥국에 있어서의 최우선과업인 발전을 잘 틀어쥐고 나가야 하며 경제건설을 중심에 두고 발전과 개혁의 방법으로 전진과정에 나타나는 문제들을 풀어나가야 한다. 발전을 꾀하되 반드시 과학적 발전을 꾀해야 한다. 인간중심을 견지하여 발전관념을 전변시키고 발전모델을 혁신하며 발전의 질을 높여야 한다. 〈다섯가지 통일기획〉을 실현하여 경제와 사회의 발전이 확실히 전면적이고 균형적이며 지속가능한 발전의 궤도에 들어서도록 해야 한다. 이를 위해서는 아래의 원칙을 견지해야 한다.

—— 반드시 경제의 안정적이고 빠른 발전을 유지해야 한다. 내수를 가일층 확대하고 투자와 소비 관계를 조정하며 투자규모를 합리적으로 통제하고 경제성장에 대한 소비의 엔진역할을 강하게 해야 한다. 경제발전추세의 변화를 정확히 파악하여 사회의 공급총량과 수요총량의 기본균형을 유지해야 하며 경제를 큰 파란없이 빠르고 양호하게 발전시켜야 한다.

—— 반드시 경제성장방식을 빨리 전환시켜야 한다. 자원절약을 기본국책으로 삼고 순환경제를 발전시키며 생태계환경을 보전하고 자원절약형사회와 환경친화형사회를 빨리 건설하여 경제발전이 인구, 자원, 환경과 조화를 이루도록 해야 한다. 국민경제와 사회의 정보화를 추진하고 신형공업화의 길을 확고히 걸으며 절약적이고 청결하며 안전적인 발전을 기하여 지속가능한 발전을 실현하여야 한다.

—— 반드시 자주적 혁신능력을 높여야 한다. 과학기술과 교육에 의한 국가진흥전략과 인재에 의한 강국전략을 실시하며 자주적 혁신능력을 과학기술발전의 전략적 기점으로, 산업구조 조정과 성장방식 전환의 중심문제로 삼고 강화하며 원시

혁신능력과 집성혁신능력 그리고 도입, 소화, 흡수, 재혁신의 능력을 크게 높여야 한다.

—— 반드시 도농간 균형발전과 지역간 균형발전을 촉진하여야 한다. 사회주의 현대화건설의 전반 차원에서 출발하여 도농간 발전과 지역간 발전을 균형잡아야 한다. 〈3농〉문제를 가장 큰 중점문제로 삼고 잘 해결해야 하며 공업이 역으로 농업을 부양하고 도시가 농촌을 지원해야 하며 사회주의 새 농촌건설을 추진하고 도시화의 건전한 발전을 촉진해야 한다. 지역간 발전을 위한 총체적전략을 실시하여 동부, 중부, 서부가 각자 비교우위를 이용하여 상호 보완하고 상호 촉진할 수 있는 지역간 균형발전시스템을 구축해야 한다.

—— 반드시 조화사회건설을 강화해야 한다. 인간중심의 요구에 따라 인민대중의 절실한 이익과 관계되는 현실문제의 해결로부터 착수하여 경제와 사회의 균형적 발전을 더욱 중시해야 하며 백방으로 취업을 늘이고 사회사업을 빨리 발전시켜 인간의 전면적 발전을 촉진해야 한다. 사회의 공평성을 더욱 중시하여 전체 인민이 개혁과 발전의 성과를 공유할 수 있도록 해야 한다. 민주법제건설을 더욱 중시하고 개혁과 발전과 안정의 관계를 정확하게 처리하여 사회의 안정과 단결을 유지해야 한다.

—— 반드시 개혁개방을 부단히 심화시켜야 한다. 사회주의시장경제의 개혁방향을 견지하고 현대기업제도와 현대재산권제도를 보완해야 하며 시장의 수급상황과 자원의 희소 또는 부족 정도를 반영할 수 있는 가격형성메커니즘을 구축하여 자원배치에 있어서의 시장의 기초적역할을 더 크게 발휘시키고 자원배치의 효율을 높여야 하며 정부의 기능을 확실하게 전변시키고 국가의 거시적 조정체계를 건전히 해야 한다. 국내발전과 대외개방이 조화를 이루도록 해야 하는바 대외개방수준을 부단히 높이는 한편 개방을 확대하는 조건하에서 발전을 촉진할수 있는 능력을 키워야 한다.

상술한 지도 사상과 원칙에 근거하여 발전중에 나서는 두드러진 모순과 문제점들을 해결하기 위해서는 발전을 추진시킬 사고방식을 일층 더 조정해야 하고 발전을 추진시킬 방식을 전환시켜야 하며 발전을 추진시킬 정책방향을 명확히 해야 한다.

—— 내수확대에 의하여 발전을 추진해야 한다. 내수 특히는 소비수요의 확대를 기본입각점으로 함으로써 주로 투자와 수출에 의거하던 경제성장을 소비와 투자, 내수와 외수의 균형에 의거하는 경제성장에로 전환시켜야 한다.

—— 산업구조의 최적화에 의하여 발전을 추진해야 한다. 경제구조조정을 주선으로 함으로써 주로 공업과 양적인 확장에 의거하던 경제성장을 3차산업의 협동과 구조의 최적화와 승격에 의거하는 경제성장에로 전환시켜야 한다.

—— 자원절약과 환경보호에 의하여 발전을 추진해야 한다. 경제성장방식의 근

본적 전환을 촉진하는데 주력함으로써 주로 자원투입의 증가에 의거하던 경제성장을 주로 자원이용효율의 제고에 의거하는 경제성장에로 전환시켜야 한다.

—— 자주적 혁신능력의 향상에 의하여 발전을 추진해야 한다. 자주적 혁신능력의 향상을 국가전략으로 함으로써 주로 자금과 물자 요소의 투입에 의거하던 경제성장을 주로 과학기술의 진보와 인력자본에 의거하는 경제성장에로 전환시켜야 한다.

—— 개혁개방의 심화에 의하여 발전을 추진해야 한다. 개혁개방을 원동력으로 함으로써 행정적인 큰 간여하에 특정분야의 발전을 추진하는데 의거하던 경제성장을 국가의 거시적조정하에 자원배치에 있어서의 시장의 기초적 역할을 더욱 크게 발휘시키는데 의거하는 경제성장에로 전환시켜야 한다.

—— 인간을 중심으로 발전을 추진해야 한다. 인민생활수준의 향상을 근본적인 출발점과 종착점으로 함으로써 물질적부의 증가에 편중하던 발전을 인간의 전면적발전과 경제사회의 균형적 발전을 더욱 중시하는 발전에로 전환시켜야 한다.

제3장 경제사회발전의 주요목표

초요사회 전면건설에 관한 총체적요구에 근거하여 〈11.5〉시기에는 다음과 같은 경제사회발전의 주요목표실현에 총력을 기울여야 한다.

—— 거시적 경제를 안정적으로 운행시킨다. 국내총생산액의 연평균 성장률을 7.5%로 정하며 1인당 국내총생산액을 2000년 대비 배로 증가시킨다. 도시와 진의 신규 취업자수와 농업노력의 이전자수를 각각 4,500만명으로 하며 도시와 진의 등록실업률을 5%로 통제한다. 물가총수준을 기본적으로 안정시킨다. 국제수지는 기본적 균형을 유지한다.

—— 산업구조를 최적화하고 승격시킨다. 산업구조, 제품구조, 기업조직의 구조를 더욱 합리화하며 국내총생산액중 서비스업종의 부가가치비율과 전 사회 취업자중 서비스업종의 취업자비율을 각각 3%포인트와 4%포인트 높인다. 자주적 혁신능력을 향상시키며 국내총생산액중 연구 및 실험을 위해 지출하는 발전경비의 비율을 2%로 늘여 자주적 지적재산권과 유명브랜드를 보유하고 국제경쟁력이 비교적 강한 우량기업을 육성한다.

—— 자원이용효율을 크게 높인다. 국내총생산액의 단위당 에너지소모율을 20% 정도 낮추며 공업부가가치의 단위당 용수량을 30% 낮춘다. 농업관개용수의 유효이용계수를 0.5로 끌어올리며 공업고체폐기물의 종합이용률을 60%로 끌어올린다.

—— 도농간 발전과 지역간 발전이 균형을 이루도록 한다. 사회주의 새 농촌건설에서 뚜렷한 성과를 이룩하며 도시화율을 47%로 끌어올린다. 각자 특색이 있는 지역발전구도를 어느 정도 형성시키며 도농간, 지역간에 공공서비스와 1인당 소

득, 생활수준 등의 격차가 확대되는 추세를 억제한다.

—— 기본공공서비스를 뚜렷이 강화한다. 국민의 평균 교육접수년한을 9년으로 늘인다. 공공위생과 의료서비스 체계를 건전히 한다. 사회보장복개면을 확대하며 도시기본양로보험 가입자수를 2억 2,300만명에 이르게 하며 신형농촌합작의료보급률을 80% 이상으로 끌어올린다. 빈곤인구를 계속 줄인다. 재해방지 및 피해감소 능력을 높이며 사회치안과 작업안전상태를 가일층 호전시킨다.

—— 지속가능한 발전능력을 높인다. 전국의 총인구를 13억 6,000만명으로 통제한다. 경작지보유량을 1억 2,000만 헥타르로 유지하며 담수, 에너지와 중요한 광산자원의 보장수준을 높인다. 생태계환경이 악화되는 추세를 기본적으로 억제하며 주요오염물배출총량을 10% 줄이며 삼림복개율을 20%에 달하게 하며 온실배기를 성과있게 통제한다.

—— 시장경제체제를 보완한다. 행정관리, 국유기업, 재정세무, 금융, 과학기술, 교육, 문화, 보건위생 등 분야의 개혁과 제도건설을 진행하여 돌파적인 성과를 내며 시장감독관리능력과 사회관리수준을 크게 향상시킨다. 대외개방과 국내발전이 더욱 조화를 이루도록 하며 개방형경제를 새로운 수준에로 끌어올린다.

—— 인민생활수준을 계속 향상시킨다. 도시주민의 1인당 가처분소득과 농촌주민의 1인당 순수입을 각각 연평균 5% 증대시킨다. 도농주민의 삶의 질을 보편적으로 향상시키며 거주, 교통, 교육, 문화, 보건위생과 환경 등 분야의 조건을 크게 개선한다.

—— 민주법제건설과 정신문명건설에서 새로운 진전을 한다. 법제건설을 전면적으로 추진하여 중국특색의 사회주의법률체계를 형성한다. 사상도덕건설을 가일층 강화하여 조화사회건설에서 새로운 진보를 한다.

제2편 사회주의 새 농촌을 건설한다

도농간 경제사회발전을 균형시키는 기본방략을 견지하여 도시화를 적극적으로 온당하게 추진하는 한편 농촌을 생산이 발전되고 생활이 유족하며 기풍이 좋고 깨끗하며 민주주의적으로 관리해야 한다는 요구에 따라 새 농촌 건설을 착실하고 온건하게 추진한다.

제4장 현대농업을 발전시킨다

농업생산력의 발전을 사회주의 새 농촌 건설의 첫째임무로 삼고 농업구조의 전략적 조정을 추진하고 농업의 성장방식을 전환시키며 농업의 종합생산능력과 가치증식능력을 높이며 농업의 기초적 지위를 공고히 하고 보강한다.

제1절 농업의 종합생산능력을 높인다
제2절 농업구조조정을 추진한다
제3절 농업서비스체계건설을 강화한다
제4절 농촌유통체계를 보완한다

제5장 농민수입을 증대시킨다

제1절 농업의 수입증가잠재력을 발굴한다
제2절 비농업산업의 수입을 증대시킨다
제3절 수입증대 부담경감 정책을 보완한다

제6장 농촌면모를 개선한다

통일적인 기획, 단계별 실시, 정부의 인도, 군중의 자원, 현지실정에 맞는 대책 강구, 실제효과에 대한 중시 등을 통해 농민들의 생산과 생활 조건을 개선시킨다.

제1절 농촌인프라건설을 강화한다
제2절 농촌환경보호를 강화한다
제3절 농촌보건위생사업을 적극 발전시킨다
제4절 농촌사회보장사업을 발전시킨다

제7장 신형의 농민을 양성한다

농촌의 교육과 기능훈련, 문화사업을 빨리 발전시켜 문화지식도 있고 기술도 있고 경영도 할 줄 아는 신형의 농민을 양성한다.

제1절 농촌의무교육을 빨리 발전시킨다
제2절 인력에 대한 기능교육을 강화한다
제3절 농촌문화사업을 발전시킨다

第8장 농업과 농촌에 대한 투입을 증대한다

〈대량 지원, 소량 수취, 규제 완화, 활성화〉의 방침을 견지하며 공업발전을 통해 농업발전을 촉진하고 도시발전을 통해 농촌발전을 유도하는 장기적이고 효과적인 메커니즘의 구축을 가속화한다. 국민소득의 분배방식을 조정하여 국가재정지출과 예산내의 고정자산투자를 배정함에 있어서는 재고량에 따라 지출과 투자를 적정수준으로 조정하며 재정증가량을 주로 중점부문에 사용하는 원칙에 따라 농업과 농촌에 대한 투입을 부단히 증가한다. 공공재정의 농촌복개범위를 확대하며 재정에서는 매년 〈3농〉에 대한 투입추가량을 그 전해의 투입추가량보다 많이 추가한다. 교육, 보건위생, 문화 부문에 신규 증가되는 재정지출은 주로 농촌의 교육, 위생, 문화 사업에 사용한다. 중앙과 지방 각급 정부는 인프라건설투자에 있어 중점을 농업과 농촌에 둔다. 정부의 농업지원투자관리방식을 개혁하여 농업지원투자를 통합하고 자금사용효율을 높인다. 금융기구들에서 농업과 농촌에 대한 투입을 증가하도록 권장하고 지지하며 소액대출을 적극 발전시키며 민간자금이 농업과 농촌에 투입되도록 유도한다.

第9장 농촌개혁을 심화한다

가정도급경영을 기본으로 하면서 통일경영과 분할경영을 병행하는 이중경영체제를 안정시키고 완벽화한다. 여건이 갖추어진 지방에서는 자유의사에 따라 유상양도하는 원칙하에 토지의 도급경영권을 합법적으로 유통시킨다. 다종형태의 적정규모경영을 발전시키며 도급토지의 류통과 관련된 중재서비스를 잘 조직한다. 농촌에서의 세금 및 비용 징수와 관련한 개혁성과를 공고히 한다. 농촌의 종합적인 개혁을 전면적으로 추진하여 향진기구, 농촌의무교육, 현과 향 재정관리체제 등의 개혁임무를 기본적으로 완수한다. 농촌금융체제개혁을 심화하여 농촌의 특성에 맞는 금융기구를 발전시키고 규범화하며 농촌신용합작사들의 농업지원역할을 발휘시키며 농촌금융체계를 건립하고 건전히 한다. 집체산림재산권개혁을 온당하게 추진한다. 토지수용제도개혁을 가속화하며 수용토지의 농민들에 대한 합리적인 보상제도를 수립한다. 촌집단경제조직의 서비스기능을 강화한다.

농촌기층조직건설을 크게 추진한다. 농촌당조직건설을 중점적으로 틀어쥐는 동시에 촌민자치조직과 기타 촌급조직의 부대건설을 추진한다. 촌급조직의 활동장소건설을 적극 추진한다. 농촌기층간부대오건설을 강화한다. 정무공개와 민주관리를 추진하며 촌 당조직이 영도하는, 활력이 넘치는 촌민자치메커니즘을 건전히 한다.

第10편 사회주의조화사회건설을 추진한다

민주법치, 공평정의, 성실우애, 활력포만, 안정질서, 인간과 자연의 조화 등 요구에 따라 인민대중의 가장 큰 관심사이자 가장 직접적이고 가장 현실적인 실제이익문제를 해결하는 것으로부터 착수하여 조화사회의 건설을 착실히 추진한다.

제38장 인구사업을 전면적으로 잘해나간다

제1절 인구의 저출산수준을 안정시킨다
제2절 출생인구의 자질과 구조를 개선한다
제3절 인구노령화에 적극적으로 대응한다
제4절 여성과 아동의 권리를 보장한다
제5절 장애자의 권익을 보장한다

제39장 인민의 생활수준을 향상시킨다

제1절 백방으로 취업을 확대한다
제2절 수입분배의 조절수위를 높인다
제3절 사회보장체계를 건전히 한다
제4설 구빈사업의 강도를 높인다
제5절 도농주민의 소비를 확대한다

제40장 인민의 건강수준을 높인다

정부는 인민건강에 각별한 중시를 돌려 투입을 확대하고 의료보건위생사업을 빨리 발전시켜 대중이 병보이기 어렵고 치료비가 비싼 문제를 진지하게 해결한다.
제1절 공중위생과 의료서비스 체계를 보완한다
제2절 질병의 예방, 치료와 예방적 보건을 강화한다
제3절 중의약과 의학 과학연구사업을 강화한다
제4절 의료위생체제개혁을 심화한다

제41장 공공안전건설을 강화한다

개혁과 발전 임무를 수행하자면 반드시 장기적으로 안정된 사회환경을 유지해야 한다. 전 사회적으로 공공안전의식을 강화하고 공공안전보장능력건설을 강화하며 공공안전보장수준을 높여 인민들의 생명재산안전을 수호하고 사회안정을 확보해야 한다.

제1절 재해방지능력과 피해경감능력을 강화한다

제2절 작업안전수준을 높인다

제3절 음식과 약물 안전을 보장한다

제4절 국가안전과 사회안정을 수호한다

제5절 응급체계구축을 강화한다

제42장 사회관리체제를 완벽히 한다

당위원회가 지도하고 정부가 책임지며 사회가 협동하고 공중이 참여하는 사회관리구도를 건전히 하고 사회관리체제혁신을 추진한다.

제1절 기층자치조직건설을 강화한다

제2절 민간기구의 질서있는 발전을 유도하고 규범화한다

제3절 인민내부모순을 정확히 처리한다

C. 중국의 세계무역기구(WTO) 가입과 시장개방 일정

1. 비관세 장벽

1) 현행제도
◦수입허가증 관리(35종 373개 품목)
◦비정부 구매 기계전자전기제품 입찰실시(6종 116개품목)
◦수입쿼터관리(28종 245개 품목)
2) 개방일정
◦WTO가입 5년 후 수입허가증제 취소
◦가입 4년후 비정부 구매 기계전자전기제품 입찰제취소
◦가입 5년내 모든 쿼터제 점진 취소
*중국 대외무역경제합작부는 2001년 1월 15일부로 22개종의 기계 전자전기제품에 대해 비관세장벽을 취소함.

2. 관세 장벽

1) 현행제도
◦공산품 평균 관세율 17%
◦농산품 평균 관세율 19%
2) 개방일정
◦공산품 관세율 2005년까지 9.4%로 인하
◦농산품 관세율 2004년까지 17%로 인하

◦ 중국은 WTO가입 후 정보통신기술협정(ITA)에 서명하고 ITA 적용품목 중 2/3에 대해 2003년 1월 1일까지 관세폐지, 잔여분은 2005년 1월 1일까지 관세폐지
◦ 자동차 관세는 현행 80-100%에서 2006년 7월까지 25%로 인하, 같은 기간 중 부품은 23.4%에서 10%로 인하
◦ 중국은 밀, 옥수수, 쌀 등 민감 품목에 대해 'tariff-rate quota system' 및 'statetrading' 적용

3. 투자 조건

1) 현행제도

◦ 외국인 독자. 합자기업은 계약서상에 외환수지 균형, 수출/내수판매 비율을 명시, 정부의 심사를 득함

2) 개방일정

◦ TRIMS 시행
◦ 외환수지균형 요구 폐지
◦ 각 지방별 강제요구 규정 폐지
◦ 수출의무비율 폐지

4. 대외무역권

1) 현행제도

◦ 외국인투자 제조업체 및 소업체는 자사 영업범위내에서만 수출입권 보유, 기타 제품의 수출입 대리권은 불인정
◦ 상하이(浦东), 선전(深圳)의 합자무역 회사에 한해 각종 제품 수출입권 인정

2) 개방일정

◦ 모든 외국인투자기업에 대해 WTO 가입 3년 이내 점진적으로 대외무역권 부여

5. 유 통

1) 현행제도

▶ 도 매

◦ 상하이, 선전(深圳) 소재 합자무역회사 및 개방 시범도시에 소재한 합자소매업체에 한해 외국생산제품의 중국내 유통 허용
◦ 외국인기업의 타사제품 도매 금지
◦ 4개 직할시에 한해 외국인 소수지분 합자도매업체 각 1개 사 설립허용
◦ 외국기업의 유통망, 도매점, 창고시설 소유 및 경영 금지

▶ 소 매

◦ 각 성 성도(省都), 자치구 수도, 직할시, 계획단열시, 경제특구에 한해 합자소매업체 '제한적' 허용
◦ 3개 이하 분점보유 합자소매업체의 외국측 지분 65% 허용. 분점 3개 초과 시에는 중국측 다수 지분 요구
◦ 합자소매업체의 도매업 가능(별도승인)

▶ 프랜차이즈

◦ 1998년 4월부터 내외자(内外资)기업의 직판(direct sales) 금지

2) 개방일정

▶ 도 매

◦ 외국기업의 식염, 연초 도매업은 불용

◦ 2005년 1월 이전 합자기업의 화학비료, 석유제품, 원유 유통 허용. 2003년 1월 이전 서적, 신문, 잡지, 약품, 살충제, 제초(除草)필름 유통 허용
◦ 2002년 1월 이전 합자기업의 외자 다수 지분 허용;유통업체 진출 지역 및 수량 제한 폐지
◦ 외국인투자기업의 중국내 제조상품 유통 및 서비스 제공 허용
◦ 외국서비스업자의 유통상품 관련 서비스 전면 허용(A/S 포함)

▶ 소 매

◦ 연초(烟草)는 개방대상에서 제외
◦ WTO가입 후 5개 경제특구, 북경(北京), 상해(上海), 천진(天津), 광주(广州), 대련(大连), 청도(青岛), 정주(郑州), 무한(武汉)에 합자소매업체 허용
◦ 北京, 上海는 합자소매업체 4개 이하 허용. 기타 도시는 2개 이하로 제한
◦ 北京소재 합자기업 2개사의 北京내 분점설치 허용
◦ 2002년 1월 이전 외국측 다수지분 허용 및 각 성의 성도(省都)와 중경(重庆), 영파(宁波)에 합자소매업체 허용
◦ 2003년 1월 이전 소매유통업의 지역, 수량, 주식보유비율 제한규정 폐지
◦ 외국 유통업체 점포면적 20,000s/m 미만 제한규정 폐지(中-EU 타결안)

▶ 프랜차이즈

◦ 2003년 1월 이전 모든 제한규정 폐지
◦ 향후 직판활동 관련 조례 · 규정 제정시 WTO 회원국들과 논의

6. 운송 및 관련 서비스

1) 현행제도

▶ 화물운송대리

◦ 외국측 지분율 50% 미만으로 제한
◦ 극히 제한적·예외적 범위내에서 외국인 단독투자업체 설립 허용
◦ 합자기업 설립허용지역 제한
◦ 절대다수 합자기업은 국제화물운송 영업만 허용되고 극소수만이 국내화물 운송영업 가능

▶ 항공기 정비

◦ 합자기업내 외국측 소수지분만 허용

2) 개방일정

▶ 화물운송대리

◦ 외국측 다수지분 점진 허용
◦ 2004년 1월 이전 외국유통기업의 독자 자회사 설립 허용
◦ 합자기업 설립 1년후 지사설립 허용(등록자본금 US $ 12만 추가 요구)
◦ 합자기업 최초 설립 5년후 합자기업 추가설립 허용
◦ 합자기업의 업무범위를 국제운송으로 제한하는 규정 없음

▶ 항공기 정비

◦ 합자기업내 중국측의 지배지분 요구
◦ 영업허가증은 경제상황에 따라 발급
◦ 국내기업과 달리 합자기업은 국제시장 업무 수행 의무

▶ 철도, 도로 운송

◦WTO 가입과 동시에 외국측 소수지분 합자기업 허용

◦2003년 1월 이전 외국인독자 도로운송 업체 설립 허용.
2006년 1월 이전 외국 인 독자 철도운송업체 설립 허용

▶ 창고업

◦가입과 동시에 외국측 소수지분 합자 기업 설립허용

◦2003년 1월 이전 외국인 단독투자 허용

▶ 특사운송

◦외국측 다수지분 점진 허용
2004년 1월 이전 외국인 단독투자 허용

7. 통신, 인터넷

1) 현행제도

◦공식적으로 외국기업은 통신서비스업체 보유(또는 경영)불가

2) 개방일정

◦ WTO 경쟁원칙 도입

부가서비스(인터넷 포함)

▶ 무선호출 서비스

◦WTO 가입후 상해(上海), 광주(广州), 북경(北京)에 외자 지분율 30% 초과 합자기업 설립 허용

◦성도(成都), 중경(重庆), 대련(大连), 복주(福州), 항주(杭州), 남경(南京), 영파(宁波), 청도(青岛), 심양(沈阳), 심천(深圳), 하문(厦门), 서안(西安), 태원(太原), 무한(武汉)으로 확대하고 외국지분율 49%까지 허용

◦ WTO 가입 2년 후 지역제한 규정을 폐지하고 외국지분율 50%까지 허용

▶ 이동전화(음성 및 데이터) 서비스

◦ 상해(上海), 광주(广州), 북경(北京)에 외국지분율 25%의 합자기업 설립 점진허용
◦ WTO 가입 후 1-3년내 대상지역을 기타 도시로 확대하고 외국지분율 허용범위를 35%로 인상
◦ WTO 가입 3년 후 지역제한 규정을 폐지하고 외국지분율 49%까지 허용

▶ 국내 및 국제 서비스

◦ 상해(上海), 광주(广州), 북경(北京)에 외국지분율 25%의 합자기업 설립 점진허용
◦ WTO 가입후 1-3년 이내 대상지역을 기타 도시로 확대하고 외국지분율 허용범위를 35%로 인상
◦ WTO 가입 3년 후 지역제한 규정을 폐지하고 외국지분율 49%까지 허용
◦ WTO 가입후 1-3년이내 통신회선 임차 허용, 외국기업의 국내외기업에 대한 재임대 허용

8. 은행업

1) 현행제도

▶ 은행업무

◦ 대부분 외국계은행은 외국기업과 외국인 대상 외환업무에 종사
◦ 일부 외국계은행은 제한된 범위 내에서 외국기업과 외국인을 대상으로 위앤화업무 실시

◦ 외국계은행의 중국기업/중국인대상 영업 금지
◦ 외국계 독자/합자은행 설립 허용
◦ 모든 주요 도시에 외국계은행 지점 각 1개 설치허용(자산 US ＄ 200억 이상)
◦ 외국계은행의 자회사 설치 허용(자산 US ＄ 100억 이상)

▶ 위앤화(元) 업무

◦ (상하이 및 선전 소재) 32개 외국계 은행이 위앤화 영업허가증 보유
◦ 상하이(上海), 선전(深圳)지역 외국 기업/외국인 상대의 제한적인 위앤화 영업
◦ 선전소재 외국계은행은 광동(广东)·광서(广西)·호남(湖南) 지역 고객상대 영업 가능
◦ 중국내 3년 이상 영업기록과 최근 2개년도 흑자경영일 경우에 한해 위앤화 영업 허가증 신청 가능

2) 개방일정

▶ 은행업무

◦ 엄격한 심사관리기준 적용
◦ 심사기준에 부합되는 모든 외국계은행에 대해 위앤화업무 허용
◦ 2003년까지 23개 도시 개방
◦ WTO 가입 5년 이내 모든 지역 및 고객 제한규정 폐지
◦ 2005년 1월까지 외국계은행의 소유권, 경영 및 법정형태 등에 관한 제한규정 폐지
◦ 중국계은행과 동시에 외국계은행에 대해서도 금융리스업무 허용
◦ 비은행 금융회사의 자동차 할부금융 업무 허용

▶ 위앤화 업무

◦ WTO 가입 5년 이내 위앤화업무 지역 제한규정 단계적 폐지
(상해, 심천, 대련, 천진; 上海・深圳・大连・天津),
(광주, 청도, 남경, 무한; 广州・青岛・南京・武汉),
(제남, 복주, 성도, 중경; 济南・福州・成都・重京),
(곤명, 주해, 북경, 하문; 昆明・珠海・北京・厦门)
(선두, 영파, 심양, 서안; 汕头・宁波・沈阳・西安) 순으로 폐지

◦ WTO 가입 2년내 중국기업, 5년내 일반 가계대상 위앤화영업 허용

◦ 한 지역에서 위앤화영업이 허용된 외국계은행은 다른 개방지역 고객에 대한 서비스도 가능

▶ 외환업무

◦ WTO 가입후 외환업무의 지역제한 규정폐지

◦ WTO 가입후 외국계은행의 중국기업/
중국인 대상 외환업무 허용

9. 보험업

1) 현행제도

◦ 10여개 외국계 보험회사가 영업중이나 지역 및 업무영역에 엄격한 제한

◦ 1997년부터는 합자보험회사만 허용(외국인독자보험회사 설립은 극히 제한적 범위내에서 예외적으로 허용)

◦ 외국계 보험회사는 상하이와 광저우(广州)에서만 영업 가능

◦ 각 도시별로 지점 1개 사만 허용

2) 개방일정

◦ WTO 가입후 5년내 지역제한규정 폐지, 외국 독자보험회사 설립 허용. 주요도시 2-3년이내 진출 허용, 단체·건강·연금 등 보험 업무 영역 확대

◦ 기존 외국 손보사의 전국영업 허용, 향후 외국측지분 51% 허용

◦ 재보험 100% 외국인 단독지분 허용

※중-EU간 타결안은 상기 중-미 타결안의 개방일정을 2년 당김

10. 증권업 및 자산관리

1) 현행제도

▶ 증권업; 외국계 증권회사는 외국인전용 B주(株)만 거래 가능

▶ 자산관리; 외국기업의 자산관리업무 참여 불허

2) 개방일정

▶ 증권업

◦ WTO 가입후 3년내 합자증권회사내 외국측지분 33% 허용

◦ 중국 중개기구를 경유하지 않고 A, B주, 국채, 사채 업무허용

▶ 자산관리

◦ WTO 가입후 증권투자기금관리 합자 기업 설립 허용 단, 외국측 지분은 33%를 초과하지 못하나 3년 경과 후 49%까지 확대 가능

11. 전문 서비스업

1) 현행제도

▶ 법률

◦ 외국계 로펌은 중국법률 관련 업무 종사 금지
◦ 아래 지역에 영리성 사무소 설치 가능
북경(北京), 상해(上海), 광주(广州), 심천(深圳), 해구(海口), 대련(大连), 청도(青岛), 영파(宁波), 연대(烟台), 천진(天津), 소주(苏州), 하문(厦门), 주해(珠海), 항주(杭州), 복주(福州), 무한(武汉), 성도(成都), 심양(沈阳), 곤명(昆明)
◦ 외국계 로펌의 중국내 사무소는 기업별 1개로 제한

▶ 회계

◦ 기존 합자 회계사사무소는 존재하지만 최근 추가 인가사례는 없음
◦ 외국계 회계사사무소는 외국기업 및 해외증시/중국 B증시 상장 중국기업에 대한 서비스 제공가능
◦ 외국인에 대해서도 중국 CPA 시험 응시자격을 부여하며 자격인증 후 서비스 제공 가능

2) 개방일정

▶ 법률

◦ 외국계 로펌의 사무소 설치 지역/수량 제한 폐지
◦ 외국계 변호사사무소는 중국이외 지역에서 연속 3년 이상의 영업경험 필요
◦ 외국계 변호사는 매년 중국내 6개월 이상 거주 요구

◦ 외국계 로펌의 사무소는 중국인 등록 변호사 고용 불가

▶ 회계

◦ 중국 CPA 자격 획득후 회계사무소 설립 가능
◦ 중국 CPA 자격획득 외국인에 대한 내국민 대우실시
◦ 외국 회계사무소는 중국 회계사무소와 제휴 가능
◦ 본지화(本地化) 요구 강제규정 폐지

▶ 도시계획

◦ 합자기업내 외국측 다수지분 허용
◦ 외국을 대상으로 한 관련서비스에 대해서는 중국의 전문단체와 협력 요구

▶ 의료서비스(치과 포함)

◦ 합자 병원 및 진료소 설립 허용
◦ 중국의 필요에 따라 합자 의료기관 숫자 제한 가능
◦ 의사 및 의료진 대부분은 중국국적자로 구성
◦ 외국인 의사는 위생부 허가증 취득 후 중국에서 단기(6-12개월)으로 의료 활동 가능

12. 상업서비스

1) 현행제도

▶ 광고; 합자기업내 외국측 지분 49%로 제한

2) 개방일정

▶ 광고

◦ 2002년 1월 이전 외국측 다수지분 인정,

2004년 1월 이전 외국인독자기업 인정

▶ 부동산서비스

◦ 외국인독자기업의 부동산 매매, 임대차 관련 업무 허용(단, 호화부동산은 제외)

◦ 합자기업에 대해 수수료 또는 계약 체결방식의 서비스 허용

▶ 기술 테스트 및 분석 서비스, 화물검사

◦ 화물검사 서비스에 법정(法定) 화물 검사업무는 미포함

◦ 2002년 1월 이전 합자기업내 외국측 다수 지분 허용.
2004년 1월 이전 외국인 독자 자회사 설립 허용

◦ 합자기업의 외국측 파트너에 대해 3년 이상의 영업경험 보유 요구. 합자기업의 등록자본금은 US $ 50만 이상

13. 건축 및 관련 엔지니어링 서비스

※ 개방일정

◦ 합자기업에 한해 허용

◦ 중국건축기업과 합자건축기업에 대한 등록자본금 요구조건은 별도 관리

◦ 합자건축기업에 대해 외국인투자 건축 프로젝트 수주 의무화

14. 시청각 부문

1) 현행제도

▶ 영화 : 수익분담원칙에 따라 매년 10편의 외국영화 수입

▶ 영화상영관 : 외국인 소수지분 조건하에 영화상영관 설립 허용

2) 개방일정

▶ 영화; 수익분담원칙에 따라 매년 20편의 외국영화 수입

▶ 시청각제품; 합자기업 설립 후 영화를 제외한 시청각 제품 유통 허용

15. 관광

1) 현행제도

▶ 호텔업; 합자기업내 외국측 지분율 25% 이상

▶ 여행사

◦ 합자여행사내 외국측 소수지분 요구

◦ 합자기업의 외국측 연간 매출액 US ＄ 5,000만 이상 요구

◦ 합자기업 등록자본금 US ＄ 500만 이상 요구

◦ 합자여행사의 영업범위는 중국 국내로 제한하며 해외(출국)여행은 불허

2) 개방일정

▶ 호텔업

◦ WTO 가입후 외국측 지배지분 허용

◦ 2003년까지 외국인 독자호텔 설립허용

▶ 여행사

◦ 국가지정 휴양지 내 영업 허용
북경, 상해, 광주, 서안(北京, 上海, 广州, 西安) 등

◦ 2003년 1월 이전 외국측 다수지분 허용

◦ 2005년 1월 이전 외국인독자기업 허용

◦ 2005년 연말 이전 지사설립 제한규정 폐지

16. 기타 서비스

◦ 교육서비스 : 법률과 규정에 명시된 특수교육을 제외한 기타분야에서 합자학교 설립허용

◦ 환경서비스 : 합자기업만 허용

◦ 기타 금융서비스 : WTO 가입 후 금융정보 · 데이터 · 자문 서비스 허용

D. 중화인민공화국 물권법

(2007년 3월 16일 제10기 전인대회의 통과, 2007년 10월 1일 시행)

제1편 총칙

제1장 기본원칙

제1조 국가의 기본경제제도를 수호하고 사회주의시장경제질서를 수호하며 물건의 귀속을 명확히 하고 물건의 효용을 발휘하고 권리인의 물권을 보호하기 위해 헌법에 근거하여 본법을 제정한다.

제2조 물건의 귀속과 이용으로 인해 발생한 민사관계는 본 법을 적용한다. 본 법에서 물건이라 함은 부동산과 동산을 포함한다. 법률적으로 규정한 권리를 물권 객체로 한 것은 그 규정을 따른다. 본 법에서 물권이라 함은 권리인이 법에 따라 특정한 물건을 직접 지배하고 배타적 권리를 향유하는 것을 말한다. 여기에는 소유권, 용익물권과 담보물권이 포함된다.

제3조 국가는 사회주의 공유제 초급단계에 공유제를 주체로 하고 각종 소유제 경제가 공동히 발전하는 기본경제제도를 견지한다. 국가는 공유제경제를 공고히 하고 비공유제경제의 발전을 격려, 지지하고 인도한다. 국가는 사회주의시장경제를 실행하며 모든 시장주체의 동등한 법률지위와 발전권리를 보장한다.

제4조 국가, 집체, 개인의 물권과 기타 권리인의 물권은 법률보호를 받으며 어떤 단위와 개인도 이를 침해할 수 없다.

제5조 물권의 종류와 내용은 법률로 규정한다.

제6조 부동산물권의 설립, 변경, 양도와 소멸은 법률규정에 따라 등록한다. 동산물권의 설립과 양도는 법률규정에 따라 교부한다.

제7조 물권의 취득과 행사는 법률을 준수하고 사회공덕을 존중해야 하며 공공이익과 타인의 합법적 권익을 침범해서는 안된다.

제8조 기타 상관 법률이 물권에 대한 별도의 특별 규정이 있으면 그 규정에 따른다.

제2장 물권의 설립, 변경, 양도와 소멸

제1절 부동산 등록

제9조 부동산물권의 설립, 변경, 양도와 소멸은 법에 의거해 등록을 해야 효력을 발생하며 등록을 하지 않으면 효력을 발생하지 않는다. 그러나 법률이 별도로 규정한 것은 제외한다. 법에 따라 국가의 소유인 자연자원은 소유권등록을 하지 않아도 된다.

제10조 부동산 등록은 부동산소재지의 등록기구가 취급한다. 국가는 부동산에 대해 통일 등록제도를 실시한다. 통일등록범위, 등록기구와 등록방법은 법률, 행정법규로 규정한다.

제11조 당사자가 등록신청을 할 때 부동한 등록사항에 근거해 소유권의 귀속증명과 부동산 경계 지점, 면적 등 필요한 자료를 제공해야 한다.

제12조 등록기구는 하기의 직책을 이행하여야 한다.

(1) 신청자가 제공한 소유권귀속증명과 기타 필요한 자료를 검사해야 한다.

(2) 유관 등록사항을 신청자와 알아보아야 한다.

(3) 여실히 제때에 유관 사항을 등록해야 한다.

(4) 법률, 행정법규가 규정한 기타 직책을 이행하여야 한다.

등록을 신청한 유관 정황을 가일층 증명하여야 할 경우 등록기구는 신청자더러 자료를 보충하도록 요구할 수 있으며 필요시 현지조사를 할 수 있다.

제13조 등록기관은 하기 행위가 있어서는 안된다.

(1) 부동산에 대해 평가할 것을 요구

(2) 연례검사 등 명의로 중복하여 등록

(3) 등록직책범위를 벗어난 기타 행위

제14조 부동산물권의 설립, 변경, 양도와 소멸을 법률규정에 따라 등록하여야 할 경우 부동산등록부에 기재한때부터 효력을 발생한다.

제15조 당사자사이에 체결한 부동산물권의 설립, 변경, 양도와 소멸 계약은 법률상 별도로 규정이 있거나 계약에 별도로 약정한 것을 제외하고는 계약이 성립할 때부터 효력을 발생한다. 물권등록을 하지 않아도 계약효력에 영향을 주지 않는다.

제16조 부동산등록부는 물권귀속과 내용의 근거로 된다. 부동산등록부는 등록기구가 관리한다.

제17조 부동산소유권귀속증서는 권리인이 그 부동산물권을 향유하는 증명이다. 부동산소유권귀속증서에 기재한 사항은 부동산등록부와 일치해야 한다. 기재한 사

항이 일치하지 않은 것은 부동산등록부에 확실히 착오가 있음을 증명할 수 있는 증거가 있는 것을 제외하고는 부동산등록부를 기준으로 한다.

제18조 권리인, 이해관계인은 조회, 등록자료의 복사를 신청할 수 있으며 등록기관은 자료를 제공하여야 한다.

제19조 권리인, 이해관계인이 부동산등록부에 기재한 사항이 착오가 있다고 인정할 경우 등록 정정을 신청할 수 있다. 부동산등록부기재권리인이 서면으로 정정에 동의하거나 등록에 확실히 착오가 있음을 증명할 수 있는 증거가 있을 경우 등록기관은 정정해야 한다. 부동산등록부에 기재된 권리인이 정정에 동의하지 않으면 이해관계인은 이의등록을 신청할 수 있다. 등록기구가 이의등록을 하여줄 경우 신청인이 이의등록을 한 날부터 15일내에 기소하지 않으면 이의등록이 효력을 상실한다. 이의등록의 부당으로 권리인에게 손해를 끼쳤을 경우 권리인은 신청인에게 손해배상을 청구할 수 있다.

제20조 당사자가 주택매매 또는 기타 부동산물권협의를 체결할 때 물권의 실현을 보장하기 위해 약정에 따라 등록기구에 예고등록을 신청할 수 있다. 예고등록을 한 후 예고등록을 한 권리인의 동의를 거치지 않고 부동산을 처분할 경우 물권효력을 발생하지 않는다. 예고등록 후 채권소멸 또는 부동산등록을 할 수 있는 그 날부터 3개월 내에 등록을 신청하지 않으면 예고등록이 실효된다.

제21조 당사자가 허위자료를 제공해 등록을 신청하여 타인에게 손해를 끼쳤을 경우 배상책임을 져야 한다. 등록착오로 인해 타인에게 손해를 끼쳤을 경우 등록기관이 배상책임을 져야 한다. 등록기관이 배상을 한 후 등록착오를 초래한 자에게 구상할 수 있다.

제22조 부동산등록비용은 건수에 따라 수취하며 부동산의 면적, 체적 또는 대금의 비례에 따라 수취하지 않는다. 구체 수금기준은 국무원 유관 부처와 가격주관부문이 함께 규정한다.

제2절 동산 교부

제23조 동산물권의 설립과 양도는 교부한 때부터 효력을 발생한다. 그러나 법률이 별도로 규정한 것은 제외한다.

제24조 선박, 항공기와 기동차량 등 물권의 설립, 변경, 양도와 소멸은 등록을 거치지 않으면 선의의 제3자와 대항해서는 안된다.

제25조 동산물권을 설립, 양도하기 전에 권리인이 이미 법에 의거하여 그 동산을 점유하였을 경우 물권은 법률행위가 효력을 발생한 때부터 효력을 발생한다.

제26조 동산물권을 설립, 양도하기 전에 제3자가 법에 따라 그 동산을 점유하였을 경우 교부의무가 있는 자는 교부대신 양도를 통해 원물의 권리를 반환하도

록 제3자에게 청구할 수 있다.

第27조 동산물권을 양도할 때 쌍방이 또 양도자가 계속 그 동산을 점유하도록 약정하였을 경우 물권은 그 약정이 효력을 발생할 때부터 효력을 발생한다.

제3절 기타 규정

第28조 인민법원, 중재위원회의 법률문서 또는 인민정부의 징수결정 등으로 인해 물권의 설립, 변경, 양도 또는 소멸을 초래할 경우 법률문서 또는 인민정부의 징수결정 등이 효력을 발생할 때부터 효력을 발생한다

第29조 상속 또는 유증을 접수하여 물권을 취득하였을 경우 유증을 접수할 때부터 효력을 발생한다.

第30조 합법적인 주택건조, 철거 등 사실행위의 설립, 또는 물권의 소멸은 사실행위가 성사한 때부터 효력을 발생한다.

第31조 본 법 제28조부터 제30조 규정에 따라 부동산물권을 향유하였을 경우 그 물권을 처분할 때 법률규정에 따라 등록수속을 하여야 하지만 등록을 하지 않으면 물권효력을 발생하지 않는다.

제3장 물권의 보호

第32조 물권이 침해를 받았을 경우 권리인은 화해, 조정, 중재 등 경로를 통해 해결할 수 있다.

第33조 물권의 귀속, 내용으로 인해 쟁의가 발생하였을 경우 이해관계인은 권리확인을 청구할 수 있다.

第34조 부동산 또는 동산을 점유할 권리가 없는 경우 권리인은 원물반환을 청구할 수 있다.

第35조 물권행사를 방해 또는 물권행사를 방해할 가능성이 있을 경우 권리인은 그 방해행동의 배제 또는 위험의 배제를 청구할 수 있다.

第36조 부동산 또는 동산을 훼손하였을 경우 권리인은 수리, 재조, 갱신, 원상회복을 청구할 수 있다.

第37조 물권을 침해하여 권리인에 손해를 끼쳤을 경우 권리인은 손해배상을 청구할 수 있으며 기타 민사책임을 지도록 청구할 수 있다.

第38조 본 장에서 규정한 물권보호방식은 단독으로 적용할 수도 있고 권리가 침해를 당한 상황에 따라 합병하여 적용할 수도 있다. 물권에 침해를 가하면 민사책임을 지는 외에 행정관리규정을 위반하였을 경우 법에 따라 행정책임을 지며 범죄를 구성하였을 경우 형사책임을 추궁한다.

제2편 소유권

제4장 일반규정

제39조 소유권인은 자기의 부동산 또는 동산을 법에 의거해 점유, 사용, 수익과 처분할 권리를 향유한다.

제40조 소유권인은 자기의 부동산 또는 동산에 용익물권과 담보물권을 설정할 수 있다. 용익물권인, 담보물권인이 권리를 행사할 때 소유권인의 권익에 손해를 주어서는 안 된다.

제41조 법률이 규정한 전속 국가소유의 부동산과 동산은 어떤 단위나 개인도 소유권을 취득할 수 없다.

제42조 공공이익의 수요를 위해 법률이 규정한 권한과 절차에 따라 집체소유의 토지와 단위, 개인의 주택 및 기타 부동산을 징수할 수 있다. 수용한 집체소유의 토지는 법에 따라 토지보상비, 이전보조비, 지상부착물과 농작물 보상비 등 비용을 충족히 지급해야 하며 토지를 징용당한 농민의 사회보장비용을 배치하고 토지를 피수용한 농민의 생활을 보장하고 토지를 피수용한 농민들의 합법적 권익을 수호하여야 한다. 단위, 개인의 주택 및 기타 부동산을 수용할 경우 법에 따라 철거보상비를 납부하고 피수용자의 합법적 권익을 수호하여야 한다. 개인주택 수용시에는 피수용자의 거주조건도 보장해야 한다. 어떤 단위나 개인도 수용보상비 등 비용을 탐오, 유용, 횡령, 억류, 체불해서는 안된다.

제43조 국가는 농지에 대한 특수보호를 실시하고 농용지를 건설용지로 변경하는 것을 엄격히 제한하며 건설용지총량을 통제한다. 법률이 규정한 권한과 절차를 어기고 집체소유의 토지를 수용해서는 안된다.

제44조 긴급구조, 재난구조의 수요로 인해 법률이 규정한 권한과 절차에 따라 단위, 개인의 부동산 또는 동산을 수용할 수 있다. 징용된 부동산 또는 동산을 사용한 후 피수용자에게 반환해야 한다. 단위, 개인의 부동산 또는 동산이 수용 또는 피수용후 훼손, 멸실되었을 경우 보상해주어야 한다. (용익물권이란 권리인이 법에 따라 타인의 부동산 또는 동산을 점유, 사용, 수익할 수 있는 권리를 향유하는 것을 말한다. 이를테면 토지도급경영권, 건설용지사용권, 택지사용권이 용익물권에 속한다)

제5장 국가소유권과 집체소유권, 개인소유권

제45조 법률이 규정한 국가소유의 재산은 국가소유 즉 전민소유에 속한다. 국

유재산은 국무원이 국가를 대표하여 소유권을 행사하며 법률이 별도로 규정한 것은 그 규정에 따른다.

제46조 지하광물자원, 수류(水流), 해역은 국가의 소유에 속한다.

제47조 도시의 토지는 국가의 소유에 속한다. 법률규정이 국가의 소유로 한 농촌과 도시교외지역의 토지는 국가소유에 속한다.

제48조 삼림, 산령, 초원, 황무지, 간석지 등 자연자원은 국가소유에 속한다. 그러나 법률규정이 집체소유로 한 것은 제외한다.

제49조 법률이 국가소유로 규정한 야생동식물자원은 국가소유에 속한다.

제50조 무선전 주파수 스펙트럼자원은 국가소유에 속한다.

제51조 법률이 국가소유로 규정한 문물은 국가소유에 속한다.

제52조 국방자산은 국가소유에 속한다. 철도, 도로, 전력시설, 전신시설과 오일가스(油气)도관 등 기초시설은 법률규정에 따라 국가소유로 한 것은 국가소유에 속한다.

제53조 국가기관은 그가 직접 지배하는 부동산과 부동산에 대하여 점유, 사용 및 법률과 국무원의 관련 규정에 따라 처분할 권리를 향유한다.

제54조 국가가 운영하는 사업단위는 자기가 직접 지배하는 부동산과 동산에 대해 점유, 사용 및 법률과 국무원의 유관 규정에 따라 수익, 처분할 권리를 향유한다.

제55조 국가가 출자한 기업은 국무원, 지방인민정부가 법률, 행정법규 규정에 따라 각기 국가를 대표하여 출자인의 직책을 이행하고 출자인의 권익을 향유한다.

제56조 국가의 모든 재산은 법률보호를 받으며 어떤 조직과 개인이 침점, 떼를 지어 약취, 횡령, 억류, 파괴하는 것을 금지한다.

제57조 국유자산관리, 감독직책을 이행하는 기구 및 공무원은 법에 의거하여 국유자산에 대한 관리, 감독을 강화하고 국유자산의 가치유지, 평가절상을 추진하여야 하며 국유자산의 손실을 방지해야 한다. 직권을 남용하고 직무를 소홀하여 국유자산의 손실을 초래하였을 경우 법에 따라 법률책임을 져야 한다. 국유자산관리규정을 어기고 기업체제개혁, 합병인수, 관련거래 등 과정에 낮은 가격으로 양도, 공모하여 횡령, 사사로운 담보 또는 기타 방식으로 국유재산의 손실을 초래하였을 경우 법에 따라 법률책임을 져야 한다.

제58조 집체소유의 부동산과 동산에 하기 항목이 포함된다.

(1) 법률규정에 집체의 소유로 한 토지와 산림, 산령, 초원, 황무지, 간석지.

(2) 집체소유의 건물, 생산시설, 농토수리시설.

(3) 집체소유의 교육, 과학, 문화, 위생, 체육 등 시설.

(4) 집체소유의 기타 부동산과 동산.

제59조 농민집체소유의 부동산과 동산은 본 집체구성원의 집체소유이다. 하기

사항은 법정 절차에 따라 본 집체의 구성원이 결정한다.

(1) 토지도급방안 및 토지를 본 집체이외의 단위 또는 개인에게 하청.

(2) 개별 토지도급경영권인 사이의 도급지 조정.

(3) 토지보상비 등 비용의 사용, 분배방법.

(4) 집체가 출자한 기업의 소유권변경 등 사항.

(5) 법률이 규정한 기타 사항.

제60조 집체소유인 토지와 삼림, 산령, 황무지, 간석지 등은 하기 규정에 따라 소유권을 행사한다.

(1) 농민집체소유에 속하는 것은 촌집체경제조직 또는 촌민위원회가 집체를 대표하여 소유권을 행사한다.

(2) 촌내부의 2개 이상 농민집체의 소유일 경우 촌 내부의 각 해당 집체경제조직 또는 촌민소조가 집체를 대표하여 소유권을 행사한다.

(3) 향(진)농민집체소유일 경우 향(진)집체경제조직이 집체를 대표하여 소유권을 행사한다.

제61조 도시와 진의 집체소유인 부동산과 동산은 법률, 행정법규의 규정에 따라 본 집체가 점유, 사용, 수익, 처분하는 권리를 향유한다.

제62조 집체경제조직, 또는 촌민위원회, 촌민소조는 법률, 행정법규 및 정관, 촌규약에 따라 본 집체구성원에게 집체재산상황을 공표하여야 한다.

제63조 집체소유의 재산은 법률보호를 받으며 어떤 단위나 개인도 침점, 떼를 지어 약취, 횡령, 파괴해서는 안된다. 집체경제조직, 촌민위원회 또는 그 책임자가 내린 결정이 집체구성원의 합법적 권익을 침해하였을 경우 침해를 받은 집체구성원은 그 결정을 철회할 것을 인민법원에 청구할 수 있다.

제64조 개인은 자기의 합법적인 소득, 주택, 생활용품, 생산도구, 원자재 등 부동산과 동산에 대해 소유권을 향유한다.

제65조 개인의 합법적인 예금, 투자 및 그 수익은 법률보호를 받는다. 국가는 법률규정에 따라 개인의 상속권 및 기타 합법적 권익을 보호한다.

제66조 개인의 합법적 재산은 법률의 보호를 받으며 어떤 단위나 개인도 침점, 떼를 지어 약취, 파괴해서는 안된다.

제67조 국가, 집체와 개인은 출자하여 유한책임회사, 주식유한회사 또는 기타 기업을 설립할 수 있다. 국가, 집체와 개인이 소유한 부동산 또는 동산을 기업에 투입하였을 경우 출자인은 약정 또는 출자비례에 따라 자산수익, 중대한 결책 및 경영관리자 선택 등 권리를 향유함과 아울러 의무를 이행한다.

제68조 기업법인은 법률, 행정법규 및 정관에 따라 기업의 부동산과 동산을 점유, 사용, 수익과 처분할 권리를 향유한다. 기업의 부동산과 동산에 대한 기업법인 이외의 법인의 권리는 법률, 행정법규 및 정관의 규정을 적용한다.

제69조 사회단체가 법에 의거해 소유한 부동산과 동산은 법률보호를 받는다.

제6장 업주 건물의 구분소유권

제70조 업주는 건물내의 주택, 경영성 건물 등 전유하는 부분에 대한 소유권을 향유하며 전유하는 부분 이외의 공유부분에 대해 공유하고 공동관리하는 권리를 향유한다.

제71조 업주는 자기의 건물전유부분에 대해 점유, 사용, 수익, 처분할 권리를 향유한다. 업주가 권리를 행사할 때 건물의 안전에 위험을 주어서는 안되며 기타 업주의 합법적 권익에 손해를 주어서는 안된다.

제72조 업주는 건물전유부분 이외의 공유부분에 대해 권리를 향유하고 의무를 져야 하며 권리를 포기하는 것으로 의무를 이행하지 않아서는 안된다.

제73조 건물구획내의 도로는 업주가 공유하며 도시공공도로는 제외한다. 건물구획내의 녹지는 업주가 공유하며 도시공공녹지 또는 개인의 소유라고 명시한 것은 제외한다. 건물구획내의 기타 공공장소, 공용시설과 물업봉사용 건물은 업주가 공유한다.

제74조 건물구획내의 자동차를 주차하도록 규획한 자리, 차고는 우선 업주의 수요를 만족시켜야 한다. 건물구획내에 자동차를 주차하도록 한 자리, 차고의 귀속은 당사자가 판매, 부가증여 또는 임대 등 방식으로 약정한다. 업주가 공유하는 도로 또는 기타 자리를 점용하여 주차에 이용할 경우 그 자리는 업주가 공유한다.

제75조 업주는 업주대회를 설립하고 업주위원회를 선거할 수 있다. 지방인민정부 유관부처는 업주대회설립과 업주위원회선거를 지도하고 협조한다.

제76조 하기 사항은 업주가 공동결정한다.

(1) 업주대회 의사규칙 제정과 수정

(2) 건물 및 부속시설관리규약 제정과 수정

(3) 업주위원회 선거, 업주위원회 구성원 변경

(4) 물업봉사기업 또는 기타 관리인 선용과 해임

(5) 건물 및 부속시설 수리자금 조달과 사용

(6) 건축물 및 부속시설 개축, 재건

(7) 공유와 공동관리권 관련 기타 중대 사항

전 제5항, 제6항규정의 사항을 결정할 경우 전유부분이 건물 총면적 3분의 2 이상에 달하여야 하고 총인수의 3분의 2 이상을 차지하는 업주의 동의를 거쳐야 한다. 전 항 기타 사항을 결정할 경우 전유부분의 면적이 건물 총면적의 과반을 차지하는 업주와 총인수의 과반을 차지하는 업주의 동의를 거쳐야 한다.

제77조 업주는 법률, 법규 및 관리규약을 어기고 주택을 경영성 건물로 변경해

서는 안된다. 업주가 주택을 경영성 건물로 변경시킬 경우 법률, 법규 및 관리규약을 준수해야 하는 밖에 이해관계가 있는 업주의 동의를 거쳐야 한다.

제78조 업주대회 또는 업주위원회의 결정은 업주에 대해 구속력을 가진다.

업주대회 또는 업주위원회가 내린 결정이 업주의 합법적 권익을 침해하였을 경우 침해를 받은 업주는 그 결정을 철회할 것을 인민법원에 청구할 수 있다.

제79조 건물 및 부속시설의 수리자금은 업주가 공유한다. 업주의 공동한 결정을 거쳐 수리자금을 엘리베이터, 물탱크 등 공유부분의 수리에 사용할 수 있다. 수리자금의 조달, 사용정황을 공표해야 한다.

제80조 건물 및 그 부속시설의 비용분담, 수익분배 등 사항은 약정이 있으면 약정을 따르고 약정이 없거나 약정이 불명확하면 건물총면적가운데서 업주전유부분이 차지하는 비례에 따라 확정한다.

제81조 업주는 자체로 건물 및 부속시설을 관리할 수 있으며 물업봉사기업 또는 기타 관리인에게 위탁하여 관리할 수 있다. 건설단위가 선용한 물업봉사기업 또는 기타 관리인을 업주가 법에 의거하여 바꿀 수 있다.

제82조 물업봉사기업 또는 기타 관리인은 업주의 위탁에 근거해 건물구획내의 건물 및 부속시설을 관리함과 아울러 업주의 감독을 접수해야 한다.

제83조 업주는 법률, 법규 및 관리규약을 준수해야 한다.

제7장 상린관계

제84조 부동산의 상린권리인은 생산에 유리, 생활에 편리, 단결호조, 공평합리의 원칙에 따라 상린관계를 정확히 처리해야 한다.

제85조 법률, 법규가 상린관계에 규정이 있으면 그 규정을 따르고 법률, 법규에 규정이 없으면 당지의 습관에 따를 수 있다.

제86조 부동산권리인은 상린권리인의 용수, 배수에 필요한 편리를 제공해야 한다. 자연유수에 대한 이용은 부동산권리인 사이에 합리하게 배분해야 한다. 자연유수의 방출은 자연적인 흐름방향을 존중해야 한다.

제87조 부동산권리인은 상린권리인의 통행 등에 그의 토지를 이용해야 할 경우 필요한 편리를 제공해야 한다.

제88조 부동산권리인이 건조, 건물보수 및 전선, 케이블, 수도관, 열, 가스도관 부설 등으로 인해 상린토지, 건물을 이용해야할 경우 그 토지, 건물의 권리인은 필요한 편리를 제공하여야 한다.

제89조 건물을 건조할 때 국가의 유관 공사건설기준을 위반해서는 안되며 상린건물의 통풍, 채광과 일조에 방해를 주어서는 안된다.

제90조 부동산권리인은 국가의 규정을 위배하고 고체폐기물을 방치하거나 대기

오염물, 물오염물, 소음, 빛, 전자파 복사 등 유해물질을 방출해서는 안된다.

제91조 부동산권리인은 땅파기, 건물건조, 파이프와 전선부설 등 작업을 할 때 상린부동산의 안전에 위험이 미쳐서는 안된다.

제92조 부동산권리인은 용수, 배수, 통행, 파이프와 전선부설 등으로 인해 상린부동산을 이용할 경우 상린한 부동산권리인에게 손해를 끼치지 않도록 해야 하며 손해를 끼쳤을 경우 배상을 해야 한다.

제8장 공유

제93조 부동산 또는 동산은 2개 이상의 단위, 개인이 공유할 수 있다. 공유는 공유지분과 공동공유를 포함한다.

제94조 지분에 따른 공유인은 공유의 부동산 또는 동산에 대한 지분에 따라 소유권을 행사한다.

제95조 공동공유인은 공유하는 부동산 또는 동산에 대한 소유권을 공동이 향유한다.

제96조 공유인은 약정에 따라 공유하는 부동산 또는 동산을 관리하며 약정이 없거나 약정이 불명확할 경우 각 공유인은 모두 관리할 권리와 의무가 있다.

제97조 공유하는 부동산 또는 동산을 처리하거나 공유하는 부동산 또는 동산을 크게 수선할 경우 3분의 2이상 지분을 차지한 공유지분인 또는 전체 공동공유인의 동의를 거쳐야 한다. 그러나 공유인 사이에 별도로 약정이 있는 것은 제외한다.

제98조 공유물 관리비용 및 기타 부담에 대한 약정이 있으면 약정을 따르고 약정이 없거나 약정이 불명확할 경우 지분에 따른 공유인은 지분의 비율에 따라 부담하고 공동공유인은 공동부담한다.

제99조 공유인이 공유하는 부동산 또는 동산을 분할하지 않고 공유관계를 유지하기로 약정한 것은 약정에 따른다. 그러나 공유인이 중대한 이유가 있어서 분할하여야 할 경우 분할을 청구할 수 있으며 약정이 없거나 약정이 불명확할 경우 지분에 따른 공유인은 언제든지 분할을 청구할 수 있으며 공동공유인은 공유의 기초가 상실 또는 중대한 이유가 있어 분할해야 할 경우 분할을 청구할 수 있다. 분할로 인해 기타 공유인에게 손해를 끼쳤을 경우 배상을 해야 한다.

제100조 공유인은 분할방식을 협상하여 확정할 수 있다. 합의를 보지 못해도 공유의 부동산 또는 동산을 분할할 수 있으며 아울러 분할로 인해 가치가 감손되지 않을 경우 실물을 분할하여야 하며 분할하기 어렵거나 또는 분할로 인하여 가액이 감손될 염려가 있는 때에는 현금으로 환산 또는 경매, 변제로 취득한 대금을 분할할 수 있다. 공유인이 분할로 취득한 부동산 또는 동산이 흠집이 있을 경우

기타 공유인이 손실을 분담해야 한다.

중화인민공화국주석령

'중화인민공화국물권법'을 2007년 3월 16일 중화인민공화국 제10기 전국인민대표대회 제5차 회의에서 통과, 현재 공표하고 2007년 10월 1일부터 시행한다.

중화인민공화국주석 호금도
2007년 3월 16일

E. 중국학 참고자료

冯友兰。 中国哲学史。 上海：中华书局, 1992。

冯友兰。 中国宗教简史。 北京：北京大学出版社, 1996。

冯友兰。 中国哲学简史。 北京：北京大学出版社, 1996。

王桧林。 中国现代史。 北京：高等教育出版社, 1989。

郭大钧。 中华人民共和国史。 北京：北京师范大学出版社, 1997。

何沁。 中华人民共和国史。 北京：高等教育出版社, 1997。

陈连开。 中国民族史纲要。 北京：中国财政经济出版社, 1999。

宋全。 中国少数民族史话。 北京：民族大学出版社, 1999。

黄有福。 中国古代北方民族文化史。 黑龙江人民出版社, 1993。

楼宇烈。 中外宗教交流史。 长沙： 湖南教育出版社, 1998。

蒋非非。 中韩关系史。 北京：社会科学文献出版社, 1998。

萧君和。 中华学。 北京：民族出版社, 2000。

王顺洪。 中国概况。 北京：北京大学出版社, 1994。

黄济。 教育哲学通论。 太原：山西教育出版社, 1998。

张公瑾。 民族古文献概览。 北京：民族出版社, 1997。

林耀华。 民族学通论。 北京：中央民族大学出版社, 1997。

张世富。 民族心理学。 济南：山东教育出版社, 1996。

熊坤新。 民族伦理学。 北京： 中央民族大学出版社, 1997。

潘定智。 民族文化学。 贵阳：贵州民族出版社, 1994。

景时春。 民族教育学。 兰州：甘肃教育出版社, 1991。

何作人。 中国人的德性。 沈阳： 东北工学院出版社, 1989。

宋蜀华。 民族学理论与方法。 北京：民族大学出版社, 1998。

马戎。 民族与社会发展。 北京：民族出版社, 2001。

夏铸。 中国民族教育50年。 北京：红旗出版社, 1999。

李德成。 中国少数民族宗教信仰。 北京：民族大学出版社, 1999。

韩俊光。 朝鲜族。 北京：民族出版社, 1996。

段琦。 基督教学。 北京：当代世界出版社, 2000。

方立天。 佛教哲学。 北京：人民大学出版社, 1988。

任继愈。 中国佛教史。 北京：中国社会科学出版社, 1981。

周国黎。 伊斯兰教育与科学。 北京：中国社会科学院出版社, 1994。
刘迎胜。 丝路文化-草原卷。 杭州：浙江人民出版社, 1995。
哈轻雄。 中国少数民族高等教育学。 广西民族出版社, 1991。
黄有福。 面向21世纪的中国朝鲜族教育。 亚细亚文化研究, 1996。
教育学。 人民教育出版社, 1999。
百年中华。 中共党史出版社, 2001。
中国概况。 韩国 外交通商部, 2000。
中国历史。 高等教育出版社, 2001。
中国文化概论。 中国文化书院, 1997。
中国统计年鉴。 中国统计出版社, 2005。
中国教育年鉴。 人民教育出版社, 2003。
中国文化要略。 外语教学与研究出版社, 1998。
中国现代史地图集。 中国地图出版社, 1996。
中国人民共和国年鉴。 中国年鉴社, 2005。
2000年 中国发展报告。 中国统计出版社, 2000。
中国教育事业统计年鉴。 人民教育出版社, 2003。
图说中国百年社会生活变迁。 学林出版社, 2001。

[국내 중국학 관련자료]

강춘화, 『당대 중국학 입문』, 박영률출판사, 1998년.
고영근, 『중국학 입문』, 부산외국어대학교출판부, 1997년.
구자억, 『현대 중국교육의 심층적 이해』, 문음사, 1998년.
김득만 외, 『중국 철학의 이해』, 예문서원, 2000년.
김원중, 『중국 문화사』, 을유문화사, 2001년.
김인호, 『중국 문화의 이해』, 세종출판사, 1999년.
김재선, 『현대 중국개방사』, 민족문화사, 2000년.
김종현, 『현대중국의 이해』, 학고방, 2002년.
김충렬, 『중국 철학사』, 예문서원, 1994년.
송봉규 외, 『중국학 개론』, 동양문고, 1998년.
송영우 외, 『중국학』, 건국대학교출판부, 1998년.
오비, 『현대 중국인의 허상과 실상』, 북스힐, 2001년.
오재환, 『중국 사상사』, 신서원, 1999년.

유희문 외, 『현대 중국경제』, 교보문고, 2000년.
육학예, 『21세기 중국사회의 전망』, 주류성, 1999년.
이평식 외, 『현대 중국학 개론』, 학고방, 2001년.
임상범, 『현대 중국의 출발』, 일조각, 2000년.
장범성 외, 『중국학 개론』, 한림대학교출판부, 2000년.
정영기, 『중국 경제론』, 한남대학교출판부, 1999년.
정재호, 『중국 정치연구론』, 나남, 2000년.
제임스 왕, 『현대 중국정치론』, 그린, 1999년.
최환 외, 『현대 중국의 이해』, 영남대학교출판부, 2000년.
출판사 편, 『현대중국입문』, 중국사회과학연구회, 2002년.
편집부 편, 『현대 중국론』, 은하출판사, 2000년.

[저자 소개]

1965년 충북 생
연세대학교(B.A)
中央民族大学校(Ph.D)
中国社会科学院 访问学者(Visiting Scholar)

[저서 및 논문]

문화와 가치(청목출판사, 2003)
중국어학습어휘사전(청목출판사, 2004)
손중산과 근대중국(집문당, 2004)
중국교회사(이레서원, 2005)

현대중국학입문(개정판)

2011년 2월 23일 개정중판인쇄
2011년 2월 28일 개정중판발행

저 자 김 학 관
발행인 유 성 렬
발행처 **청목출판사**
서울특별시 영등포구 신길동 233-96
전화 (02) 849-6157(代) · 2820
FAX (02) 849-0817
등록 제318-1994-000090호

파본은 바꾸어 드립니다. 값 16,000원

http : //www.chongmok.co.kr

ISBN 978-89-5565-300-7